Kurt Tepperwein

Mit Herz und Verstand alles erreichen

Kurt Tepperwein

Mit Herz und Verstand alles erreichen

Wachsen Sie über sich hinaus

mvg Verlag

Bibliografische Information der Deutschen Bibliothek
Die Deutsche Bibliothek verzeichnet diese Publikation in der Deutschen Nationalbibliografie; detaillierte bibliografische Daten sind im Internet über http://dnb.ddb.de abrufbar.

2., erweiterte und aktualisierte Auflage 2005
1. Auflage 2002 erschienen unter dem Titel „Wachsen Sie über sich hinaus!" mit der ISBN 3-478-08310-9

Copyright © by Internationale Akademie der Wissenschaften – FL 9490 Vaduz

Copyright © 2002/2005 bei mvgVerlag, Redline GmbH, Heidelberg. Ein Unternehmen der Süddeutscher Verlag Hüthig Fachinformationen

Alle Rechte, insbesondere das Recht der Vervielfältigung und Verbreitung sowie der Übersetzung, vorbehalten. Kann Teil des Werkes darf in irgendeiner Form (durch Fotokopie, Mikrofilm oder ein anderes Verfahren) ohne schriftliche Genehmigung des Verlages reproduziert oder unter Verwendung elektronischer Systeme gespeichert, verarbeitet, vervielfältigt oder verbreitet werden.

Umschlaggestaltung: Vierthaler & Braun Grafikdesign, München
Satz: Fotosatz H. Buck, Kumhausen
Druck- und Bindearbeiten: Ebner & Spiegel, Ulm
Printed in Germany 07056/090504
ISBN 3-636-07056-8

Inhalt

Vorwort: Ohne MIND-Management geht in Zukunft nichts mehr — 8

Die neue Art des Lernens — 14

Der Quantensprung vom Verstand ins Bewusstsein — 18
- Die Grenzen des Verstandes im Management — 18
- Die Grenzen des Verstandes im Privaten — 22
- Aus dem Körpergefängnis zu Bewusstsein kommen — 25
- Impuls: Es funktioniert ganz einfach — 26
- Übung: Über sich hinaus wachsen — 27
- Übung: Holistische Atmung — 28
- Kurzfassung: Holistische Atmung — 32
- Zusammenfassende Schritte — 33

Die Vergangenheit loslassen zum Senkrechtstart — 34
- Das geistige Potential entfalten — 34
- WER BIN ICH wirklich? — 37
- Durch Loslassen vom IST- zum SOLL-Zustand — 40
- Loslassen, was nicht bereichert — 41
- Ärger loslassen — 45
- Stress loslassen — 47
- MUSS loslassen — 48
- Urteilen loslassen — 50
- In Liebe loslassen — 54
- Vom Opfer zum Schöpfer — 55
- Übung: Mentales Umerleben — 57
- Übung: Stress-Management — 59
- Meditation: Ich bin ERFOLG — 61
- Übung: Bewusst zu Sinnen kommen — 65
- Übung: Der Armtest — 67
- Zusammenfassende Schritte — 70

Von der Absicht zum zuverlässigen Erfolg — 71
   Leben Sie ganz in Ihrem Element! — 71
   In welche Richtung geht es? — 72
   Sind Sie auf dem richtigen Weg? — 74
   Erfolg-reiches Selbst-Management — 76
   Erfolg zuverlässig verursachen — 78
   Erfolgsregel: Zielklarheit — 80
   Berufung: Der Weg der Freude — 82
   Erfolg ist auch Gesundheit — 84
   Als einzigartiges Original leben — 85
   Wie Realität entsteht — 86
   Überzeugungen ändern, um eine andere Zukunft zu erzeugen — 88
   Von Saat und Ernte — 91
   Glauben ist innere Gewissheit — 93
   Einen Parkplatz verursachen — 94
   „Da ist er ja!" — 96
   Kopf hoch! — 98
   Schautafel: Welcher Richtungsmensch bin ich? — 100
   Übung: Zielhindernisse und Zeitfresser beseitigen — 101
   Übung: WAHR-Denken — 102
   Kurzfassung: Übung zum WAHR-Denken — 107
   Übung: Innere Erfolgsformeln — 108
   Übung: Heilung geschehen lassen — 111
   Übungen: Fit in Sekunden — 114
   Zusammenfassende Schritte — 119

Aus der Zukunft in die Zukunft führen — 120
   Wunsch und Wille trennen von Erfüllung — 120
   Die Energie des erfüllten Wunsches aufbauen — 124
   „Misserfolg" als Prüfung — 125
   Sie erreichen, was immer Sie wollen — 129
   Ihre grenzenlose Schöpfungskraft — 130
   Innerhalb der nächsten 8 Tage! — 132
   Vom Zufall zur Gewissheit — 135
   Übung: Multidimensionale Imagination — 136

    Übung: Die Sinne schärfen _____ 139
    Sieben Schritte zum Gedanken-Laser _____ 142
    Das Acht-Tage-Programm _____ 144

Durch intuitives Wahrnehmen kreativ und fehlerfrei wirken _____ 145
    Vom Denken zur Wahrnehmung, vom Verstand zur Intuition _____ 145
    Das Werkzeug Intuition _____ 147
    Das Selbstbild optimieren _____ 149
    Inspiration: Sich gezielt etwas einfallen lassen ___ 153
    Intuition gezielt auslösen _____ 154
    Kanäle der Intuition _____ 157
    Intuition empfangen _____ 160
    Intuition imaginieren _____ 163
    Ihr neues Selbstbild: Ich kann Intuition! _____ 164
    Mit Humor zur Leichtigkeit des Seins _____ 165
    Die Kunst des Genießens _____ 167
    Ausstrahlung: Die umgekehrte Intuition _____ 171
    Subkutan sprechen _____ 173
    Ein starker Sender sein _____ 174
    Mit Dankbarkeit und Freude senden _____ 176
    Übung: Zu Bewusstsein kommen _____ 179
    Test: Das Paradox der Wirklichkeit _____ 182
    Übung: Die Ampel-Intuition _____ 183
    Übung: Intuitiv das Richtige essen _____ 186
    Übung: Intuitive Menschenkenntnis _____ 188
    Schritte zur Inspiration _____ 189
    Übung: Die Inspirations-Spirale _____ 190
    Zusammenfassende Schritte _____ 191

Drei Regeln für ein erfolgreiches und glückliches Leben _____ 192
Übungshilfen für die Meisterschaft _____ 198
Gemeinsam sind Sie besser! _____ 226
Stichwortverzeichnis _____ 233
Über den Autor _____ 235

Vorwort:
Ohne MIND-Management
geht in Zukunft nichts mehr

„Wir versuchen mit Methoden von gestern die Aufgaben von morgen zu lösen."

Sicher haben Sie diesen häufig verwendeten Satz auch schon gelesen. Die Frage drängt sich dabei auf: Mit welchen alternativen Methoden können wir denn mit Sicherheit die anstehenden Probleme lösen und die Zukunft gestalten? Diese Frage zu beantworten ist das Thema des Buches und seine Antwort lautet: Das Areal des Werkzeugs, um für die Zukunft gerüstet zu sein und die Zukunft selbst zu gestalten, ist **MIND-Management**.

Was ist darunter zu verstehen?

> Vor welchem Problem wir in welchem beruflichen oder privaten Bereich auch immer stehen: **Entweder sind wir ein Teil des Problems oder ein Teil der Lösung.**

Deswegen gilt: Um jederzeit kreativ und innovativ zur **Problemlösung** beizutragen, sollten wir lernen, Management vor allem als **Selbst-Management** zu verstehen. Je besser wir uns selbst managen können, desto kreativer können wir zur Lösung äußerer Probleme beitragen. **Doch Selbst-Management ist vor allem MIND-Management:** die Führung und Lenkung unseres Denkens und Bewusstseins.

Das gilt jedoch nicht nur für das **Lösen von Problemen.** Denn wem das Leben die dringende Aufgabe stellt, Probleme lösen zu müssen, der läuft dem Leben bereits hinterher, der steht bereits unter dem Druck, fremdbestimmt **reagieren** zu müssen, anstatt frei und selbstbestimmt **agieren** zu können. Das Problemlösen ist immer auch ein Stück Nachsitzen für

Versäumtes. Und je mehr wir dem Leben hinterher laufen, desto größer werden die Probleme. Besser ist es, dem Leben vorauszueilen und die Zukunft selbst zu gestalten, d.h. sich von der Vergangenheit zu lösen, bevor das Kleben an ihr zum Problem wird.

> Wir formulieren als erste Schlussfolgerung: **Problemlösung und Zukunftsgestaltung erfordern vor allem MIND-Management.** Mehr noch: **Je meisterhafter wir mit MIND-Management umgehen können, desto mehr entwickeln wir uns von reaktiven Problemlösern zu reativen Zukunftsgestaltern.**

MIND-Management ist ein unverzichtbarer Bestandteil von Führung, sei es die Führung eines Unternehmens, die Führung der Familie oder die Führung des eigenen Lebens. Management und Führung sind nicht das Gleiche. Führung zeigt die Vision, das Ziel (es beantwortet die Fragen: wohin? und warum?), während Management den besten Weg dorthin aufweist (die Frage beantwortet: wie am besten?). Führung und Management sind jedoch keine unüberbrückbaren Pole. Führung begeistert Menschen für Visionen und Lebensziele, doch MIND-Management kann den Weg zeigen, wie wir zu begeisternden Visionen und Zielen kommen.

> Wir formulieren als zweite Schlussfolgerung: **MIND-Management** ist eine Ansammlung von **Methoden, unser Denkinstrument zu optimieren und unser Bewusstsein zu erweitern.**

MIND-Management ist kein Modegag, sondern ein zeitloses Werkzeug, das jedem Benutzer zur Verfügung steht, um seine Zukunft selbstbestimmt zu gestalten. Es wird auch in 100 oder 1000 Jahren noch Gültigkeit haben. So baut in der anderen Zeitrichtung das MIND-Management auch auf vielen Erkenntnissen von Bewusstseinsmeistern der Vergangenheit auf (die man für unseren Kulturkreis zum Teil auch in der Bibel findet). MIND-Management ist zwar ein moderner Name (integriert moderne Wissenschaft), doch sein Kern ist bereits tausende von Jahren alt und hat sich bereits vielfach bewährt.

Jeder Benutzer kann mit MIND-Management alles erreichen, was er sich vorstellen und glauben kann.

Doch MIND-Management geht weiter und weist sogar den Weg, wie man die Grenzen seiner Vorstellung und seines Glaubens überwinden und somit persönliche Wunder vollbringen kann. Mit MIND-Management können wir die Zukunft zuverlässig und sicher gestalten, weil dieses Instrument so genial und zukunftsorientiert ist, dass es uns immer – gleichgültig wo wir stehen – um einen Schritt voraus ist. MIND-Management holt uns immer da ab, wo wir sind, eröffnet uns neue Horizonte und ermutigt uns zum Handeln.

> Wir formulieren als dritte Schlussfolgerung: MIND-Management ist eine Verbindung zwischen **alten Weisheitslehren der Menschheit, moderner Wissenschaft und handlungsorientierten Anleitungen** für jeden Menschen, der sein Leben wirklich selbstbewusst leben möchte.

MIND-Management ist (etwas vereinfacht) für das Gehirn das, was für den Computer die Software ist.

Um die Bedeutung des MIND-Managements in der heutigen Zeit deutlich zu machen, ist folgendes Bild sicher hilfreich: Stellen Sie sich vor, Sie haben einen Computer mit der aktuellsten Hardware-Ausstattung, den schnellsten Prozessor, Speicher satt (Festplatte wie Arbeitsspeicher), eine „Multi-Media-Kiste" auf dem neuesten Stand. Doch nachdem Sie den Computer eingeschaltet haben, fährt als Betriebssystem ein DOS-Programm von Bill Gates hoch, das schon 20 Jahre alt ist, und Sie arbeiten mit MS WORD in der Version 1.0. Mit anderen Worten: Betriebssystem und Software stehen in keinem Verhältnis zu dem, was die Hardware zu leisten in der Lage ist.

So ist es mit unserer „Bio-Hardware": Wir schöpfen die Kapazität unseres Gehirn nur zu vielleicht 5 % aus – die Besten unserer Gattung kommen auf etwa 15 %. MIND-Management ist ein gehirngerechtes Werkzeug, um unsere Gehirnkapazität dramatisch besser nutzen zu können.

Die eigentliche Stärke des MIND-Managements liegt darin, dass wir so mit uns selbst in Einklang kommen und uns selbst bestimmen. Es ist völlig ausgeschlossen, MIND-Management manipulativ einzusetzen, um andere Menschen fremd zu bestimmen. MIND-Management funktioniert nur als Instrument der Selbstbestimmung.

Und wir können noch einen Schritt weiter gehen: MIND-Management befreit uns vor moralischen Reflexionen. Je optimaler wir MIND-Management einsetzen, desto moralisch „besser" verhalten wir uns und unseren Mitmenschen gegenüber, ohne uns darüber überhaupt Gedanken machen zu müssen. Mit MIND-Management können wir weder uns noch andere schädigen, im Gegenteil: MIND-Management ist die aktuell moralische Erneuerung und ganzheitliche Heilung – vom Individuum bis zum Planeten.

MIND-Management ist das Werkzeug unserer individuellen Menschwerdung.

Kurt Tepperwein ist im deutschsprachigen Raum der Mentor des MIND-Managements. Er hat sich schon vor über 30 Jahren einen Namen als Autor des Mental-Trainings gemacht und ist damit international bekannt geworden.

Doch wie sich Betriebssysteme und Software für den Computer entwickeln, so entwickeln sich auch Mentalprogramme für Gehirn und Bewusstsein, nehmen die Sprache des Zeitgeistes an. Das aktuelle MIND-Management von Kurt Tepperwein ist sozusagen das Mental-Training 2000, die Millennium-Version.

MIND-Management ist als Werkzeug unabhängig von dem Feld, in dem es benutzt wird: sei es im eigenen Leben, in der Familie, in der Arbeit, im Unternehmen, in der Politik. Es kommt immer auf den Benutzer an, auf welchen Bereich er seinen Geist fokussiert. Doch MIND-Management selbst ist immer ganzheitlich, ja holistisch. Es kann gar nicht anders funktionieren, es regt an, sich um die Gesundheit genau so zu kümmern wie um die Bilanz, es erstrebt Erfolg wie Glück, es befreit männliche wie weibliche Energien.

Dieses Buch *Wachsen Sie über sich hinaus* spricht Führungskräfte, Unternehmer und Selbstständige an, weil gerade diese Menschengruppe als Leistungsträger der Gesellschaft unter dem zunehmenden Druck steht, Zukunft aktiv zu gestalten. Wir leben in einer Zeit, wo vor allem Unternehmer und Selbstständige wieder Lokomotiven gesellschaftlicher Erneuerung sind (Stichworte: Modernisierung und Globalisierung). Doch MIND-Management ist auch das Instrument der Wahl für alle Menschen, die aktiv die Zukunft gestalten. Und häufig beschließen Menschen, die die Techniken des MIND-Managements beherrschen, sich auch beruflich selbstständig zu machen.

MIND-Management umfasst insbesondere die folgenden Werkzeuge:

- **Mentales Umerleben:** Wie wir uns unbewusste Negativprogramme bewusst machen und sie in positive Handlungsmotivation umprogrammieren.
- **Schöpferische Imagination:** Wie wir Zukunft durch Erinnerung an die Zukunft zielsicher gestalten.
- **Mental-Training:** Wie wir bewusst Ursachen setzen, um genau das zu erreichen, was wir beabsichtigen.
- **Intuitions-Training:** Wie wir uns an das Informationsfeld des Allbewusstseins anschließen, spontan die richtige Entscheidung treffen und keine Fehler mehr machen.

Kurt Tepperwein ist ein Meister darin, in Wort und Schrift genial einfach zu lehren. Wer ihn Jahre und Jahrzehnte begleitet hat, der stellt fest, sein MIND-Management wird mit der Zeit noch einfacher, noch übersichtlicher, noch Benutzer freundlicher und noch Praxis orientierter.

Tepperwein kommt stets direkt zur Sache, seine Aussagen sind glasklar, sein Wesen ist herzlich und humorvoll, seine

Lehren regen vor allem zur Selbstständigkeit an. Er schart um sich keine gläubigen Schüler, sondern selbstbewusste Meister. Jeder, der von seinem Bewusstsein berührt wird, ist zur Meisterschaft herausgefordert. MIND-Management ist dabei die Grundschule auf dem Weg zu einer meisterhaften Lebensführung.

Die Internationale Akademie der Wissenschaften (IAW) hat eine ganze Mediathek (Bücher, Audioprogramme, Videos) von Kurt Tepperwein (auch über Drittpartner) herausgegeben und bietet regelmäßig Seminare von ihm als Dozent der IAW an.

Wir geben dieses Buch heraus, um das MIND-Management von Kurt Tepperwein einem breiten Publikum bekannt zu machen. Es versteht sich gleichzeitig als aktuelle Einführung in den Kern seines Denkens.

Mit den besten Wünschen
für ein erfolgreiches MIND-Management-Training:
Wachsen Sie über sich hinaus!

Felix Aeschbacher

Studienleiter der Internationalen
Akademie der Wissenschaften (IAW)

Die neue Art des Lernens

Kurt Tepperwein ist bekannt für müheloses und multidimensionales Lernen. Dabei erkennen wir: Lernen aus dem Verstand ist eindimensional, linear und mühsam. Lernen im Bewusstsein dagegen ist spielerisch, einfach und praktisch. Dies ist die neue Art des Lernens, ein Lernen ohne zu lernen.

Die bisherige Art des Lernens aus dem Verstand ist: zuhören – auswählen – merken oder aufschreiben – sortieren – bewerten – durcharbeiten – alte Gewohnheiten abgewöhnen – neue Gewohnheiten angewöhnen – sich allmählich umgewöhnen und es endlich zu tun. Dabei wird vieles vergessen, oder wir wissen es zwar, aber tun es nicht oder nicht immer, bekommen ein schlechtes Gewissen und fangen irgendwann wieder von vorn an. Die neue Art des Lernens aus dem Bewusstsein ist viel effektiver, viel einfacher, wirkungsvoller: **wahrnehmen – erinnern – SEIN.**

Indem Sie dieses Buch mit Bewusstsein aufnehmen, dann brauchen Sie nur das, was Sie lesen und innerlich bejahen, in Ihr Bewusstsein zu integrieren. Denn was Sie bejahen, was wissen Sie schon, da bringt der Text etwas auf den Punkt, was schon zu Ihnen gehört.

Das Lernen und die Integration „neuer" Erkenntnisse geschieht automatisch. Es wird Teil Ihres Seins. Und wenn Sie bei Bewusstsein bleiben, dann sind Sie immer auf dem letzten Stand. Dann handeln Sie immer aus dem letzten Stand Ihrer Erkenntnis und nicht mehr Ihrer Erfahrung. Denn Erfahrung ist nur die Erinnerung an das, was in der Vergangenheit passiert ist. Es sagt fast nichts aus über das, was in Zukunft passieren wird.

Die Vergangenheit lehrt uns nur eins: dass wir aus der Vergangenheit für die Zukunft nicht viel lernen können.

Wenn Sie bereit sind, zu Bewusstsein zu kommen und bei Bewusstsein zu bleiben, dann gibt es im traditionellen Sinn eigentlich nichts mehr zu lernen. Dann ist nie mehr etwas zu lernen oder zu verlernen. Dann brauchen Sie nichts zu üben, Sie können nichts vergessen. **Sie stimmen einfach, führen ein stimmiges Leben.**

Die Kunst dieses Buches besteht nun darin, dass es die neue Art des Lernens als „Erinnern des Gewussten" ermöglicht: **Lernen ohne zu lernen.**

Das mühelose und multidimensionale Training des MIND-Managements wird in dem Buch so weit wie möglich erleichtert durch:

- Bewusstseinserweiternde Theoriebausteine
- Mentale und intuitive Trainingsübungen
- Hintergründige Witze und Sprüche
- Metaphorische Geschichten
- Übersichtliche Schautafeln
- Zusammenfassende Schritte

Wir sind uns dabei bewusst, dass das Medium Buch für ein multidimensionales Lernen viele Vorteile, aber auch einige gravierende Nachteile mit sich bringt.

Das Buch ist eigentlich das traditionelle Medium für lineares, eindimensionales Lernen mit dem Verstand: Wir lesen Wort für Wort, Satz für Satz, Abschnitt für Abschnitt, Kapitel für Kapitel. Wir erwarten im Buch eine klare und logische Gliederung und einen inhaltlichen Aufbau vom Einfachen zum Komplexen.

Doch dieses Buch zum Training von MIND-Management will gerade diese Eindimensionalität, Linearität, Verstandeslogik durchbrechen, um einen neuen Geisteshorizont zu öffnen und den Weg zum Bewusstsein frei zu machen. So muss auch die Logik des Mediums Buch an vielen Stellen durchbrochen werden.

Dieses Buch ist einerseits Trainingsanleitung für MIND-Management, andererseits ein Text-Puzzle. So finden Sie als

Leser und Trainierender einerseits eine gewisse Gliederung und einen gewissen Aufbau. **Doch viele Bestandteile in diesem Gedankennetz des Buches warten darauf, erst in Ihrem Gehirn vernetzt zu werden.**

Viele dieser Puzzle-Stücke werden erst von Ihnen als aktivem Leser in Beziehung gesetzt, verknüpfen sich mit Ihrem eigenen Denken und Bewusstsein zu dem eigentlichen Schatz.

Das eigentliche Trainings-Buch für MIND-Management entsteht so in Ihrem Kopf. Jeder Leser vernetzt die Inhalte anders, findet einen anderen Zugang zu den Trainingseinheiten: Ein erstes Durchlesen von der ersten bis zur letzten Seite ist sicher sinnvoll. Aber dann lesen Sie das sorgfältiger, was Sie angesprochen hat, verknüpfen Ihr Denken mit den Anregungen des Buches.

Die Oberfläche des Buches bietet Ihnen Wissen, doch die Schätze sind in der Tiefe verborgen, werden im praktischen Umgang mit dem Buch geborgen.

Wir sollten **von Gehirnbesitzern zu Gehirnbenutzern** werden. Wir sollten auch **von Buchbesitzern zu Buchbenutzern** werden. Dieses Trainings-Buch für MIND-Management bietet Ihnen beides: Das Buch ist eine Herausforderung, es intelligent und ertragreich zu benutzen.

Grundlage des Buches ist der Mitschnitt aus zwei Seminaren von Kurt Tepperwein. Es ist bewusst sprachlich nicht so überarbeitet worden, dass die Lebendigkeit, der Humor, die Lockerheit der gesprochenen Sprache abgeschliffen worden wäre. Die Sprache des Buches atmet noch das gesprochene Wort.

Der Mitschnitt dieser beiden Seminare liegt als Audio-Programme beim Verlag Internationale Akademie der Wissenschaften vor:

- Optimales Selbstmanagement
- Mentales Selbstmanagement

Wir empfehlen, diese beiden Audio-Programme ergänzend zu dem Buch zu verwenden. So kommen Sie dem multidimensionalen Lernen und Wahrnehmen noch ein großes Stück näher.

Insbesondere bei **Meditationsübungen** sind die Audio-Programme mit dem von Kurt Tepperwein gesprochenen Text sehr hilfreich. Deshalb finden Sie bei diesen Übungen auch immer den Quellenverweis zu den Hörkassetten.

Im ersten Teil finden Sie den Text einer zusätzlichen Meditationskassette von Kurt Tepperwein aus dem Programm der IAW „Ich bin ERFOLG" (S. 60), die wir hier ganz besonders empfehlen möchten.

Wir wünschen viel Vergnügen bei der neuen Art des Lernens. Genießen Sie Ihre Bewusstseins-Erweiterung am Besten wie bei einem Konzertbesuch in konzentrativer Entspannung.

Der Quantensprung vom Verstand ins Bewusstsein

„Nachdenken ist immer ein Zeichen mangelnder Intelligenz."

Kernthesen

MIND-Management stellt sich zwei großen Herausforderungen in der heutigen Zeit und bietet dafür die Lösung an:

1. **Es wird nicht mehr zeitgerecht geführt.** Führung und Management laufen den Ereignissen hinterher („Krisen-Management"), statt die Realität visionär und selbstbestimmt zu gestalten. MIND-Management dagegen ermöglicht die Führung aus der Zukunft.
2. Viele (vor allem männliche) Leistungsträger der Gesellschaft sind zerrissen in dem **Widerspruch zwischen beruflichen Erfolgen und privaten Niederlagen,** der ihre Schaffenskraft und Gesundheit spürbar untergräbt. MIND-Management überwindet diesen Widerspruch und ermöglicht die ganzheitlich erfolgreiche Führung von beruflichem und privatem Leben.

Dies erfordert einen Quantensprung vom Verstand ins Bewusstsein, den das MIND-Management initialisiert.

Die Grenzen des Verstandes im Management

Die Situation im Management wird immer schwieriger. Immer komplexere Aufgaben mit immer weitreichenderen Folgen sind in immer kürzerer Zeit zu lösen. Und meist stehen dazu nur unzureichende Informationen als Entscheidungsgrundlage zur Verfügung oder es müssen zu viele Daten berücksichtigt werden, was noch schwieriger ist.

Der Großteil der angeblichen Marktprobleme, Konjunkturprobleme oder Strukturprobleme, ist hausgemacht, weil man immer noch versucht, die Aufgaben von morgen mit den Werkzeugen von gestern zu lösen. Und das ist längst nicht mehr möglich. Und trotzdem wird es tagtäglich mit dem immer gleichen unzulänglichen Ergebnis versucht. Im Taoismus heißt das: **die Gestaltung der ersten Ursache.**

Das heißt, je komplexer und scheinbar unübersichtlicher die Situation wird, desto dringender muss man die Ursache hinter der Vielzahl der Wirkungen erkennen und verändern: das Bewusstsein. Und hier sind die Weichen neu zu stellen, denn von hier aus und nur von hier aus sollten die Entscheidungen kommen. Und so – aus dem Bewusstsein – werden Entscheidungen nicht mehr gefällt, sondern getroffen. Es stellt sich dann in Zukunft immer heraus, dass diese so getroffenen Entscheidungen wirklich stimmen.

MIND-Management ist für den neuen Manager dazu ein unverzichtbares Werkzeug. Denn die sicherste Form der Zukunftsprognose ist es immer noch, diese Zukunft selbst zu gestalten.

Wir sind tagtäglich gezwungen, Entscheidungen zu treffen, die weiter reichen als unser Wissen. Die Auswirkungen von Fehlentscheidungen werden immer weitreichender und katastrophaler. Wer nur das tut, was die Zeit gerade von ihm verlangt, hinkt immer der Zeit hinterher. Die Zukunft wird in der Gegenwart entschieden. Und bisher eben nur allzu oft mit den Werkzeugen der Vergangenheit.

Lassen Sie es mich einmal ganz provokativ sagen, damit es sich fest einprägen kann: Denken ist immer ein Zeichen mangelnder Intelligenz. Es zeigt, dass man noch nicht Besseres gefunden hat. Es ist natürlich besser, dass man denkt, als dass man nicht denkt. Aber irgendwann muss man erkennen: Nach-Denken ist das Werkzeug von gestern. Es ist längst an seine Grenzen gestoßen und den Aufgaben von heute einfach nicht mehr gewachsen.

Wir müssen also erkennen: Es wird nicht zeitgerecht geführt. Wenn wir auf Situationen nur noch reagieren, wenn wir uns bemühen, auf vorhandene Situationen und Gegebenheiten immer flexibler und schneller zu reagieren, dann bestimmen wir ja mit der Vergangenheit die Zukunft. Und das ist nicht sehr sinnvoll.

Worauf es ankommt ist zukunftsorientiert zu agieren, vom Reagieren zum Agieren zu kommen, vom Werken und Wirken. Das heißt also ganz bewusst im Einklang mit der Zukunft die Umstände und seinen Erfolg zu bestimmen. Um das zu können, muss ich die Zukunft erkennen. Ich kann nicht aus der Vergangenheit oder bestenfalls aus der Gegenwart mit den Erfahrungen der Vergangenheit die Zukunft erkennen. Dazu brauche ich ein anderes Instrument. Und dazu ist der Verstand nicht in der Lage.

Wir sollten erkennen: Der Verstand stützt sich auf Erfahrungen. Erfahrungen sind immer Ereignisse der Vergangenheit. Wenn ich also in den Grenzen des Verstandes bleibe, dann bestimmt letztlich die Vergangenheit die Zukunft. Und so sieht sie dann auch aus.

Immer deutlicher zeigt sich, dass der Verstand dieser Aufgabe längst nicht mehr gewachsen ist. Denn auf die wirklich wichtigen Fragen hat er keine brauchbaren Antworten. Und so sollten wir den Verstand entbinden von Aufgaben, denen er ohnehin nie gewachsen war. Er ist klug genug, seine Grenzen zu erkennen, aber nicht klug genug zu erkennen, dass inzwischen ein umfassendes Werkzeug für diese Aufgaben zur Verfügung steht: unsere Intuition.

Denn mit Hilfe dieser Intuition, die jedem zur Verfügung steht, können wir Wirklichkeit unmittelbar wahrnehmen. Und diese Wahrnehmung dessen, was wirklich IST, ist es, worauf es ankommt. Das aber kann der Verstand nicht. Dazu müssen wir zu Bewusstsein kommen.

Es ist paradox: Unser Verstand weiß längst, dass wir mit unseren „normalen Sinnen" maximal 8 % dessen erfassen können, was uns in Wirklichkeit umgibt. 92 % dessen, was ständig auf uns einwirkt, können unsere fünf Sinne nicht empfangen und erfassen. Und welche Schlussfolgerung zieht unser Verstand aus diesem „Wissen"? Neigt er sein Haupt vor der Intuition, die sozusagen als „sechster Sinn" die Wirklichkeit umfassend wahrnehmen kann? Im Gegenteil: Er hält sich nach wie vor für das Größte!

Nun glauben natürlich die Menschen, die aus dem Verstand leben, dass sie bereits bei Bewusstsein sind. Aber das ist ein Tagesbewusstsein und nicht DAS BEWUSSTSEIN.

Wir müssen ein ganz anderes Bewusstsein kennen lernen, ein viel umfassenderes Bewusstsein: das Bewusstsein, das wir in Wirklichkeit sind. Denn schon heute entscheidet der Grad des Bewusstseins über den Erfolg. Und dieser bewusste Manager der Zukunft ist in jedem von uns und wartet darauf, hervortreten zu dürfen.

Es ist sicher nicht falsch, etwas für seinen Körper zu tun und sein Werkzeug Körper fit zu halten, aber noch weitaus wichtiger ist es, für seine mentale, geistige Fitness zu sorgen. Und der nächste Schritt vom „Krisenmanager" zum Zukunftsgestalter ist, sich wirklich als Bewusstsein zu erkennen und als Bewusstsein zu leben. Dieser Schritt kommt einem Quantensprung, einem Paradigmenwechsel gleich.

Worauf es ankommt, ist die Fähigkeit zur Wahrnehmung der Wirklichkeit zu trainieren. Nur so können wir vermeiden, unsere aus „Erfahrung" geprägte Vorstellung von der Zukunft zu verwirklichen (die Verlängerung der Vergangenheit in die Zukunft), anstatt unsere wirkliche Zukunft neu zu bestimmen. Das heißt auch, nicht mehr auf eine Situation zu reagieren, sondern die Situation, die Umstände, die Gegebenheiten, die Tatsachen, die Realität zu schaffen, die wir brauchen.

> Mit MIND-Management wird das **Management zum Weg der Selbstverwirklichung und der Erfolg zur Erfüllung.**

Die Grenze des Verstandes im Privaten

Viele wissen, wie man ein Unternehmen erfolgreich führt, sie machen ihre Sache hervorragend, aber wissen sie deswegen auch, wie man ein Leben wirklich führt? Sie sind beruflich oft Profis, privat aber sehr oft Amateure. **Dabei ist kein Unternehmen so komplex wie das Leben selbst. Und so sollten wir auch das Leben managen wie ein Unternehmen.**

Als Unternehmensberater – oder besser, ich verstehe mich eher als Unternehmerberater – erlebe ich immer wieder, dass jemand unternehmerisch sehr gut dasteht, eine Spitzenposition im Markt erreicht hat. Und irgendwann spielt dann die Gesundheit nicht mehr mit. Und plötzlich sieht alles ganz anders aus.

Er hat vielleicht einen Herzinfarkt und stellt sein ganzes Leben in Frage und merkt, dass er sein Leben eigentlich nie wirklich geführt hat. Er hat sein Unternehmen hervorragend geführt, aber das Unternehmen Leben ist dabei zu kurz gekommen.

Oder wenn er Glück hat, ist es nicht die Gesundheit, sondern die Ehe. Er ist erfolgreich im Beruf und inzwischen geht die Ehe dabei in die Brüche und die Auseinandersetzung führt wieder zu einer mehr oder weniger großen Störung im Unternehmen.

Bei all diesen Dingen ist **der Verstand** keine große Hilfe. Denn er bleibt in den engen Grenzen seiner Erfahrung und er kann auch im „privaten Leben" auf die wirklich wichtigen Fragen keine brauchbare Antwort geben. Die Wertschätzung, die der Verstand genießt, steht in keinem Verhältnis zu seiner begrenzten Leistung.

Der Verstand kann uns auf die wirklich wichtigen Lebensaufgaben keine brauchbaren Antworten geben. Machen wir dies an zwei lebensbestimmenden Beispielen deutlich, Berufs- und Partnerwahl:

Bei der Berufswahl kann der Verstand nur Argumente liefern: „Du solltest vielleicht Medizin studieren. Das ist ein angesehener Beruf. Du hast ein gutes Abitur, du wirst also bald zugelassen, dann verdienst du gut." Aber ob das Ihre Berufung ist und ob Sie das zur Erfüllung führt, das kann Ihnen der Verstand nicht sagen. Das wird dann die Zeit zeigen. Die meisten hat der Verstand in die falsche Richtung gelenkt: Sie haben einen Beruf ergriffen, der keine Freude bereitet, mehr eine Qual als Selbstverwirklichung ist.

Bei der Partnerwahl ist es nicht anders: Wenn Sie Ihren Verstand gefragt haben, soll ich die Erika heiraten, hat er Ihnen wieder Argumente geliefert: Ja, sie ist sehr zärtlich, gibt dir Anregungen, Geborgenheit etc. Aber ob die Ehe gut geht, ob sie Ihre ideale Partnerin ist (oder Ihr Traumpartner), das kann Ihnen Ihr Verstand nicht beantworten.

Und trotzdem fragen die meisten Menschen in solchen Fragen ihren Verstand, weil ihnen scheinbar nichts Besseres zur Verfügung steht.

Wir müssen unsere Fähigkeit wieder entdecken wahrzunehmen, was stimmt. Und indem wir uns vom Vergangenheitsdenken, dem Nach-Denken, lösen, uns lösen aus unserer bisher hochgeschätzten Lebenserfahrung, entwickeln wir Kompetenz für die Zukunft. Dazu gehört auch die Fähigkeit zur „Erinnerung an die Zukunft" als einem Kernelement des MIND-Managements.

Diese „Erinnerung an die Zukunft" erfordert ein gezieltes Bewusstseinstraining und die Aktivierung des mehrdimensionalen Bewusstseins, das jeder Mensch in Wirklichkeit ist.

Auf diesem Weg dieser „Bewusstseins-Erweiterung" vielleicht einen Rat: **Harte Arbeit ist keine Ursache für Erfolg.** Wenn Sie derzeit hart arbeiten, dann sollten Sie das in Frage stellen und sollten sehen, ob es nicht eine vernünftigere Lösung gibt. „Hart arbeiten" ist immer ein deutliches Zeichen dafür, dass wir noch aus dem Verstand agieren. Wenn wir aus dem Bewusstsein handeln, begeben wir uns in die Leichtigkeit des Seins, meistern wir unser Leben mühelos. Mühelosigkeit ist ein Zeichen von Meisterschaft. Harte Arbeit und Stress sollten Sie immer wieder in Erinnerung rufen, dass Sie nicht auf dem richtigen Weg sind, dem Weg der Freude.

Die Dominanz des Verstandes ist nicht schöpfungsgerecht, und so sollte der Geist dem Verstand endlich die Führung abnehmen, einer Aufgabe, der er ohnehin nie wirklich gewachsen war.

Dabei stehen uns geeignete Instrumente zur Führung zur Verfügung: Das Bewusstsein ermöglicht uns z. B. die höhere Sicht der Dinge, ermöglicht uns, die Wirklichkeit hinter dem Schein zu erkennen. Und mit dem Instrument Intuition erschließen wir uns die Fähigkeit zur Wahrnehmung, so dass wir irgendwann sagen können: Denken ist ein Zeichen mangelnder Intelligenz, ein Zeichen, dass uns offensichtlich nichts Besseres zur Verfügung steht.

Sobald wir aber erwacht sind und unsere Instrumente in Besitz nehmen, stellen wir fest, dass wir sehr wohl bessere Instrumente zur Verfügung haben, dass es sehr viel sinnvoller ist wahrzunehmen als nachzudenken.

Und diese Wahrnehmung, die Qualität der Wahrnehmung gilt es im MIND-Management zu trainieren, denn sie wird zukunftsentscheidend. Nur sie zeigt uns den Weg, wie wir Entscheidungen nicht mehr (wie einen Baum) fällen, sondern (wie einen guten Bekannten) treffen.

Dieser gute Bekannte, den wir mit der Entscheidung treffen, ist die Zukunft selbst. Und die Zukunft zeigt dann, dass wir diese Entscheidung wirklich getroffen haben, dass wir sie nicht mehr in Frage zu stellen brauchen, dass sie einfach stimmt. Dazu aber ist der Verstand nicht fähig.

Wir orientieren uns immer noch an Tatsachen, anstatt sie zu schaffen und zu gestalten, so wie wir sie brauchen. Es wird Zeit, dass wir uns aus dem Gefängnis der Gegebenheiten befreien.

Aus dem Körpergefängnis zu Bewusstsein kommen

Zu Bewusstsein kommen heißt, sich aus dem Gefängnis der Gegebenheiten zu befreien, sich aus der Identifikation mit dem Körper zu befreien. Denn wir sind weit mehr als unser Körper.

Machen wir dazu gleich einen praktischen Schritt: Denn so sind das nur Worte, wenn ich Ihnen sage: zu Bewusstsein kommen! Das hört sich gut an, aber was ist das, wie macht man das? Und selbstverständlich glaubt natürlich jeder, dass er bei Bewusstsein sei. Ich glaube eher, dass Sie gut bei Verstand sind.

Und diesen Schritt vom Verstand zum Bewusstsein könnten wir jetzt praktisch vollziehen.

Stellen Sie sich vor: **Sie sind Bewusstsein.**

Das sind Sie wirklich! Ob Sie es wissen oder nicht, ob Sie es glauben oder nicht, das spielt keine Rolle. Der Wirklichkeit ist es vollkommen gleichgültig, ob Sie daran glauben oder nicht. Sie heißt Wirklichkeit, weil sie wirkt, ganz gleich, wie Sie dazu stehen.

Sie sind Bewusstsein. Und Sie haben das Bewusstsein, das Sie sind, die schöpferische Urkraft eingesperrt in Ihr Körperbewusstsein. Irgendwann einmal haben Sie sich mit Ihrem Körper identifiziert und haben damit diese universelle Kraft, die Sie sind, eingesperrt.

Und so könnten wir jetzt gleich diese Kraft wieder freilassen. Sie könnten wie bei Aladin die Flasche Ihres Körpergefängnisses öffnen und den Geist Bewusstsein, der Sie sind, herauslassen.

Impuls: Ein funktioniert ganz einfach

Häufig argumentiert der Verstand: Wie soll das denn gehen?! Das ist doch völlig unmöglich!

Dabei ist die ganze Entwicklung der Menschheit nichts anderes als das zunächst für unmögliche geglaubte möglich zu machen.

Nicht nachdenken, sondern einfach machen!

Und es stellt sich heraus, es funktioniert ganz einfach.

Das hat die Hummel uns Menschen voraus.

Sie grübelt nicht lange nach.

Denn wenn sie nachdenken und die Gesetze der Aerodynamik studieren würde, müsste sie erkennen: Bin 1,2 Gramm schwer und habe eine Flügelfläche von 0,7 Kubikzentimeter – Fliegen unmöglich, keine Chance, bin eine aerodynamische Fehlkonstruktion.

Doch die Hummel fliegt einfach:

gedankenlos, aber geistesgegenwärtig.

Übung: Über sich hinaus wachsen

Diese Übung ist eine erste Hinführung zum Bewusstsein, die Befreiung des Geistes aus der Flasche. Sie verhilft zu einem ersten „Aha-Erlebnis", sich aus der Identifikation mit dem Körper befreien zu können.

Stellen Sie sich vor, Sie sind in Ihrem Körper. Sie sind eigentlich **2,50 Meter** groß, aber Sie haben sich zusammengenommen und Sie stecken im Körper. Und in der Schädeldecke ist energetisch eine Öffnung, die Sie nur von innen öffnen können.

Gehen Sie jetzt einmal geistig dort hin. Gehen Sie im Körperbewusstsein von innen an die obere Grenze des Körpers. Und öffnen Sie einmal ganz bewusst diese energetische Öffnung und wachsen Sie über sich hinaus. Stellen Sie sich vor, Sie öffnen die Flasche Ihres Körpergefängnisses und lassen den Geist, der Sie sind, heraus. **Sie wachsen einfach über sich hinaus.** Es ist wie beim Auto: Sie machen das Schiebedach auf und stellen sich hin und schauen oben heraus.

Und dann erkennen Sie gleich mehrere Dinge. Sie erkennen: **Ich bin nicht im Körper, der Körper ist in mir.** Ich bin sehr viel größer, sehr viel weiter als der Körper. Das Energiefeld, das Sie sind, überragt den Körper in jede Richtung.

Das ist **Ihre Ausstrahlung.** Das ist die Wahrnehmung Ihres **Energiefeldes.** Ob Sie Charisma haben oder nicht, das entscheidet die Schwingung des Energiefeldes Ihres Bewusstseins. Und das können Sie modifizieren. Sie können es verändern. Sie können es verstärken. Sie können sich zurücknehmen. Sie können hervortreten, wie Sie wollen.

Also, wir vollziehen immer alles gleich praktisch: Wachsen Sie jetzt gleich über sich hinaus, über Ihren Körper. Strecken Sie sich einmal als das Bewusstsein, das Sie sind, werden Sie wieder 2,50 Meter groß und bleiben Sie draußen. Kommen Sie so zu Bewusstsein und bleiben Sie bei Bewusstsein. Bleiben Sie in der Identifikation mit sich SELBST.

Quelle: *Hörkassette „Erfolgreiches Selbstmanagement", Kassette 1, Seite A*

Übung: Holistische Atmung

Diese Übung ist ausgesprochen hilfreich, um den Verstand zu überschreiten, denn für den logischen Verstand ist diese Übung nicht nachvollziehbar, da sie völlig unlogisch erscheint: Entweder gibt der Verstand bei dieser Übung den Widerstand auf oder aber die Übung kann nicht funktionieren.

Gleichzeitig ist Atmung der Schlüssel für mehr Energie, das Öffnen für den Fluss der Lebensenergie.

Die Übung ist nicht nur sinnvoll, um über den Verstand herauszuwachsen, sondern auch sinnvoll, um die Atmung (= Lebensenergie) bewusst zu verbessern.

Sie sind vollkommen entspannt. Nichts wird von Ihnen verlangt. Sie richten Ihre Achtsamkeit auf Ihren Atem. Machen Sie sich einmal bewusst, wie Sie atmen. Sie brauchen das nicht zu verändern, nicht verbessern, vertiefen. Sie nehmen einfach nur wahr – als Bewusstsein – wie atme ich eigentlich gerade?

Und dann greifen Sie ein – und atmen Sie jetzt einmal nur in den linken Lungenflügel, in die linke Lungenhälfte. Es ist nicht schlimm, wenn auch etwas Luft nach rechts geht, aber im Wesentlichen atmen Sie jetzt einmal nach links und Sie werden sehen: Es ist ganz einfach. Es hört sich nur ungewohnt an, aber das kann jeder sofort. Einfach nur einmal tief in den linken Lungenflügel atmen.

Und Sie atmen nur nach links. Sie sehen, dass es keinerlei Schwierigkeiten gibt. Das kann jeder.

Und sobald es reibungslos geht, atmen Sie einmal nur in den rechten Lungenflügel. Also lassen Sie den linken los und durchlüften Sie einmal Ihren rechten Lungenflügel. Und Sie werden merken: Eine Seite fällt Ihnen leichter, das ist normal.

Und wenn Sie auch zuverlässig nur in den rechten Lungenflügel atmen können, dann tun Sie einmal das, was Sie scheinbar schon immer getan haben, aber jetzt bewusst: in beide Lungenflügel bewusst gleichzeitig, also nach links und nach rechts gleichzeitig atmen. Und Sie werden merken, das ist anders als bisher.

Wenn Sie es richtig machen, müsste sich jetzt eine Klarheit einstellen.

Wir trainieren in Wirklichkeit das Lenken unserer Aufmerksamkeit mit dem Medium Atem. Denn was wir eigentlich brauchen, ist die bewusste Lenkung der Aufmerksamkeit.

Gehen wir also einen Schritt weiter. Atmen Sie jetzt einmal **senkrecht in die Tiefe.** Und mit jedem Atemzug noch ein bisschen tiefer als zuvor. Die Chinesen nennen das „Atmen in den Tan-Tien". Senkrecht nach unten in die Tiefe. Und versuchen Sie in die Tiefe zu atmen bis an die Grenze des Körpers.

Und natürlich wird der Verstand sagen: Das geht ja nicht. So weit reicht meine Lunge nicht. Aber hier geht es ja um eine energetische Lenkung.

Atmen Sie also einmal so tief nach unten, bis Sie das Gefühl haben, auf den Stuhl (oder eine andere Sitzfläche) zu atmen. Und sogar durch den Stuhl hindurch. Also atmen Sie einmal in die Tiefe über Ihren Körper hinaus. Und auch das ist ganz einfach. Denn in Wirklichkeit lenken Sie jetzt mit Ihrer Achtsamkeit die Energie durch Ihren Atem.

Und spüren Sie: Wenn Sie in die Tiefe atmen, entsteht ein Fundament, ein Ruhen in sich, ein Gefühl der Souveränität, der Sicherheit.

Lassen Sie Ihren Atem in der Tiefe jetzt breit werden. Atmen Sie so weit herunter, wie es geht, und dort lassen Sie das Fundament breit werden. Sie bekommen ein Gefühl der Überlegenheit, dass Sie nichts mehr erschüttern kann.

Und wenn Sie das können, atmen Sie jetzt einmal nur nach oben. Lassen Sie den Atem nach unten los und gehen Sie nur nach oben, und atmen Sie nach oben, so weit Sie kommen – weit über Ihre Lungenkapazität hinaus. Denn hier geht es wieder um Energielenkung. Atmen Sie einmal in den Kopf. Prüfen Sie dabei, ob der Hals eine Barriere darstellt. Denn bei manchen ist dort ein Hindernis. Und dann atmen Sie hindurch. Atmen Sie diese Stelle frei, bis Sie einwandfrei spürbar in den Kopf atmen.

Sie spüren diese Energie dann als Kühle im Kopf. Stellen Sie sich vor, Ihr Atem fließt durch die Wirbelsäule wie durch ein Rohr ins Gehirn. Und spüren Sie Ihren Atem dort als Kühle.

Und wenn es geht, atmen Sie nach oben auch über den Kopf hinaus. Spüren Sie einmal die Atemenergie über Ihrem Kopf.

Der nächste Schritt erscheint wieder etwas schwieriger, doch in Wirklichkeit gibt es natürlich keine Schwierigkeit. Alles ist so schwierig, wie Sie es nehmen.

Atmen Sie einmal gleichzeitig nach unten und oben. Und zwar in beide Richtungen – so weit Sie kommen. Am Besten in beiden Richtungen über den Körper hinaus. Und während Sie das tun, beobachten Sie einmal, was geschieht. Was geschieht in Ihrem Bewusstsein mit Ihrer Energie, wenn Sie senkrecht nach unten und senkrecht nach oben über den Körper hinaus atmen?

Wir müssen lernen, diese Ihre Energie in jede Richtung zu steuern, bewusst zu senden. Und das lässt sich am leichtesten über den Atem machen.

Deshalb ist es hilfreich Sie einmal Ihre Hand auf die Brust legen und nach vorn atmen – in Ihre Handfläche hinein. Sie können die Hand auch auf den Bauch legen. Es ist ganz gleich, dort hin, wo es Ihnen angenehm ist. Wichtig ist nur, dass Sie energetisch in Ihre Handfläche atmen. Bis Sie innen in der Handfläche die Atemenergie richtig spüren.

Sobald Sie die Energie dort spüren, atmen Sie Ihre Hand vom Körper weg. Nehmen Sie dann die Hand vielleicht zwei, drei Zentimeter vom Körper weg, aber folgen Sie mit dem Atem. Atmen Sie weiter in Ihre Handfläche. Mit jedem Atemzug atmen Sie die Hand ein Stückchen weiter. Nehmen Sie Ihren Atem mit.

Wenn Sie zu weit gegangen sind, gehen Sie mit Ihrem Atem wieder an den Körper und holen Sie Ihren Atem wieder ab, bis Sie beim Einatmen ganz deutlich die Atemenergie in Ihrer Handfläche spüren. Und dann nehmen Sie die Hand immer weiter vom Körper weg und nehmen Ihren Atem mit. Schauen Sie, wie weit Sie dabei vom Körper kommen.

Am einfachsten ist es, Sie atmen beim Einatmen die Hand weg – so weit Sie kommen – und halten Sie dort. Und mit dem nächsten Atemzug versuchen Sie die Hand noch ein bisschen weiter weg zu atmen. Jedes Mal, wenn Sie einatmen, können Sie Ihre Hand noch ein Stückchen weiter mitnehmen – bis es nicht weiter geht. Dann haben Sie Ihre Energiegrenze erreicht.

Manche können das viel weiter, als die Hand reicht. Sie atmen einfach einen Meter weit nach vorn. Doch mit der Hand können Sie es kontrollieren, sodass Sie sich nichts vormachen, dass Sie wirklich Ihre Atemenergie spüren.

Und wenn es geht, machen Sie das Gleiche nach hinten.
Legen Sie Ihre Hand auf den Rücken und atmen Sie unter die Hand. Das ist ein bisschen ungewohnter, aber es geht! Es ist ganz gleich, welche Handseite – innen oder außen – am Rücken liegt, vielleicht ist es für die meisten leichter, mit der Außenseite den Rücken zu berühren. Wichtig ist nur, dass Sie wieder energetisch unter Ihre Hand atmen, in dem Maße, wie es Ihnen gelingt, auch nach hinten die Hand von sich weg zu atmen. Dazu müssen Sie vielleicht etwas länger üben, bis es sicher erreicht ist.

Und dann können Sie auch die vordere Hand wieder dazu nehmen. Und jetzt atmen wir gleichzeitig nach vorne und nach hinten. Und gleichzeitig beide Hände mit jedem Atemzug vom Körper entfernen, aber den Atem mitnehmen, d. h., nur die Hand so weit entfernen, sodass Sie noch mit dem Atem beide Hände erreichen. Und dann werden Sie wieder erkennen: In eine Richtung fällt es Ihnen leichter – bei den meisten ist es nach vorn.

Da Sie jetzt geübt sind, können Sie nun beide Hände in die Seiten legen und nach beiden Seiten gleichzeitig atmen.

Jetzt folgt der letzte Schritt, in alle Richtungen gleichzeitig zu atmen: also in beide Lungenflügel, nach unten und oben, nach vorn und hinten und in die Seiten und in jede Richtung über den Körper hinaus.

Jetzt machen wir uns unsere Bewusstseinsgrenzen durch Atemlenkung bewusst.

Also vom Mittelpunkt aus – wie bei einem aufzublasenden Luftballon – atmen Sie einfach in alle Richtungen. Lassen Sie einmal von Ihrer Mitte aus dieses Energiefeld beim Einatmen weit werden und atmen Sie energetisch über Ihren Körper hinaus. Auch nach oben und unten, hinten und vorn und zu beiden Seiten, bis Sie überall beim Einatmen deutlich Ihren Körper energetisch überschreiten.

Quelle: *Hörkassette „Der neue Manager", Kassette 2, Seite A und B*

Kurzfassung: Holistische Atmung

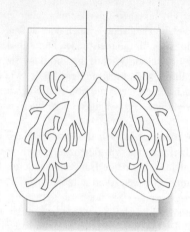

- In den **rechten** Lungenflügel atmen,
- in den **linken** Lungenflügel atmen,
- in **beide** bewusst gleichzeitig atmen,
- senkrecht **in die Tiefe** atmen,
- nach oben **in den Kopf** atmen,
- **nach oben und unten** gleichzeitig atmen,
- die **Hand vom Bauch** weg atmen,
- die **Hand vom Rücken** weg atmen,
- gleichzeitig **nach vorne und hinten** atmen,
- **in beide Seiten** atmen,
- **in alle Richtungen** gleichzeitig atmen.

Zusammenfassende Schritte

Im MIND-Management geht es um einen Paradigmenwechsel unserer Einstellung zur Realität. Dieser Paradigmenwechsel ist so epochal wie die Erkenntnis, dass die Erde keine Scheibe, sondern eine Kugel ist – oder die Erkenntnis, dass in unserem Sonnensystem nicht die Erde der Mittelpunkt ist, sondern die Sonne. Wir vollziehen mit diesem Paradigmenwechsel sozusagen den Quantensprung vom NEWTONschen Weltbild zum EINSTEINschen Universum nach.

Das neue MIND-Paradigma entthront den Verstand als Zentrum des Geistes und setzt das Bewusstsein an seine Stelle.

- ☐ Sie machen sich die Grenzen des Verstandes bewusst: Womit ist er überfordert?
- ☐ „Der Verstand ist ein hervorragender Diener, aber ein miserabler Herr." Können Sie diesem Satz zustimmen?
- ☐ „Nachdenken ist ein Zeichen mangelnder Intelligenz." Können Sie diesem Satz zustimmen?
- ☐ Sie erkennen den Verstand als Instrument der Vergangenheit. Was erwarten Sie vom dem Instrument der Zukunft, der Intuition?
- ☐ Welche „Problemfelder" möchten Sie jetzt durch „Bewusstseins-Erweiterung" lösen?
- ☐ Sie lösen sich von der Identifikation mit Ihrem Körper. Sie wachsen aus Ihrem Körper heraus. Sie werden EINS mit Ihrem Energiefeld, das Sie sind und stets ausstrahlen. Sie kommen so in Einklang mit sich selbst.
- ☐ Sie lernen bewusst und holistisch zu atmen. Diese Übung kann Sie immer wieder zu Bewusstsein bringen.
- ☐ Im Bewusstsein herrscht Gedankenstille. Haben Sie diese Erfahrung schon gemacht?
- ☐ Welche Anker erinnern Sie daran, ob Sie noch bei Bewusstsein sind (z.B. das Telefon klingelt – als WER heben Sie ab?

Die Vergangenheit loslassen zum Senkrechtstart

„Das Tor zur Freiheit heißt immer gleich: loslassen."

> **Kernthesen**
>
> Die meisten Menschen tragen Mühlsteine der Vergangenheit um ihren Hals und wundern sich, dass ihr Leben nicht abhebt, sie nicht in die Leichtigkeit des Seins kommen.
>
> Das Wunder geschieht durch Loslassen der Vergangenheit: Wir entlasten unsere Persönlichkeit von Prägungen und Konditionierungen der Vergangenheit. Sie sind innen- und außengeleitete Programme, die uns unbewusst steuern. Durch sie bestimmen wir nicht selbst und bewusst das Leben, sondern werden von diesen Programmen wie in Hypnose gelenkt.
>
> Das erste große Stadium des MIND-Managements ist das Loslassen der Mühlsteine aus der Vergangenheit. Damit erst erheben wir uns ins Energiefeld der unbegrenzten Möglichkeiten.

Das geistige Potential entfalten

Mit dem Überschreiten des Verstandes (als Konditionierung und einer Mischung aus Vorurteilen) erkennen wir, dass Verstand und Denken nicht dasselbe sind. Der lineare Verstand ist eher eine Fessel des universellen Denkens. Indem wir den Verstand überschreiten, nehmen wir unser Denkinstrument, unser geistiges Potential erst richtig in Besitz.

Der menschliche Geist ist erst zu einem ganz geringen Teil entfaltet. Und obwohl wir nur einen geringen Teil unseres geistigen Potentials nutzen, haben wir als Menschheit schon Großartiges geleistet. Es lässt uns erahnen, was alles auf uns wartet, wenn wir unsere Fähigkeiten mehr in Besitz nehmen, wenn wir unser latentes geistiges Potential aktivieren, unsere latenten genialen Talente benutzen.

Wir wenden Milliarden Beträge auf, um die Kapazität unserer Computer zu steigern, während unsere eigene geistige Kapazität weder qualitativ noch quantitativ ausgeschöpft ist. Da bleibt noch viel zu entdecken. Doch das ist die Aufgabe jedes Einzelnen. Der erste Schritt zu diesem verborgenen Genie in uns ist es, dass wir lernen, unser Denkinstrument optimal zu benutzen. Selbst Einstein nutzte maximal 20 % seines geistigen Potentials. Das heißt 80 % – und bei den meisten sind es 95 % ihres geistigen Potentials – sind völlig ungenutzt, liegen einfach da als Möglichkeit und warten darauf, in Besitz genommen zu werden.

> Auf diesem Wege ist es wichtig, **den Rucksack der Vergangenheit auszuziehen,** damit wir leicht und frei in eine faszinierende Zukunft gehen können. Das heißt, alles loszulassen, das uns daran hindert, unser einmaliges Potential optimal zu nutzen.

Die meisten Menschen haben nicht gelernt, mit dem Denkinstrument optimal umzugehen. Für alle Geräte und Maschinen gibt es Gebrauchsanweisungen, Betriebsanleitungen, die man lesen sollte, bevor man das Gerät in Betrieb nimmt. Nur für das komplexeste Instrument, das wir kennen, das menschliche Gehirn, gibt es keine solche Bedienungsanweisung.

Und so denken die meisten Menschen, dass sie eben mit dem auskommen müssten, was sie bisher an geistiger Leistungsfähigkeit bei sich entdeckt haben.

Ich möchte Ihnen zeigen, dass wir alle über ein phantastisches Vermögen verfügen, das zum größten Teil gar nicht genutzt wird. Ja, die meisten wissen nicht einmal, dass sie es haben.

Mit unserem brach liegenden Potential ist es so ähnlich wie mit dem Erdöl in der Wüste. So lange es in der Tiefe lag und keiner wusste davon, hat es dem Menschen nichts genützt. Die Menschen an der Oberfläche (!) waren arm und erst als sie in die Tiefe gingen und den inneren Schatz förderten, trat der innere Reichtum im Außen in Erscheinung. Heute sind die Öl fördernden Länder reich.

Das heißt, wir alle haben einen solchen Schatz, ein solches inneres Vermögen, das uns aber nichts nützt, so lange wir es nicht fördern. Wir müssen uns dessen bewusst sein und dieses Potential in unserem Leben aktivieren.

Was würden Sie sagen, wenn jemand Ihnen einen Zauberstab gäbe, mit dessen Hilfe Sie alle Situationen Ihres Lebens jederzeit sofort zu Ihren Gunsten umwandeln könnten? Würden Sie Gebrauch davon machen? Wahrscheinlich.

Nun, Sie haben diesen Zauberstab! Es ist Ihr Denken, die Fähigkeit zu denken! Jeder Mensch hat diese Fähigkeit zu denken! (Doch vielen bleibt es ein Leben lang erspart.)

Am Anfang war der Gedanke

Goethe lässt Dr. Faust sagen, am Anfang war die Tat. Und Schopenhauer sagt, am Anfang war der Wille. Gandhi schrieb, am Anfang war die Kraft. Und in der Bibel steht, am Anfang war das Wort.

Aber bevor ein Wort sein kann, muss es einen Gedanken geben. Und so können wir mit Recht sagen: Am Anfang war der Gedanke. Es gibt keine gedankenlose Wirklichkeit, denn Gedanken sind der Stoff, aus dem Wirklichkeit gemacht ist. Alles, was Sie sehen, ist zunächst einmal gedacht worden.

Sie alle kennen den Spruch: Der Mensch denkt, Gott lenkt. Wir brauchen diesen Satz bloß anders zu betonen, dann heißt es: Der Mensch denkt Gott lenkt. In Wirklichkeit aber lenken wir unser Leben durch unser Denken und unser Bewusstsein selbst.

Denken als das bewusste Setzen von Ursachen ist ein Schöpfungsakt. Und wo eine Schöpfung ist, da ist auch ein Schöpfer. Mit dem Gedanken als Schöpfungsakt werden wir zum Regisseur unseres Lebens, spielen nach unserem eigenen Drehbuch und sind gleichzeitig auch der Hauptdarsteller in unserem Spiel des Lebens. Unser Denken sollte zunächst reflexiv – auf uns gerichtet – sein:

WER BIN ICH wirklich?

Der erste und wichtigste Schritt zur Entfaltung des geistigen Potentials ist das Loslassen der Identifikation mit der Persönlichkeit.

Jeder, der noch auf der Suche ist, sucht eigentlich nur eine einzige Frage zu beantworten: Wer bin ich wirklich? Es ist seit alters her die Grundfrage des Lebens und die Grundfrage der Philosophie. Die Frage führt uns unmittelbar zu unserem Wesen. Und jeder hat die Frage für sich selbst zu beantworten (jeder muss die immer gleiche Antwort für sich selbst finden). So beginnt unser Leben wesentlich zu werden und geht in die Tiefe, vorher war es oberflächlich.

Die Frage, wie man lebt, ist weniger wichtig als die Frage, ALS WER man lebt. In welcher Identifikation bin ich? Womit identifiziere ich mich? Wenn wir den Verstand überschreiten wollen, müssen wir erkennen: Ich bin nicht der Verstand!

Also prüfen Sie doch gleich einmal Ihre derzeitige Identifikation. Prüfen Sie einmal, wer auf Ihrem Stuhl, in Ihrem Sessel sitzt. Wie würden Sie dieses Wesen beschreiben? Sie sagen wahrscheinlich „ICH". Aber gut, das ist nur eine Ausrede: Wer ist „ICH"? Wen meinen Sie, wenn Sie sagen, ICH?

Ist das Ihr Körper, oder meinen Sie Ihren Verstand? Oder sprechen Sie von Ihrer Persönlichkeit? Oder von Ihrem EGO? Oder mehr von Ihrem Gemüt? Oder von einer Summe all dessen? Wen meinen Sie, wenn Sie sagen: ICH?

Und ganz gleich, wen Sie meinen, das sind Sie nicht!

Denn Sie haben auch mit Ihrer Persönlichkeit, auf die Sie vielleicht sehr stolz sind, herzlich wenig zu tun. Sie sind angekommen in diesem Leben ohne Persönlichkeit. Diese Persönlichkeit hat sich allmählich erst entwickelt. Aus dem Feedback, das Sie aus der Umgebung bekommen haben. Und so haben Sie durch andere einen Eindruck von sich bekommen, wer Sie sind. Und Sie glauben (unbewusst) noch immer, dass Sie der sind, den man Ihnen damals eingeredet hat, ein „braver Junge" oder ein „böses Mädchen" zu sein.

Sie sagen beispielsweise von sich vielleicht: Ich habe einen brillanten Verstand. Wer sagt das? Der Verstand kann ja nicht von sich sagen, er habe einen brillanten Verstand, also ist da irgendjemand, der Besitzer von diesem brillanten Verstand, der sagt: Ich habe einen brillanten Verstand.

Sie sagen ja auch: Ich habe einen ganz brauchbaren Körper. Oder: Ich habe starke Gefühle, starke Emotionen. Oder ich habe eine profilierte Persönlichkeit. Immer ist da offensichtlich ein Eigentümer, der davon spricht, der etwas hat.

Wer ist dieses Unbekannte, dem alles gehört? Das Bewusstsein! Es ist für die meisten transparent, d.h. unsichtbar, aber es ist das Handelnde, das die Realität bestimmt. Sie sind Bewusstsein!

Dieses Bewusstsein hat einen Körper. Aber es ist nicht an den Körper gebunden. Jede Nacht verlassen Sie diesen Körper. Mehr noch: Sie waren lange, bevor es diesen Körper gab, und Sie werden noch immer sein, auch wenn Sie diesen Körper verlassen haben.

Aber vertiefen wir dieses Thema in diesem Zusammenhang nicht weiter. Sie werden noch früh genug erleben, wenn Sie diesen Körper verlassen, dass Sie nicht Ihr Körper sind. Wundern Sie sich in diesem Augenblick nur nicht, dass Sie dann immer noch leben. Aber das Verlassen dieses Körpers ist ein ebenso bedeutsames Ereignis wie das Aussteigen aus Ihrem Auto. Sie haben es unzählige Male gemacht und Sie werden es einige Male mehr tun und Sie sind danach immer noch existent. Doch spätestens dann taucht die Frage auf: Habe ich eigentlich gelebt?

> Viel wichtiger als die Frage: Gibt es ein Leben **nach** dem Tod?, ist die Frage: Hat es ein Leben **vor** dem Tod gegeben?

Warum habe ich das getan, was ich da tue? War es sinnvoll? Hat mir das etwas gebracht? Hat es mich erfüllt? Und aus dieser existenziellen Sicht wird fast jeder zu einem anderen Ergebnis kommen und sagen: Wenn ich die Chance noch einmal hätte, würde ich das Leben ganz anders gestalten.

Sie haben JETZT die Chance! Denn im MIND-Management konfrontieren wir uns mit den Grundfragen des Lebens, können wir unserem Leben eine vollkommen neue Orientierung geben.

Sie sind nicht identisch mit Ihrem Verstand, Ihren Erfahrungen und Überzeugungen, vielmehr gilt: Sie haben einen Verstand. Sie haben Ihre Erfahrungen, Sie haben Ihre Überzeugungen. Und jetzt, aus dieser Sicht der Selbst-Identifikation (das heißt: Ich bin Bewusstsein, das ist mein wahres SELBST) können Sie allmählich erkennen, dass Sie an Ihren Überzeugungen aus den Erfahrungen der Vergangenheit nicht kleben müssen, sich damit nicht identifizieren müssen.

Wer bestimmt denn, welche Überzeugungen Sie haben? Ihr Bewusstsein! Und das bedeutet: Sie können Ihre Überzeugungen frei wählen. Und wenn Sie diese Überzeugungen frei wählen können und nicht mehr abhängig machen von Erfahrungen, dann könnten Sie doch jetzt durch MIND-Management die geeigneten Überzeugungen wählen. Nämlich die Überzeugungen, die genau die Zukunft hervorrufen, die Sie erleben wollen.

Denn aus einem Gedanken wird im Schöpfungsprozess eine fest geglaubte Über**zeugung**, die ein Geschehen, eine Realität hervorruft und **erzeugt.** Je nach dem, wovon ich überzeugt bin, das erzeuge ich in meinem Leben.

Also machen wir uns unsere Freiheit bewusst (sie ist das größte Geschenk unseres Lebens!): Ich kann meine Überzeugungen und damit auch meine Zukunft frei wählen. Und ICH ist nicht mehr die Summe Verstand, Körper, Gefühl, Ego, Persönlichkeit, Name, Rang, Titel, sondern ICH BIN BEWUSSTSEIN.

Ich bin Bewusstsein, das einen Körper hat, einen Verstand und ein Gemüt. Das sind meine Werkzeuge. ICH aber bin der, der diese Werkzeuge benutzt. Und ICH bin der, der die

Überzeugungen bestimmt und jetzt schaffe ich mir brauchbare Überzeugungen. Das heißt, ich mache mir meine bisherigen Überzeugungen bewusst und wenn ich will, schmeiße ich sie heraus, ersetze sie durch ideale Überzeugungen. Das ist MIND-Management.

> Die in der Vergangenheit konditionierte Persönlichkeit loslassen ist also vor allem ein **Loslassen von vergangenen Überzeugungen,** die heute nicht mehr passen.

Durch Loslassen vom IST- zum SOLL-Zustand

„Loslassen" ist nach dem Gesetz des Wandels und der Evolution („Das einzig Beständige ist der Wandel.") ein so fundamentales Prinzip, dass wir dieses Grundprinzip verallgemeinern wollen:

> **Wer von einem IST-Zustand zu einem SOLL-Zustand kommen will, muss loslassen können.**

Wenn man einem gestandenen Manager sagt, er erreiche seine Ziele leichter, wenn er sie loslasse, würde er nur lachen und sagen: „So geht es nicht!" Ziele müsse man fest im Blick haben, aber doch nicht loslassen.

Aber nehmen wir ein Beispiel. Sie zielen mit Pfeil und Bogen auf eine Scheibe. Was müssen Sie tun, damit der Pfeil ins Ziel geht? Sie müssen loslassen! Sie werden denken, das weiß doch jeder Depp! Ja, wissen schon – aber tut er es auch? Und wenn Sie den Pfeil losgelassen haben, brauchen Sie ihm auch nicht hinterherzulaufen und ihm gut zuzureden, damit er ja das Ziel erreicht. Wenn Sie losgelassen haben, ist die Sache für Sie erledigt. Den Rest besorgt der Pfeil selbst.

Warum machen wir das im täglichen Leben nicht genau so, dass wir das, was nicht mehr zu uns gehört, einfach loslassen? Für so viele Menschen ist das schwierig. Sie sitzen in der Affenfalle.

> **Die Affenfalle**
>
> In Südindien gibt es eine bestimmte Art, wie man Affen fängt. Man macht in eine hohle Kokosnuss, die man stabil an einen Baum befestigt, ein kleines Loch, gerade groß genug, dass eine Affenhand hineinpasst, und legt dann, wenn ein Affe vorbeikommt, einen Leckerbissen hinein. Dann geht man weg. Und es passiert immer das Gleiche: Kaum ist der Jäger weit genug weg, kommt der Affe, greift hinein, hat den Leckerbissen, will heraus – und hängt fest. Er müßte nur wieder loszulassen und könnte die Hand rausziehen, aber genau das macht er nicht! Er schreit und zieht. Der Jäger kommt, nimmt den Affen ganz einfach und hat ihn gefangen.

In dieser Falle hängen wir alle. Nur der Leckerbissen drinnen heißt ganz unterschiedlich. Er heißt vielleicht persönlicher Ehrgeiz oder „mein Ziel" oder „Ich will nicht aufgeben!" oder was auch immer. Und Sie hängen fest.

Prüfen Sie einmal, wo Sie im Leben festhängen, wo Sie nicht loslassen können, ... wo Sie bloß die Hand zu öffnen brauchten und Sie wären frei.

Und dann erkennen Sie – ganz gleich, woran Sie hängen: **Sie** haben sich gefangen. Es gibt nichts und niemanden auf der Welt, der Sie festhalten könnte. Es sind immer Sie selbst. Sie brauchen nur loszulassen und Sie sind frei.

Das Tor zur Freiheit heißt immer gleich: loslassen. Überprüfen Sie einmal, ob Sie in Ihrem Leben derzeit irgendetwas gegen Ihre Überzeugung machen. Und dann fragen Sie sich: Wenn es gegen meine Überzeugung ist, warum tue ich das immer noch?

Loslassen, was nicht bereichert

Nehmen wir etwas Einfaches: Rauchen. Die meisten Raucher sind intelligent genug zu wissen, dass das Rauchen nicht zur Verlängerung Ihres Lebens beiträgt.

Die neuesten Statistiken sind sehr beeindruckend. Versicherungsstatistiken zeigen, dass ein Nichtraucher durchschnittlich acht Jahre länger lebt als ein Raucher. Also muss ich mich fragen: Ist der Genuss des Rauchens für mich so sinnvoll, so unverzichtbar, dass ich dafür acht Jahre meines Lebens hergeben möchte? Und nicht nur das: Raucher sind viel häufiger krank als Nichtraucher. Also warum tue ich mir das an? Könnte ich es loslassen? Und was daran hält mich eigentlich fest?

Oder ein anderes Beispiel: Sie sind in einer Partnerschaft und Sie wissen, dass es schon lange nicht mehr stimmt. Aber Sie haben Angst vor der Zukunft, vor der Veränderung, vor dem Danach, vor dem Alleinsein, vor der Versorgung, vor dem Leben. Es ist ganz gleich vor was. Diese Angst ist es, die Sie gefangen hält. Und vielleicht könnten Sie loslassen. Oder nehmen wir etwas, das nicht so weh tut. Wir alle haben Bekannte, die eigentlich unser Leben nicht mehr bereichern.

Man trifft sich halt. Wir nennen das „gesellschaftlicher Verkehr" oder wie auch immer. Sie kommen nach Hause, hatten einen harten Arbeitstag und Ihre Frau oder Ihr Mann sagt Ihnen: „Die Meiers haben angerufen, und nächsten Freitag um acht Uhr ist eine Party." Und Sie sagen: „Um Gottes willen, stinklangweilig. Da isst man wieder zu viel, da müssen wir wieder die Urlaubsdias von denen ansehen, und dann ist der Abend wieder gelaufen, am nächsten Morgen hat man schlecht geschlafen und – keine Lust. ... Also gut, wenn es denn sein muss!"

Und es kommt genau so, wie Sie wissen, dass es kommt. Es gibt wieder zu viel, zu gut zu essen. Und hinterher kommt wieder das, was Sie befürchten: die Urlaubsdias oder etwas anderes, es spielt ja gar keine Rolle. Und Sie versuchen so schnell wie möglich wegzukommen. Und die Gastgeberin sagt: „Müssen Sie wirklich schon gehen?" Und Sie antworten: „Ja leider, wirklich, es geht nicht, aber ich muss weg." Und dann fragt die Gastgeberin: „Ich hoffe, es hat Ihnen ein bisschen bei uns gefallen." Und ehe Sie überhaupt nachdenken, hören Sie sich flöten: „Es war wieder ganz entzückend bei Ihnen." Und draußen sagen Sie: Warum beenden wir dieses Spiel nicht?! Sie können es doch auch beenden! Warum tun Sie sich das an?

Prüfen Sie einmal, ob Sie nicht solche und ähnliche verzichtbare Bekannte in Ihrem Bekanntenkreis haben und ob Sie bereit sind loszulassen, aus der Affenfalle rauszugehen. Sie einfach nicht mehr einzuladen und keine Einladung mehr anzunehmen. Keine Einladung auszusprechen, das geht ja noch, aber sich auch nicht mehr einladen lassen, wenn Sie den Kontakt wirklich nicht mehr wollen.

Wenn wir den Weg der Freude konsequent gehen – und das gehört zum erfolgreichen MIND-Management –, dann bedeutet das auch zu prüfen: Gehört der oder die oder das noch wirklich in mein Leben: ja oder nein.

Und wenn das noch nicht präzise genug gefragt ist: Ist der, die oder das eine Bereicherung für mein Leben? Ja oder nein? Und wenn Sie sagen müssen – Bereicherung: Na, kann ich nicht sagen ... – dann lassen Sie los! Sie werden eine Menge Ballast loslassen können, Dinge oder Menschen, die Ihr Leben nicht mehr wirklich bereichern.

Sie gewinnen mehr Zeit. Oder sitzen Sie abends vor dem Fernseher und prüfen: In diesem Augenblick, bereichert das Programm wirklich mein Leben? Will ich das wirklich sehen? Vielleicht schalten Sie ab, schauen sich um: Ach, was sind die Kinder groß geworden! Wann haben wir die Wohnung renoviert? ...

Sie können ungeheuer viel Zeit gewinnen, wenn Sie die Dinge loslassen, die Ihr Leben nicht mehr bereichern.

Wenn Sie also möglichst rasch von einem IST- zu einem SOLL–Zustand kommen wollen, dann ist logisch, dass Sie den IST-Zustand nicht festhalten dürfen. Denn wie soll sich der IST-Zustand in einen SOLL-Zustand verwandeln, wenn Sie nicht loslassen?

Also, machen Sie sich einmal bewusst: Was ist der SOLL-Zustand und welchen IST-Zustand muss ich loslassen, damit der SOLL-Zustand möglich wird?

Für den Manager ist der SOLL-Zustand vielleicht mehr Gewinn, für einen Zen-Buddhisten ist der SOLL-Zustand vielleicht die Erleuchtung. Für den Palästinenser ist der SOLL-Zustand ein eigener Staat. Für eine Mutter das erfolgreiche Gedeihen ihrer Kinder. Für zahlreiche Regierungen ist der SOLL-Zustand die Reduktion der Arbeitslosigkeit. Und so weiter. Ich muss also zunächst einmal etwas loslassen, bevor etwas Neues geschehen kann.

> Und so gibt es **bei jedem Lernprozess eigentlich zwei Teile:** Das, was ich verlernen muss, was ich loslassen muss, und das, was ich annehmen kann, was geschehen soll.

Ärger loslassen

Etwas, was wir loslassen sollten, ist Ärger, denn Ärger macht alles nur noch ärger.

Da nickt das Gemüt sofort und sagt: Ja genau, das können wir leicht, das kann ich gut entbehren. Aber wer ärgert sich denn, wenn Sie sich ärgern? Die Frage ist schon die Antwort: Wenn Sie sich ärgern, ärgern Sie sich. Sie sagen: Ich habe mich über den und über das geärgert. Der andere, der kann sie nicht ärgern. Niemand und nichts auf der Welt hat die Macht, Sie zu ärgern. Sie machen das jedes Mal selbst.

Also prüfen Sie doch einmal: Wann haben Sie sich das letzte Mal so richtig geärgert? Haben Sie eine solche Situation ins Bewusstsein genommen? Warum tun Sie das? – Nun, wahrscheinlich sagen Sie: Ich mache das gar nicht absichtlich, es geschieht einfach.

Stellen Sie sich vor, Sie hätten in Ihrem Betrieb jemanden, den Sie dafür auch noch gut bezahlen, dass der die anderen bei der Arbeit stört. Er dreht die Sicherungen raus, verstellt die Maschinen, versteckt die Akten oder unterbricht Telefonleitungen und bekommt ein hohes Gehalt dafür. Das ungefähr ist die Funktion des Ärgers in Ihrem Leben. Er jagt den Blutdruck hoch, verdirbt die Laune, macht Sie vor der Zeit alt, krank und hässlich, stört den Schlaf, ruiniert Ihre Nerven, belastet Ihren Gesundheitszustand und so weiter.

Und die positive Seite des Ärgers: Wofür nehmen Sie diese Belastungen in Kauf? Was tut er Gutes? – Gar nichts! Prüfen Sie es einmal! Sie haben absolut keinen Vorteil davon! Sie haben nur Nachteile. Also würde ich sagen: Schmeißen Sie den Kerl doch aus Ihrem Lebens- Betrieb raus! In der Firma würden Sie einen solchen Störenfried doch auch feuern.

In dem Unternehmen SELBST sollten Sie diesen Mitarbeiter entlassen, fristlos, ohne Kündigungsschutz. Doch wie macht man das? – Es ist einfacher, als Sie denken.

Wenn Sie sich ärgern, ist es zu spät, dann können Sie nichts mehr tun. Aber wenn Sie sich gerade nicht ärgern –

und ich unterstelle einmal, im Moment ärgern Sie sich nicht –, dann könnten Sie sich vorstellen, wie Sie sich in Zukunft verhalten, wenn wieder einmal eine solche Situation eintritt.

Nehmen wir irgendeine ärgerliche, häufig vorkommende Situation: Ich nehme gerne ein Beispiel aus dem Verkehr.

Sie fahren auf der Hauptstraße, es ist Sonntag, die Sonne scheint. Sie sind gut gelaunt, Sie fahren rechts, Sie fahren 50. Ihr Leben stimmt einfach rundum. Und da kommt ein Traktor von links, er kümmert sich gar nicht um Sie, nimmt Ihnen die Vorfahrt und Sie können gerade noch mit einer Notbremsung einen Unfall vermeiden. Und der tuckert mit seinem Trecker weiter. Und Sie rufen ihm etwas nach, so etwas wie ... „Gott segne dich!" (Vielleicht formulieren Sie es auch etwas strenger.) Und wahrscheinlich ärgern Sie sich.

Und dann – so langsam nach Stunden – klingt der Ärger ab, Sie kommen in die Firma und Sie erzählen dort noch einmal von dem Ärger, von dem Idioten, der da gerade beinahe einen Unfall verursacht hat. Sie wärmen den Ärger auf und nutzen ihn noch einmal für einen zweiten Aufguss. Sie können sich noch ein bisschen ärgern. Und wenn auch das langsam vorbei geht, kommen Sie abends zu Ihrem Partner nach Hause und dann erzählen Sie die Geschichte noch einmal. Und dann haben Sie noch den Rest herausgequetscht, was an Ärger in der Situation steckt. Sie haben sich nur geschadet.

Was hätten Sie in dieser Situation des Beinahe-Unfalls tun können, ohne sich zu ärgern? Es sind nie die Umstände, die irgendeine Wirkung hervorrufen. Es ist nie ein Umstand, der Sie ärgert.

Wie hätten Sie besser reagieren können?

Stress loslassen

Und genauso könnten Sie **Stress loslassen und umerleben**. Stress muss nämlich nicht sein. Stress ist genauso unvernünftig wie Ärger.

> **Stress ist der Versuch, in einer zur Verfügung stehenden Zeit, die immer vorgestellt ist, mehr tun zu wollen, als man in dieser Zeit tun kann.** Das klappt zwar nie, aber wir versuchen es immer wieder. Und dann geraten wir natürlich in Stress.

Vielleicht sagen Sie: Moment, also ich würde so etwas nie tun, aber mein Chef kommt um halb fünf, kurz vor Feierabend, legt mir einen Stapel hin und sagt, das muss heute noch raus, und dann geht er heim, und ich habe den Stress. – Das muss ja nicht sein, Sie können mit ihm ja verhandeln. Sie können sagen: „Oh, wenn ich das noch erledigen muss, das dauert aber zwei Stunden. In einer halben Stunde ist Feierabend." Und dann muss er mit Ihnen verhandeln, wenn Sie in einer angestellten Position sind.

Sind Sie selbst der Chef, dann sollten Sie sich nicht so verhalten. Wenn dringend noch etwas getan werden muss, dann sollten Sie gleich mit dem anderen verhandeln. „Sind Sie bereit? Sie würden mir einen Gefallen tun – natürlich wird das honoriert, aber das muss heute noch raus." Und wenn der andere „ja" auch innerlich dazu sagt, sich nicht drängen lässt, kommt kein Stress auf. Er macht die Arbeit und sie geht heute noch raus – aber ohne Stress.

Für viele Menschen ist der Satz „Ich hatte Stress" eine Entschuldigung für alles. Dieser Satz scheint eine Absolution für jedes Fehlverhalten zu erteilen. Es nimmt schon eine ähnliche Bedeutung an wie die Entschuldigung: „Tut mir leid, ich war krank."

Sie haben eine Vereinbarung nicht eingehalten? Kein Problem: „Ich hatte Stress." Sie haben trotz Versprechen nicht angerufen? Kein Problem: „Ich hatte Stress." Sie haben sich um wichtige Dinge nicht gekümmert? Kein Problem: „Ich hatte Stress."

Wir tun so, als ob uns Stress wie aus heiterem Himmel ganz unverschuldet trifft, wir hilflose Opfer einer höheren Gewalt wären. Dabei heißt „Ich hatte Stress" eigentlich nichts anderes als: Ich habe mein Leben nicht im Griff, das Leben hat mich im Griff.

> **Stress ist immer ein Zeichen, dass wir unser Denkinstrument nicht optimiert haben, dass wir uns nicht selbst bestimmen, sondern fremdbestimmt sind.**

Das beste Rezept gegen Stress ist, aus dem Bewusstsein heraus zu handeln. Dazu sollten Sie immer wieder zu Bewusstsein kommen. Doch nicht erst dann, wenn Sie im Stress sind, sondern „vorbeugend" in der bewussten Vor- und Nachbereitung des Tages.

MUSS loslassen

Jetzt könnten wir noch einen Bereich hinzufügen, den wir loslassen „müssen": Wo gibt es Dinge in Ihrem Leben, wo Sie **„müssen"**?

„Ich muss ..." ist ein Lebensgefühl der Abhängigkeit. Wer Abhängigkeit überwunden hat und in der Selbstständigkeit lebt, bei dem steht eher der Satz **„Ich will ..."** über dem Leben. Doch auch dieses Lebensmotto ist noch sehr egozentrisch. Wenn wir unsere Lebensaufgabe erkannt haben und den Weg der Freude gehen, dann leben wir eher aus dem Gefühl heraus: **„Ich darf ..."**

> Machen Sie sich also bewusst und auch eine kleine Liste: Was **müssen** Sie? Wo sagen Sie: „Ich muss ..."?

Und dann entfernen Sie jedes einzelne Muss aus Ihrer Liste und aus Ihrem Leben.

Es gibt nichts, was Sie wirklich müssen. Sie müssen nicht einmal sterben. Sie denken nur, Sie müssten. Sie werden überrascht sein. Lösen Sie einfach jedes Muss auf.

Vielleicht sagt sich das so leicht, vielleicht haben Sie ein Muss, das man nicht so leicht los werden kann?

Essen? Trinken? Atmen? Das müssen Sie? Das ist schade. Warum genießen Sie es nicht? Genießen Sie jeden Atemzug, genießen Sie jeden Schluck, genießen Sie das Essen. Und damit ist das Muss verschwunden. Niemand zwingt Sie, gegen Ihren Willen zu leben. Sie können die fundamentalen Lebensfunktionen jederzeit einstellen.

Gut, das zwingt Sie dann, Ihren Körper zu verlassen. Beim Atmen geht es sogar recht schnell, eine zuverlässige Problemlösung. Sie brauchen nur zehn Minuten nicht zu atmen und sind Sie alle Probleme los. Allerdings den Rest auch ...

Aber wenn Sie wirklich leben wollen, ändern Sie doch Ihre Einstellung und genießen Sie das Leben! Genießen Sie den Atem, das Essen, das Trinken, Ihr Sein. Und dann ist kein Muss mehr da. Denn Sie müssen ja nicht wirklich. Sie haben sich dafür entschieden, weil Sie leben wollen, weil Sie dieses Werkzeug Körper erhalten wollen, weil Ihnen das Leben Freude macht. Und wenn Sie es schon tun, dann können sie es auch genießen.

Es heißt häufig: Wir müssen Geld verdienen. Nein, müssen wir nicht. Es genügt, wenn Sie es haben, aber Sie müssen es nicht verdienen.

Wissen Sie, dass man nur in der deutschen Sprache sein Geld „verdient"? Nur in der deutschen Sprache verdient man sein Geld. Die Engländer machen es viel einfacher. Die ernten ihr Geld (to earn money), die Amerikaner machen das Geld (to make money), die Franzosen gewinnen Geld. Die Ungarn sind noch besser dran. Die finden es einfach.

Das heißt, in jeder Sprache kommt man anders an sein Geld. Nur wir haben Pech, wir müssen uns das Geld „verdienen". Aber auch das ist nicht wahr. Wir können diese sprachliche Prägung sofort auflösen.

Gestatten Sie dem Leben, Sie ab jetzt großzügig dafür zu bezahlen, dass Sie das tun, was Ihnen ohnehin Freude macht.

Wenn Sie diese Einstellung jetzt beschließen, hat das Leben innerhalb kurzer Zeit reagiert. Fangen Sie einfach an, Ihre Tätigkeit ganz ernsthaft zu überprüfen: Ist diese Tätigkeit meine Berufung? Ist es das, wofür ich auf diese Welt gekommen bin? Ist es das, was ich am liebsten tue? Und wenn nein oder nicht ganz, was wäre es denn? Was würde ich am liebsten den ganzen Tag tun? Nun kann es natürlich sein, dass einer sagt, ich liege am liebsten den ganzen Tag im Bett. Gut, dann werden Sie Testschläfer bei Schlaraffia und lassen sich dafür bezahlen.

Also, ganz gleich, was es ist, Sie können aus allem eine Berufung machen, in der Sie Erfüllung finden und für die Sie auch noch gut bezahlt werden.

Das ist ein Schritt, wieder ein Muss aus Ihrem Leben zu entfernen: „Ich muss Geld verdienen, ich muss für meinen Lebensabend sorgen." Manche sorgen so intensiv für ihren Lebensabend, dass sie ihn überhaupt nicht mehr erleben ...

Wenn Sie es sich leisten können, sollten Sie erster Klasse fahren, Ihre Erben tun es bestimmt. Leben Sie erstklassig. Tun Sie das, was Sie sich leisten können, aber vor allen Dingen, lösen Sie die Grenze auf „Ich verdiene so viel." Das ist eine innere Dimension, die zuverlässig verhindert, dass es mehr wird.

Urteilen loslassen

Wie weit wir den Verstand bereits überschritten haben, zeigt sich darin, wie wir die Gegebenheiten akzeptieren und mit dem Paradox leben können: Tatsachen verändern, indem wir sie akzeptieren.

Die Aufgabe des Verstandes ist es zu trennen, zu zweifeln und zu (ver-)urteilen.

Der Verstand trennt, indem er analysiert: Er analysiert das Leben in seine Einzelbestandteile, bis er an das kleinste, untrennbare Teil kommt (die Griechen nannten dieses Teil „Atom", also das Untrennbare). Mit dem Verständnis des kleinsten Teils sei die Welt zu verstehen. Das ist der Paradeweg der klassischen Wissenschaft.

Doch diese analysierende, trennende Denkweise ist inzwischen auch in der Naturwissenschaft in der Krise. Es ist klar, dass es so nicht funktionieren kann. Wenn der Biologe die Frage beantworten will, „Was ist Leben?", hilft es nicht, wenn er eine Maus zuerst tötet, seziert, um dann in den Zellen die Spuren des Lebens zu finden. Man hat mit dieser Denkweise zuerst das zum Verschwinden gebracht, wonach man eigentlich sucht: das Ganze.

Der „gesunde Menschenverstand" sagt dazu: „Der sieht vor lauter Bäumen den Wald nicht." Der Verstand nimmt nicht das Ganze wahr, sondern sieht immer nur wie in Scheuklappen die Einzelteile.

Dieses analytisch-lineare Denken führt auch zum Zweifel: Denn die Kernfrage des Verstandes ist: Was spricht dafür? Was spricht dagegen? So kommt der Verstand zu einer Liste von Argumenten „pro und contra". Zweifeln kennt keine Gewissheit. Gewissheit ist einfach kein Resultat des Verstandes.

Der Verstand lebt in einer dualen, polarisierten Welt und fällt ständig Urteile. Sein analytisches Teilen führt zum moralischen Ur-Teilen und letztlich Verurteilen: Das ist gut, das ist schlecht. Das ist richtig, das ist falsch. Das ist wertvoll, das ist wertlos. Das ist vernünftig, das ist unvernünftig. Das ist „in", das ist „out". Das ist typisch männlich, das ist typisch weiblich. Ich habe Recht, du hast Unrecht. Wir sind die Auserwählten, ihr seid die Gottlosen. Und so weiter.

Der Verstand kann die Wirklichkeit nicht wahrnehmen, wie sie ist, sondern betrachtet sie immer durch eine Brille des Urteilens. Der egozentrierte Verstand ist letztlich immer rechthaberisch.

Eine Beleidigung des Verstandes ist der einfache Satz: Alles ist gut, so wie es ist. (Wobei „gut" nicht im moralischen Sinne gemeint ist, sondern im Sinne: „Es ist in Ordnung, es ist o.k. so.")

Der Satz drückt aber nichts anderes aus als die vollkommene (und liebevolle) Akzeptanz all dessen, was IST. Und damit schließt sich auf natürliche Weise wieder der Kreis zum Loslassen:

> Nur das, was ich urteilsfrei akzeptiere, lasse ich los, **und mit diesem Loslassen ermögliche ich Veränderung.**

Ein untrügliches Signal dafür, über den Verstand hinausgewachsen und zu Bewusstsein gekommen zu sein, ist das Leben nach dem Motto: Alles ist gut so wie es ist.

Viele Menschen haben Schwierigkeiten mit der Vorstellung „Alles ist gut." Sie sagen: „Ja, also, das gefällt mir, aber da in Jugoslawien, wenn die sich dort abschlachten ... Und da sind doch auch Kinder dabei, die sind doch unschuldig und ... Das kann ich doch nicht für gut befinden!"

Erstens einmal sollten Sie es überhaupt nicht befinden. Ich brauche es ja nicht zu beurteilen. ES IST. Es ist ein Teil der Wirklichkeit. Und zweitens: Jede Wirkung hat eine Ursache, und so wird es jemand verursacht haben, und deswegen wirkt es sich aus. Es wartet nicht darauf, dass ich urteile, sondern es wartet darauf, dass ich tief innen drin die Erfahrung mache: Ganz gleich wie es ist, es ist gut.

Und ich muss gestehen, mir hat dabei die Geschichte von dem Kalifen und seinem Großwesier geholfen:

Alles ist gut, so wie es ist

Es war einmal ein Kalif, der schickte jedes Jahr seinen Großwesier zu einem anderen Weisen seines Reiches, damit er wieder eine Erkenntnis erfahre und ihm mitteile. Denn er war beschäftigt mit Regieren, er konnte nicht weg.

Und so wartete er eines Tages wieder ungeduldig auf die Rückkehr seines Großwesiers, weil er nach einer neuen Erkenntnis dürstete. Und endlich kam der Großwesier zurück. Und der Kalif fragte: „Welche Erkenntnis hast du diesmal gewonnen?" Und der Großwesier antwortete: „Alles ist gut, so wie es ist."

„Na ja", sagte der Kalif etwas enttäuscht, „gut ... Was hast du noch erkannt?" Und wieder sagte der Großwesier: „Alles ist gut, so wie es ist." Da wurde der Kalif ziemlich wütend, denn das schien ihm keine großartige Erkenntnis zu sein.

Er ließ seinen Barbier rufen, um sich abzulenken und den Bart scheren zu lassen. Weil er aber so unruhig war, schnitt ihn der Barbier. Der Kalif wurde wütend und ließ ihn in den Kerker werfen und sagte zu seinem Großwesier: „Findest du das auch gut, dass der mich geschnitten hat?" Und der Großwesier sagte wieder: „Alles ist gut, so wie es ist."

Da wurde der Kalif so wütend wie nie zuvor und ließ sogar seinen Großwesier in den Kerker werfen. Und weil er so erregt war, ließ er sein Pferd satteln und ritt und ritt und ritt ... über die Grenzen seines Reiches hinaus und kam in ein unbekanntes Land, wo Menschenfresser wohnten.

Und sie fingen ihn und wollten ihn gerade verspeisen, da entdeckten sie den Schnitt in seiner Wange. Angewidert wandten sie sich ab, denn sie fraßen nur makelloses Menschenfleisch.

Und der Kalif konnte wieder nach Hause reiten. Auf dem Ritt nach Hause war er sehr dankbar und erkannte jetzt die tiefe Weisheit: wie gut alles ist. Was er eben doch noch dem Barbier angetan hatte! Und er ging sofort, um seinen Großwesier aus dem Kerker zu holen und ließ auch den Barbier befreien. Er entschuldigte sich bei dem Großwesier und sagte: „Entschuldige, erst auf dem Ritt nach Hause habe ich die Weisheit erkannt. Entschuldige, dass ich diesen Fehler gemacht und dich in den Kerker geworfen habe." Aber der Großwesier antwortete wieder: „Alles ist gut, so wie es ist."

> Da sagte der Kalif: „Wenn ich jetzt nicht noch so traurig wäre, könnte ich jetzt gerade schon wieder wütend werden, denn was soll denn daran gut sein, dass ich dich ungerechterweise in den Kerker habe werfen lassen?"
>
> „Nun", sagte der Großwesier, „ganz einfach: Hättest du mich nicht in den Kerker werfen lassen, wäre ich wie immer an deiner Seite gewesen. Mich aber hätten die Menschenfresser gefressen, weil mein Körper makellos ist."

Wir sehen, diese Geschichte geht immer weiter. Sie ist nie zu Ende, sie könnte ewig erzählt werden. Alles wird aus neuer Sicht wieder gut. Der Fehler ist kein Fehler, denn wenn der Fehler nicht gewesen wäre, hätte ich diese Erkenntnis nicht gehabt. Wenn ich diese Erkenntnis nicht gehabt hätte, hätte ich diesen Schritt nicht tun können. Wenn ich diesen Schritt nicht getan hätte, dann ... Also war der Fehler gar kein Fehler, obwohl er erst so fehlerhaft aussah, sondern es war gut, dass der Fehler geschah.

Und deshalb kann ich aus dem Urteilen austreten, es loslassen und wirklich erkennen: Alles ist gut, so wie es ist.

In Liebe loslassen

Wenn wir selbst nicht loslassen können und zu lange an etwas festhalten, was schon lange nicht mehr stimmt, dann können wir selbst auch „losgelassen werden": Ein Lebenspartner trennt sich von uns (stirbt vielleicht), wir werden aus einer Arbeitsstelle gekündigt (oder gehen in Rente).

Da, wo wir loslassen **müssen,** aber eigentlich nicht wollen, kann sich leicht Verbitterung einstellen, oft verbunden mit ohnmächtiger Wut, manchmal kleinlichen Rachegefühlen. Wir sind körperlich getrennt (worden), halten aber geistig und seelisch noch fest.

Was immer wir loslassen, sollten wir stets in Liebe loslassen.

Dieses Gefühl, in Liebe loslassen zu können, ist Ausdruck einer inneren Sicherheit („Alles ist gut, so wie es ist.") und des Glaubens an eine noch bessere Zukunft („Es kommt immer Besseres nach."). In diesem Gefühl sind wir wirklich im Fluss des Lebens, machen uns das Leben in der Gegenwart zum Geschenk (Leben im Präsens ist ein Präsent).

In Liebe loslassen ist ein bedingungsloses Loslassen ohne Wenn und Aber. Wir lassen in guter Energie los: wünschen dem Lebenspartner, der Firma, den Menschen, auch Ideen, Vorstellungen, Überzeugungen, von denen wir uns trennen, alles Gute.

Vom Opfer zum Schöpfer

Prüfen Sie jetzt, ob Sie noch an Glück, Pech oder Zufall glauben. Wenn das so ist, dann sind Sie noch in der Rolle des Opfers. Und das sollten Sie ändern und loslassen. Erfolgreiches Selbstmanagement und MIND-Management sind in der Opferhaltung nicht möglich.

Denn in der Opferhaltung tragen Sie nicht die Verantwortung. Da sind die anderen Schuld, die Lehrer, die Eltern, die Politiker, die Wirtschaft, die Zeit, der Zufall. Alle haben mich nicht richtig verstanden, mich nicht genug gefördert, mir nicht die richtige Position zugewiesen. Das ist die Haltung eines Opfers.

Ein Schöpfer übernimmt zunächst einmal die volle Verantwortung für seine Situation, sagt, so ist es: Ich bin die Ursache für meine Lebensumstände. Damit aber hat der Schöpfer gleichzeitig die Macht, die Situation zu ändern.

Also übernehmen Sie die Verantwortung und streichen Sie die Worte Pech und Glück und Zufall aus Ihrem Leben, denn Sie haben in Wirklichkeit keine Bedeutung.

Es gibt keinen Zufall

Einem jeden von uns fällt das zu, was er verursacht. Und wir können das Glück oder Pech nennen. Aber die Ursache liegt immer in uns selbst. Und das ist keine Strafe, sondern ein Geschenk. Das zeigt: Wir haben jederzeit die Fähigkeit, alles zu ändern. In jedem Augenblick können Sie alles ändern. Auch hierzu eine erhellende Geschichte:

Glück oder Unglück – wer weiß?

Zu alten Zeiten lebte in China ein Bauer, der ein Pferd besaß. Zu jenen Zeiten war der Besitz eines Pferdes ein wirkliches Vermögen. Eines Nachts verschwand das Pferd bei einem Unwetter. Tags darauf kamen die Nachbarn herbeigeeilt und bedauerten den Bauern, was er doch für ein Pech habe. Der Bauer aber antwortete: „Glück oder Unglück – wer weiß?"

Wenige Tage später fand das Pferd tatsächlich wieder zurück nach Hause, kam aber nicht alleine. Es hatte noch zwei Wildpferde mitgebracht.

Die Nachbarn waren außer sich vor Freude. „Bauer, was hast du für ein seltenes und unbeschreibliches Glück! Jetzt hast du nicht nur ein Pferd, sondern drei!" Und der Bauer antwortete wieder: „Glück oder Unglück – wer weiß?

Der Sohn des Bauern wollte natürlich schon wenige Tage später die Wildpferde zureiten. Doch dabei stürzte er vom Pferd und brach sich ein Bein.

Die Nachbarn wussten dieses Ereignis auch gleich wieder zu bewerten: „Bauer, was für ein Pech! Jetzt ist dein Sohn verletzt und ist wochenlang arbeitsunfähig. Die wichtigsten Arbeiten auf deinem Hof bleiben liegen. Sind die beiden Wildpferde das wert? Was für ein Unglück ist über dich hereingezogen!" Doch der weise Bauer antwortete nur: „Glück oder Unglück – wer weiß das schon?"

Das Land lag seit einiger Zeit in einem grausamen Krieg mit dem Nachbarland, der viele Tote forderte. Schon in der nächsten Woche kamen die Häscher des Herrschers ins Dorf, um die letzten kampffähigen jungen Männer in den Krieg einzuziehen. Der Sohn des Bauern blieb als Einziger verschont ... wegen seines Beinbruchs.

Ob wir Ereignisse als Glück oder Unglück „bewerten", liegt ganz in unserer Macht. Ein Opfer erleidet ständig Unglück, ein Schöpfer betrachtet alles als eine glückliche Chance. Glück ist, eine einmalig günstige Gelegenheit nicht unbeachtet an sich vorbeiziehen zu lassen, sondern sie geistesgegenwärtig zu ergreifen.

> **Übung: Mentales Umerleben**
>
> Ärger ist keine natürliche Emotion, sondern eine geistige Einstellung, die jedoch mit „Ärger-Energie" aufgeladen ist. Das ist leicht daran zu erkennen, dass wir einer „ärgerlichen Situation" gegenüber eine neue geistige Einstellung gewinnen können.
>
> Es ist wie ein konditionierter Reflex: Situation → ihre Interpretation als „ärgerlich"! → Ärger-Energie! Die an sich neutrale Situation wird als „ärgerlich" interpretiert und dann mit negativen Gefühlen besetzt. Dieser scheinbare „Reaktions-Reflex" kann jedoch wieder aufgelöst werden. Es geschieht durch „mentales Umerleben". Die Situation wird so lange umbewertet und mit positiven Gefühlen belegt, bis das Ärgerprogramm aufgelöst ist.
>
> Nehmen wir als Beispiel eine „ärgerliche" Verkehrssituation, die zu einem Unfall hätte führen können aber nicht geführt hat. Stellen wir uns vor, was Sie in dieser Situation alternativ tun könnten.
>
> Sie haben sich gerade geärgert. Und jetzt kommen Sie zur Vernunft. Sie merken: *Ach, habe ich mich doch wieder geärgert! Ich könnte mich gerade noch einmal ärgern, dass ich mich geärgert habe!* In der Situation könnten Sie anhalten. Sie atmen ein paar Mal tief und stellen sich die Situation noch einmal vor:
>
> Wieder fahren Sie auf der Hauptstraße, die Sonne scheint, sie sind gut gelaunt, alles stimmt. Und wieder kommt der …
>
> Nur jetzt erleben Sie in Ihrer Vorstellung, wie Sie sich anders verhalten. Sie klopfen sich einfach auf die Schulter und sagen: *Donnerwetter, damit musste ich jetzt doch nicht rechnen. Und trotzdem habe ich schnell und richtig reagiert, habe jetzt einen Unfall für uns beide vermieden, viel Ärger mit der Werkstatt, Wertminderung, Auto, Versicherung. Vielleicht sogar Verdienstausfall, Krankenhaus, und alles ist möglich. Und alles das habe*

ich nur dadurch verhindert, dass ich schnell und richtig reagiert habe.

Und Sie freuen sich und kommen vielleicht in die Firma und erzählen: Da hat mir jemand die Vorfahrt genommen, aber ich habe Gott sei Dank schnell und richtig reagiert. Alles gut gegangen, gar keine Probleme! Und Sie freuen sich wieder ein bisschen mehr, und Sie kommen abends zu Ihrem Partner und erzählen ihm auch wieder, dass Sie da diese Situation hatten und dass Sie schnell und richtig reagiert haben.

Sie nutzen die gute Laune und geben Ihrem Unterbewusstsein gleichzeitig ein Bild des erwünschten Verhaltens. Und wenn Sie dieses Umerleben 20- bis 30-mal gemacht haben, in hartnäckigsten Fällen – ganz selten – 100-mal, dann ist die Konditionierung gelöst.

Dann passiert eines Tages wieder eine solche Situation und wieder bremsen Sie und Sie warten, dass der Ärger kommt, aber er kommt nicht mehr. Sie haben sich geändert. Sie haben sich umprogrammiert. Sie haben erfolgreiches MIND-Management betrieben. Sie haben Ihre ärgerliche Verhaltensweise korrigiert.

Ich habe mich das letzte Mal am 23. Dezember 1979 geärgert. Und ich werde es sicher auch nie wieder tun, warum sollte ich auch? Damals – das letzte Mal – habe ich mich darüber geärgert, dass ich mich überhaupt noch geärgert habe, weil ich schon lange wusste, dass man sich nicht ärgern sollte. Und dann habe ich es endlich begriffen, gründlich aufgeräumt und alle Situationen durcherlebt, in denen ich mich möglicherweise noch einmal ärgern könnte. Und dann ist es mir nie mehr passiert.

Wenn Sie wollen, ist es heute vielleicht nicht das letzte Mal, dass Sie sich geärgert haben, aber ist es der Anfang vom Ende des Ärgerns. Sie erleben einfach jede ärgerliche Situation noch einmal um – bis sie für Sie stimmt.

Weiterführung der Übung:

Bitte erstellen Sie sich **eine Liste der wichtigsten Situationen (Menschen), die Sie ärgern.** Machen Sie sich eine Prioritätenliste und beginnen Sie mit der Übung des mentalen Umerlebens bei einer „Ärgersituation" mittleren Ausmaßes. So können Sie mit der Übung „mentales Umerleben" schnell einen Erfolg erzielen und sich bald auch an „hartnäckigere Fälle" heranmachen.

Übung: Stress-Management –
den Tag vor- und nachbereiten

Wer im Stress lebt, agiert nicht aus dem Bewusstsein, nicht einmal aus dem Verstand, sondern wird von falschen und unbewussten Programmen gesteuert. Das ist auch ein hohes Krankheitsrisiko, da ständiger Stress den Körper stark belastet.

Zum optimalen MIND-Management gehört es, Stress aus dem Leben zu verbannen. Das ist mehr als effizientes Zeitmanagement, sondern die gute Methode, möglichst häufig zu Bewusstsein zu kommen und aus dem Bewusstsein heraus zu agieren. Auch das lässt sich trainieren.

Sie sollten jeden Tag vorbereiten, indem Sie zwei Dinge tun: Morgens früh keinen Fuß vors Bett setzen (also rechtzeitig aufwachen), bevor Sie nicht hervorgetreten sind, bevor Sie nicht zu Bewusstsein gekommen sind.

Also: Ganz ideal wäre es, wenn Sie sich nie mehr vom Wecker wecken lassen würden.

Ich bin das letzte Mal als 17-Jähriger vom Wecker geweckt worden und seit dieser Zeit nie wieder. Ich gehe einfach so rechtzeitig schlafen, dass ich dann ausgeschlagen bin und von selbst aufwache. Ich werde nicht aus irgendwas rausgerissen, sondern bin ausgeschlafen da.

Und dann sollte der Tag nicht beginnen, bevor Sie nicht zu Bewusstsein gekommen sind, bevor Sie sich also nicht im Bett erinnert haben, wer Sie sind, hervorgetreten sind, sich anschließen an die Energie, die eine Kraft, vielleicht auch Heilung geschehen lassen. Und während das geschieht, während Sie angeschlossen sind in der Wahrnehmung, wo Sie Fragen klären können, Antworten und Lösungen finden, machen Sie sich bewusst, welche unangenehmen Situationen heute im Laufe des Tages wahrscheinlich auf Sie zukommen.

Dann halten Sie die Stirnbeinhöcker mit beiden Händen, während Sie ein bis zwei Minuten an diese Situation denken. Und wenn Ihnen eine zweite möglicherweise stressige Situation einfällt, wechseln Sie nach drei Minuten, nehmen die andere ins Bewusstsein und bereiten sich so auf den Tag vor.

Damit haben Sie schon wesentliche Schritte zum erfolgreichen Stress-Management getan. Sie sind vorbereitet. Sie fangen den Tag nicht anders als bei Bewusstsein an. Sie bleiben in der Energie, Sie lassen Heilung geschehen, Sie lösen Stress für Situationen auf, die vor Ihnen liegen. Und erst wenn Sie bereit sind, wenn Sie ganz da sind, beginnt der Tag.

Und jeden Abend sollten Sie noch einmal eine Tagesrückschau vornehmen, sich bewusst machen: Wie ist der heutige Tag gelaufen? Bin ich mit meinem Verhalten zufrieden?

Und wo Sie etwas finden, wo Sie sagen: Das war nicht optimal, da habe ich mich doch noch geärgert oder dort bin ich in Stress geraten oder da bin ich ungeduldig geworden (oder was auch immer): Abends erleben Sie diese Situationen dann noch einmal bewusst durch, gehen in die Situation herein:

Sie erleben die Situation, die im Laufe des Tages geschehen ist so in Ihrer Vorstellung durch, wie sie am Besten hätte gewesen sein sollen. Mit der Reaktion, die Sie gerne gehabt hätten: wie Sie gelassen reagieren, wie Sie freundlich, höflich, aber bestimmt dafür sorgen, dass das Richtige geschieht, wie Sie sich in sich wohl fühlen, wie Sie Achtung vor sich selbst haben können. Sie geben damit Ihrem Unterbewusstsein neue Wertmaßstäbe, neue Verhaltensweisen. Und es wird von Tag zu Tag besser.

Wenn Sie sich diese beiden Verhaltensweisen angewöhnen, morgens den Tag gründlich vorzubereiten und nie mehr aufzustehen, bevor Sie ganz da sind, und den Tag nicht anders beginnen als Sie SELBST, als bei Bewusstsein, entstresst – und abends die unerwünschten Verhaltensweisen korrigieren, dann sind wir mitten im erfolgreichen MIND-Management.

Meditation: Ich bin ERFOLG

Die von mir besprochene Meditationskassette „Ich bin Erfolg" erleichtert das morgendliche und abendliche Anti-Stress-Management und ist eine ausgezeichnete Hilfe, den Tag in vollem Bewusstsein abzuschließen und den neuen Tag im ICH-BIN-Bewusstsein zu beginnen. Wir geben hier den reinen Text der Meditationskassette wieder, um Sie mit ihrem Inhalt vertraut zu machen. Die volle Wirksamkeit kann jedoch nur die Original-Hörkassette entfalten.

Ich nehme mir jetzt ganz bewusst Zeit für mich selbst.
Ich bin bereit, mir selbst zu begegnen.
Ich entscheide mich jetzt ganz bewusst, mir selbst Aufmerksamkeit zu schenken.
Ich bin einfach da.
Ich bin.

Wann immer ich bereit bin,
schließe ich meine Augen und gestatte meinem Körper,
vollkommen bewegungslos zu sein.
Ich mache mir bewusst, wer ich wirklich bin.
Ich spüre in mich hinein und nehme mich wahr.
Ich spüre meinen Körper und atme ganz bewusst ein und aus.
Und mit jedem Atemzug spüre ich mehr Ruhe und Stille.
Ich erlebe den Frieden in mir.
Ich BIN.

Ich bin ein Teil des einen allumfassenden Bewusstseins.
ICH BIN.
Ich bin mehr als mein Körper, mehr als mein Verstand.
ICH BIN.
Ich bin mehr als mein Gefühl, mehr als mein Ego.
ICH BIN.
Ich bin nicht der Name, den ich trage,
und auch nicht die Rolle, die ich spiele.
ICH BIN.
Ich bin ewiges Bewusstsein.
Ich bin der ich bin, ewige Gegenwart.
ICH BIN.

Und als der, der ich wirklich bin,
schaue ich jetzt einmal auf die Aspekte meines Seins,
auf meinen Körper, den ich bewohne als der, der ich bin
auf meine Erinnerungen, die ich gesammelt habe,
aber ICH BIN,
auf meine Verhaltensmuster, die ich angenommen habe,
aber ICH BIN,
auf meine Rolle, die ich spiele,
die das ICH BIN spielt.
Ich mache mir die Maske bewusst,
die das ICH BIN trägt.
Und das Ich, das ich nach außen darstelle
Und das Selbst, das ich dahinter bin, das Selbst, das ich wirklich bin.

Ich bin der ich bin. ICH BIN.
Ich BIN.

Ich öffne jetzt die Tore der Wahrnehmung
und erlebe die Unendlichkeit des geistigen Raumes.
Mein Bewusstsein öffnet sich ganz weit – ganz weit.
Ich werde immer weiter – weiter – grenzenlos – allumfassend.
Ich öffne mich nach oben wie ein Observatorium –
wie eine Lotusblüte, die sich entfaltet -
bis ich ganz geöffnet bin,
Ich bin und bleibe ganz offen.
Höchstes Bewusstsein strömt über mein Scheitelchakra über mich ein
und erfüllt mein ganzes Sein.
Ich spüre wie es mit mir verschmilzt.
Ich bin eins mit dem höchsten Bewusstsein, bin eins mit dem Höchsten.
ICH BIN.

Ich erlebe jetzt ganz bewusst diesen Augenblick,
die Ewigkeit des ICH BIN.
Ich bin einfach da,
beobachte meinen Atem,
wie er kommt und geht.
Und ICH BIN.

Das Leben fließt durch mich als ICH.
Und ICH BIN.
Aber wie bin ich? Wer bin ich? Was bin ich?
Ich bin nicht wer oder was.
ICH BIN.

Die eine Gegenwart, die ich bin,
lebt in mir und wirkt durch mich als Ich.
Sie tritt in Erscheinung als die Summe der Erfahrungen, die ich gemacht habe,
die Summe der Prägungen, die ich erfahren habe als das Ideal,
das mir vorschwebt.
Aber das ist nur die Erscheinung.
Ich aber bin.
Bin der eine, der alles ist.
Ich BIN.

Ich erkenne mich als der, der ich wirklich bin,
und mache mir bewusst, dass ich gar nicht anders kann
als das zu sein, was ich in Wirklichkeit bin.
ICH BIN.
Ganz gleich, was ich denke zu sein,
ich kann mich in jedem Augenblick mit mir selbst identifizieren,
mit der Wirklichkeit, die ich bin, mit ICH BIN.
Ich BIN.

Ich bin ein Teil des Ganzen und das Ganze.
Ich bin der stille Beobachter des Lebens,
schaue zu, wie SEIN durch mich geschieht,
und erkenne, ICH BIN und SEIN geschieht.
Es gibt nichts zu tun, nichts zu erreichen.
Ich brauche nur noch zu SEIN.
ICH BIN

In diesem Zustand des ICH BIN erkenne ich die Wirklichkeit.

Ich bin das Leben. *Ich bin das Leben.*
Ich bin der Ursprung allen Seins. *Ich bin der Ursprung.*
Ich bin die Quelle aller Manifestationen. *Ich bin die Quelle.*
Ich bin der Schöpfer meines Lebens. *Ich bin der Schöpfer.*
Ich erreiche, was immer ich will. *Ich bin Schöpfer.*
Ich bin das Ziel. *Ich bin das Ziel.*

Ich bin die Erfüllung meiner Wünsche. *Ich bin die Erfüllung.*
Ich lebe in der Fülle. *Ich bin in der Fülle.*
Ich bin Schöpfer. *Ich bin Schöpfer.*
Ich bin Erfüllung. *Ich bin Erfüllung.*

Ich bin Fülle. *Ich bin Fülle.*
Ich bin mein Freund. *Ich bin mein Freund.*
Ich bin die Quelle. *Ich bin die Quelle.*
Ich sehe meine Erfüllung. *Ich bin meine Erfüllung.*
Ich erlebe meine Erfüllung. *Ich bin Erfüllung.*
Ich bin erfüllt. *ICH BIN ERFÜLLT.*
Ich bin am Ziel. *Ich bin am Ziel.*
Alles ist in mir. *Ich bin das Ziel.*

Ich bin der ich bin. *Ich bin der ich bin.*
Ich bin. *ICH BIN.*

Wann immer ich möchte,
mache ich mir diese Wirklichkeit bewusst.
Ich bin der Schöpfer.
Ich bin der Schöpfer all dessen, was ich bin und erlebe.
ICH BIN.

Ich BIN.
In dem Bewusstsein, das ich bin,
kehre ich nun ganz behutsam wieder zurück an die Oberfläche des Seins,
bleibe aber in dem Bewusstsein, dass ICH BIN.
Ich spüre jetzt ganz bewusst meinen Körper und atme tief ein und aus.
Wann immer ich bereit bin,
öffne ich meine Augen und sehe alles bewusst als ICH BIN.
Ich gestatte meinem Körper, sich jetzt wieder frei zu bewegen,
und erlebe ihn als Ausdruck dessen, was ich BIN.
Ich bin ganz bewusst im Hier und Jetzt.

HIER UND JETZT.

Und BIN.

ICH BIN.

Übung: Bewusst zu Sinnen kommen

Diese Übung ist neben der holistischen Atemübung eine weitere Methode für Bewusstseins-Training. Dabei werden unsere fünf klassischen Sinne aus dem Bewusstsein heraus aktiviert.

Vorübung
Betrachten Sie ein farbiges Bild. Konzentrieren Sie sich zunächst nur auf die Farbe rot. Dann konzentrieren Sie sich auf die Farbe blau. Und dann auf die Farbe gelb. Und schließlich konzentrieren Sie sich auf die Farbe grün.

Sie haben Ihre Sinne mit dem Verstand aktiviert: Er sieht eine Farb-Qualität nach der anderen.

Und jetzt schauen Sie einmal alle Farben des Bildes gleichzeitig an. Nicht hüpfen rot – blau – grün – gelb, sondern das Bild als Ganzes in allen Farben bewusst wahrnehmen.

Sie stellen fest, dass Sie das Bild jetzt so farbig viel intensiver wahrnehmen.

Und jetzt die Übung, Bewusstsein und die fünf klassischen Sinne miteinander zu verbinden, bewusst zu Sinnen zu kommen. Das heißt, bewusst in die einzelnen Sinne hineingehen.

Beginnen wir mit dem Gesichtssinn.

Erinnern Sie sich, wer Sie sind: Bewusstsein. Und gehen Sie als Bewusstsein in diesen Gesichtssinn. Schauen Sie als Bewusstsein durch Ihre eigenen Augen! Gehen Sie einmal dahinter, nehmen Sie Ihre eigenen Augen wie eine Brille und schauen Sie als Bewusstsein durch diese Augen in die Welt.

Und Sie werden spüren: Ihre Art zu sehen ändert sich. Vielleicht werden Sie spüren: Sie sehen sofort klarer. Manche brauchen vielleicht keine Brille mehr.

Sobald Sie bewusst sehen, sehen Sie auch im Leben klarer.

Und jetzt trainieren wir gleich wieder unser multidimensionales Wesen, was der Verstand nicht kann. Wir müssen also wieder den Verstand überschreiten.

Während ich weiter als Bewusstsein durch meine Augen schaue (als „Ich bin der Beobachter", schaue aus meinem Körper durch das Fenster der Augen in die Welt), aktiviere ich meinen Hörsinn, indem ich der Hörer bin, als Bewusstsein höre.

Ich bin als Bewusstsein innen und höre durch meine Ohren (oder mit meinen Ohren), während ich gleichzeitig als Bewusstsein durch meine Augen schaue. Und jetzt entscheidet es sich wieder: Wenn ich wechsle, mal schaue ich durch die Augen, mal höre ich durch die Ohren, dann bin ich noch im Verstand.

Wenn ich beides gleichzeitig kann, ICH BEWUSSTSEIN, dann sehe und höre ich gleichzeitig. Als Bewusstsein höre ich, als Bewusstsein schaue ich durch meine Augen, während ich gleichzeitig als Bewusstsein höre. Und indem Sie beides gleichzeitig schaffen, haben Sie Ihren Verstand überschritten. Der Verstand ist linear, er kann nur eines nach dem anderen. Also ganz bewusst beides gleichzeitig tun.

Denn wir gehen jetzt noch einen Schritt weiter. Wir nutzen einmal einen Teil unserer Kapazität der Multidimensionalität: Während ich also weiter als Bewusstsein durch meine Augen schaue und ganz bewusst höre – gleichzeitig –, fühle ich einmal als Bewusstsein. Ich benutze einmal ganz bewusst den Tastsinn. Ich spüre etwas, aber ohne aufzuhören durch meine Augen zu schauen und ohne aufzuhören als Bewusstsein zu hören, fühle ich gleichzeitig. Ich tue drei Dinge gleichzeitig.

Sie können 100 Dinge gleichzeitig tun, das ist gar kein Problem, es ist nur ungewohnt. Und nichts aufhören! Sich nicht ganz dem Gefühl zuwenden, sondern gleichzeitig bewusst sehen, bewusst hören, bewusst fühlen – gleichzeitig.

Und während ich das tue, erweitere ich die bewusste Wahrnehmung um meinen Geruchssinn. Ich sehe, höre, fühle und rieche bewusst gleichzeitig – als Bewusstsein. Als Bewusstsein ist es ganz leicht. Das Bewusstsein kann 1000 Dinge gleichzeitig.

Und so nehmen Sie gleichzeitig wahr, was Sie sehen, hören, fühlen, riechen und jetzt auch noch schmecken.

Sie aktivieren Ihre fünf klassischen Sinne, indem Sie sie als Bewusstsein benutzen.

Übung: Der Armtest

Eine sehr gute und verblüffende Hinführung zur Intuition ist der Armtest. Er zeigt, dass unser Körper schon immer die Antwort weiß. Besser: Wir können am Arm ablesen, ob unser Energiefeld auf ein Thema schwach oder stark reagiert.

Der Armtest kann am Anfang eine wichtige Hilfe sein, eine Intuition zu verifizieren: Stimmt es oder stimmt es nicht? Handelt es sich um eine echte Intuition oder hat sich da ein Gefühl als Intuition verkleidet?

Sie können über den Armtest vieles sichtbar machen. Das heißt, wenn Sie anfangs noch unsicher sind: Habe ich jetzt intuitiv richtig empfangen oder bilde ich es mir nur ein oder denke ich, dass es so sei, dann können Sie sich mit dem Armtest das Ergebnis zuverlässig sichtbar machen.

Beim Armtest nichts fragen, der Körper kann keine Fragen beantworten, sondern nur in Behauptungsform sagen: Das ist für mich eine korrekte Aussage. Das stimmt.

Zunächst wird die natürliche Stärke des Arms getestet, indem der Arm gegen den Widerstand der „Testperson" nach unten gedrückt wird. Dann wird von der Person unzweideutig eine Behauptung gestellt. Der Arm wird wieder nach unten gedrückt. Ist der Widerstand jetzt stärker oder schwächer?

Das heißt, wann immer Sie anfangs nicht ganz sicher sind: Habe ich das jetzt richtig empfangen? War das schon Intuition? Oder war das nur Wunsch oder Vorstellung?, können Sie es mit dem Armtest zuverlässig klären. Nicht, indem Sie Ihre Frage in eine Frageform kleiden, sondern indem Sie die Antwort behaupten. Das war Intuition! Das ist das richtige Ziel! Das stimmt für mich!

Der Armtest beweist: Sie stehen tatsächlich im Leben nie vor einer Entscheidung. Wir glauben oft das Gegenteil, wir sagen: Ich stehe am Tag vor Dutzenden von Entscheidungen. Aber das ist nicht wahr. Das erscheint dem Verstand nur so, weil er die Zusammenhänge nicht kennt. In Wirklichkeit stehen Sie nie vor einer Entscheidung. Wenn Ihnen die Entscheidung bewusst wird, dann erst, wenn Sie sich entschieden haben. Und das gilt auch für unternehmerische Entscheidungen.

Nun, mitunter geht es nicht, dass wir ganz demonstrativ den Armtest machen. Stellen Sie sich vor, Sie sind in einer Vorstandssitzung, es tauchen Fragen auf und Sie fangen an, einen Armtest zu machen. Das würde Ihre Kollegen zumindest irritieren. Deswegen wäre es sinnvoll, wenn es eine andere Möglichkeit gibt, und es gibt andere Möglichkeiten.

Also zunächst einmal gibt es den Armtest für Alleinstehende. Das geht so – können Sie gleich ausprobieren – Mittelfinger, Daumen – Mittelfinger, Daumen, zwei Ringe ineinander. Und jetzt ziehen Sie einmal und dann werden Sie sehen, es hält. Und jetzt sagen Sie etwas, das falsch ist, z.B.: „Ich bin 17." Dann halten Sie den Ring nicht, weil die Energie nicht stimmt.

Und das könnten Sie durchaus in einer Konferenz machen, wenn eine Frage zu klären ist, das fällt überhaupt nicht auf.

Aber wenn Sie ein bisschen geübter sind, wissen Sie natürlich, wie Sie reagieren. Sie machen den Armtest nur noch in Ihrer Vorstellung. Das heißt, Sie machen nichts im Außen, Sie stellen sich nur vor: Ich behaupte, das ist der richtige Mitarbeiter! Sie sitzen vielleicht vor ihm und Sie haben zu entscheiden. Und Sie stellen sich vor, ich mache jetzt den Armtest. Sie bewegen sich im Außen nicht, Sie sehen es nur vor Augen, wie Sie gerade den Armtest machen, und sehen, wie Ihr Körper reagiert.

Und Sie haben noch eine Gegenprobe. Wenn Sie den Armtest 10- bis 20-mal gemacht haben, dann spüren Sie im Arm, bevor Sie draufdrücken schon, wie es ist. Allein diese Erkenntnis erleichtert es unglaublich, in Zukunft Entscheidungen zu treffen. Denn Sie wissen, wenn eine Entscheidung in mein Bewusstsein tritt, dann deswegen, weil sie entschieden ist. Die Entscheidung tritt nur in mein Bewusstsein, damit ich sie mir bewusst machen kann. Es gilt sie nur noch zu erkennen.

Damit der Armtest ein zuverlässiges Instrument wird, machen Sie nie den Fehler, eine Frage zu stellen: Soll ich diesen Mitarbeiter wählen oder trete ich diese Stelle an? – Das ist so nicht zu beantworten. Denn Ihr Arm weiß ja nichts von der Entscheidung. Der Arm zeigt nur an: So wie der Zeiger an Ihrer Uhr nicht weiß, wie spät es ist, das wissen nur Sie, wenn Sie draufschaun. Der Zeiger zeigt nur an. Und so zeigt der Arm nur an: Bei diesem Bewusstseinsinhalt fließt die Energie, also stimmt es, ist es mit mir im Einklang. Oder es stimmt nicht. Das zeigt der Arm zuverlässig an. Dazu dürfen Sie aber keine Frage stellen, sondern müssen etwas behaupten.

Sie nehmen eine Alternative ins Bewusstsein und behaupten: Das ist für mich das Richtige. Dann nehmen Sie die andere Alternative ins Bewusstsein und behaupten: Das ist das Richtige. Und es können viele Alternativen sein, und Sie testen sie der Reihe nach durch. Und Sie merken an der Art der Reaktion „Ja, einigermaßen" oder „Ganz zuverlässig!" oder „Überhaupt nicht!" Die Wirklichkeit (das Bewusstsein, das ich bin) hat sich bereits entschieden. Gehen Sie bitte sorgfältig mit diesem Instrument um, damit Fehler ausgeschlossen sind. Der Arm kann nur das testen, was Sie ins Bewusstsein nehmen.

Deswegen machen Sie sich ein klares Bild, als hätten Sie sich für eine Sache entschieden, und sagen: Das ist mein Weg! Und dann sehen Sie: Ist er nicht! Und dann denken Sie, bleibt ja nur die Alternative, und dann sehen Sie sehr oft: Ist er auch nicht! Ja, keins von beiden! Und dann bleibt der Arm plötzlich steif, sehr oft, aber auch nicht immer.

Also: Keine Fragen stellen, klare Bilder ins Bewusstsein nehmen, sich für einen Moment entscheiden: Ich habe mich dafür entschieden. Das ist für mich das Richtige. Nie in Frageform, immer in Behauptungsform.

Und dann werden Sie sehen, plötzlich tauchen keine Fragen mehr auf! Dinge, die Sie vielleicht über Monate vor sich hergeschoben und überlegt haben, sind von einem Moment zum anderen klar.

Und Sie werden noch etwas sehen: Wenn Sie sich auf diese Weise einer Entscheidung bewusst geworden sind, stellt es sich in der Zukunft immer heraus, dass es die richtige war.

Zusammenfassende Schritte

In diesem Stadium des MIND-Managements geht es in erster Linie um das Loslassen der Vergangenheit, das Loslassen der konditionierten Persönlichkeit, um so die geistigen Potentiale zu befreien und immer mehr zur Wirkung zu bringen.

- [ ] Sie identifizieren sich nicht mehr mit Ihrem Körper oder Ihrer Persönlichkeit. Sie identifizieren sich mit sich SELBST, Ihrem wahren Wesen. Sie leben immer öfter und immer länger in der Selbst-Identifikation.
- [ ] Sie trainieren Ihr Bewusstsein regelmäßig durch die Schärfung Ihrer Sinne (Bewusst zu Sinnen kommen!)
- [ ] Sie erkennen das Prinzip des Loslassens für den Wandel und die Evolution.
- [ ] Sie haben eine Liste von
  - Eigenschaften, Gewohnheiten, Tätigkeiten
  - Dingen, Gegenständen, Objekten
  - Orten, Menschen und Beziehungen

  erstellt, die Ihnen nicht mehr angemessen sind und die Sie in der nächsten Zeit loslassen.
- [ ] Sie machen eine Liste von Auslösern, die Sie ärgern, und trainieren damit das mentale Umerleben.
- [ ] Sie lösen sich von Stress und Gestresstsein. Stress ist keine Entschuldigung mehr, sondern ein Signal dafür, wieder zu Bewusstsein zu kommen. Sie trainieren das Bewusst-in-den-Tag-Hineinleben und die mentale Korrektur des Tages vor dem Einschlafen.
- [ ] Sie erstellen sich eine Liste von ICH MUSS … Sie entfernen alles aus Ihrem Leben, was Sie noch müssen.
- [ ] Sie achten darauf, urteilsfrei und in der Gewissheit zu leben, „alles ist gut, so wie es ist".
- [ ] Sie verifizieren Ihre Entscheidungen über den Armtest.
- [ ] Sie erzählen die Geschichten weiter: die Affenfalle; die Geschichte des Kalifen, der erkennt, dass alles gut ist; Glück und Unglück des chinesischen Bauern.

Von der Absicht zum zuverlässigen Erfolg

„Vollende alles, was du beginnst, erfolgreich."

Kernthesen

Mit dem Loslassen der Vergangenheit, dem Loslassen auch von Persönlichkeitsaspekten, die überlebt sind, ist der Weg frei, eine wirksame Erfolgspersönlichkeit zu werden.

Je mehr wir zu Bewusstsein kommen, desto mehr sind wir in der Lage aus diesem Bewusstsein heraus uns eine neue Persönlichkeit zu „erfinden", die wie maßgeschneidert zu uns passt.

Auf diesem Weg optimieren wir unser multidimensionales und universelles Denkinstrument und trainieren unseren Geist, ganz bewusst Ursachen zu setzen.

MIND-Management in diesem Stadium bedeutet, sein Handeln in jedem einzelnen Fall mit Erfolg zu krönen. Der neu eingeschlagene Lebensweg ist der Weg des ganzheitlichen Erfolges und der umfassenden Erfüllung.

Leben Sie ganz in Ihrem Element!

Stellen Sie sich **einen Schwan auf einem See vor.** Wie könnten wir ihn beschreiben? Ein paar Eindrücke: majestätisch, gleitend, würdevoll, strahlend weißes Federkleid, erhaben. Wir brauchen gar nicht weiterzumachen, wir haben im Prinzip alle den gleichen Eindruck.

Jetzt stellen Sie sich den Schwan an Land vor. Wie könnten wir ihn jetzt beschreiben? Unbeholfen, schwerfällig, tollpatschig. Was ist passiert? Es ist derselbe Schwan! Der Schwan ist nicht mehr in seinem Element!

Wie lange muss ein Schwan trainieren, um gut klettern zu können?

Und jetzt stellen Sie sich vor, dieser Schwan begegnet an Land einem Hasen und sieht, wie flink der rennt. Und er erkennt: Kann ich nicht. Und er begegnet einem Affen und sieht, wie flink der klettern kann, und der Schwan erkennt: Kann ich überhaupt nicht! Ich bin bisher überhaupt nicht auf die Idee gekommen zu klettern. Und dann trifft er einen Bären. Und sieht, wie stark der ist. Und merkt, dass er diese Stärke nicht annähernd hat.

Was passiert jetzt? In diesem Augenblick erkennt der Schwan seine Schwächen. Er schaut auf seine Schwächen, und wenn er sich jetzt so unvernünftig wie ein Mensch verhält, dann beginnt er diszipliniert zu üben, er arbeitet an sich. Er versucht so schnell zu rennen wie ein Hase, so flink zu klettern wie ein Affe und so stark zu werden wie ein Bär, nur – ein hat keine Chance!

Das Ergebnis ist: Frustration. Er macht eine Erfahrung, eine Lebenserfahrung: Ich bin nicht vollkommen. Ich habe viele Mängel. Ich kann so manches nicht, was ich gerne möchte. Der Schwan hat seine Stärken vergessen, er hat seine Einmaligkeit vergessen.

Der Schwan an Land setzt sich falsche Ziele. Er geht diszipliniert in die falsche Richtung. Er versucht so gut zu werden wie die anderen auf ihrem Spezialgebiet.

Also prüfen Sie einmal für sich, denn wir alle sind ein Schwan, und viele sind an Land. Prüfen Sie einmal: Wo ist mein Element? Wo bin ich zu Hause? Wo gleite ich majestätisch dahin? Wo stimmt es einfach für mich? Und wo nicht? **Was ist mein wahres Ziel?**

In welche Richtung geht es?

Jetzt schauen wir miteinander auf unser Leben. Und wir schauen, welche Akzente wir dort gesetzt haben, wie man das eventuell abrunden könnte. Eine gute Hilfe dabei ist zu erkennen, welcher **Richtungsmensch** Sie sind.

Alle haben eine Vorstellung, wenn ich sage: **Südländer.** Dann sehen wir: klein, dunkelhaarig, ein bisschen rundlich, lebendig temperamentvoll, auf Genuss eingestellt, isst gern, trinkt noch lieber, ist leidenschaftlich, mag Sexualität, ein Mensch, der eine bestimmte Art zu leben hat, eben ein Südländer. Jeder Südländer ist anders, aber **der** Südländer hat viele Gemeinsamkeiten. Sie können also die Energie des Südländers erfassen.

Schauen wir uns das Gegenteil an: **Nordmensch.** Er ist groß, blond, blauäugig, kraftvoll, dynamisch, ordentlich, fleißig, strebsam, der Macher, der Manager, der der die Dinge anpackt.

Schauen wir uns auch die anderen an: Der **Ostmensch,** er ist der Wissende. Die Weisheit kommt aus Indien, aus China. Das ist der, der in die Tiefe der Wirklichkeit eintaucht, der Klarheit hat, Festigkeit, der in sich ruht.

Das Gegenteil vom **Westmenschen.** Er ist diffus, zerstreut, macht alles Mögliche, ist aufgelöst, hat keine Struktur, weiß nicht, was er will, hat viele Fähigkeiten, aber findet die Richtung nicht.

Das sind so die Grundtypen. Und schauen wir uns auch die **Halbrichtungstypen** an:

Der **Südostmensch** hat also die Leidenschaftlichkeit des Südmenschen und das Wissen des Ostmenschen. Das wird der Lehrer, der Fanatiker, der Revolutionär, der leidenschaftlich die Weisheit unter das Volk bringt.

Der **Südwestmensch** dagegen ist ganz anders. Er hat auch die Leidenschaftlichkeit und die Genusssucht des Südmenschen, aber er hat das Diffuse des Westmenschen. Es ist der Genießer, der Bonvivant. Den Typ kann man sich am Besten in einer Hängematte unter Kokospalmen vorstellen: verträumt, geschehen lassen, die Vielfalt genießen.

Der **Nordwestmensch** dagegen hat den Fleiß, das Dynamische des Nordmenschen, aber auch das Aufgelöste, Diffuse des Westmenschen. Er wird der erfolgreiche Autor, Musiker, Mystiker.

Der **Nordostmensch** hat wieder den Fleiß, die Dynamik des Nordmenschen und das Wissen, die Weisheit des Ostmenschen. Er wird der Erfolgreiche. Das sind die erfolgreichsten Unternehmer.

> Und jetzt stellen Sie für sich fest: **Wo stehe ich?** Welcher Richtungstyp bin ich am meisten oder am ehesten? Wo stehe ich in dieser Skala?

Wenn Sie Ihren Weg suchen, brauchen Sie nur auf das Gegenteil zu schauen. Das, was Ihnen fehlt, ist entgegengesetzt. Und indem Sie darauf zu gehen, finden Sie Ihre Mitte, das Gleichgewicht, sich SELBST.

Und dann können Sie Ihre Aufgabe erkennen, können Sie den Sinn des Lebens erkennen.

Wenn Sie energetisch hin spüren, wissen Sie jetzt ganz genau, was Ihnen fehlt. Denn die meisten Menschen leben nicht ihr Leben. Sie haben sich von Anfang an durch Eltern, durch Umwelt, durch Vorbilder und Beispiele in irgendeine Richtung drängen lassen, die nicht die ihre ist.

Sind Sie auf dem richtigen Weg?

Sie könnten sich jetzt die folgenden Fragen stellen:

> **Bin ich auf dem richtigen Weg? Was ist eigentlich der richtige Weg? Was ist für mich Erfolg?**

Wir alle wollen erfolgreich sein. Wir unternehmen ja nichts in der Absicht, damit keinen Erfolg zu haben. Und mit Erfolg meine ich natürlich nicht nur Geld, Besitz und Ansehen und Position. Mit Erfolg meine ich: Erfüllung. Denn Erfolg ohne Erfüllung ist sinnlos.

Also müssten Sie sich einmal fragen, was bedeutet eigentlich für Sie ERFOLG? Da wird jeder eine andere Antwort finden. Bedeutet Erfolg für Sie mehr Umsatz, eine gesicherte Marktposition, sich gegen die Konkurrenz durchsetzen, sich innerhalb der Firma behaupten? Oder was noch? Dass Sie sich alles leisten können, was Ihnen in den Sinn kommt?

> **Was ist für Sie Erfolg?** Finden Sie Ihre persönliche Antwort, was für Sie Erfolg ist.

Ich möchte Ihnen zeigen, wie Sie dieses Ziel auf jeden Fall sicher erreichen. Es gibt Möglichkeiten, jedes Ziel absolut zuverlässig zu erreichen. Aber zunächst einmal – als Mindestvoraussetzung – muss ich ja ein Ziel haben. Und noch mehr, ich muss ein klares Ziel haben. Ich muss eine klare Vorstellung haben: Wie sieht mein Bild von meinem Erfolg aus? Wo will ich am Ende meines Lebens stehen?

Ich habe unzählige Klienten und Patienten gefragt: Wenn Sie noch einmal von vorn anfangen könnten, was würden Sie ändern? Und erstaunlich viele haben gesagt: Alles, ich würde alles ganz anders machen.

> Prüfen Sie: Wie sieht das bei Ihnen aus. Wenn Sie noch einmal bei NULL anfangen könnten. Stellen Sie sich vor, das Leben ist eine Reise, und Sie können noch umbuchen. Was würden Sie ändern? Welche Richtung würden Sie einschlagen?

Das ist so vielleicht schwer zu beantworten. Es wird leichter, wenn Sie vom Ziel aus denken. Also schauen wir vom Ziel aus hin: Wo möchten Sie gerne am Ende Ihres Lebens stehen?

Sie können dieses Ziel nicht erreichen, wenn Sie es noch nicht haben. Das heißt, Sie müssen Ihre Antwort auf die Frage nach Ihrem Ziel finden. Und das sollten Sie heute tun: Wissen, wo Sie am Ende Ihres Lebens stehen wollen. Fragen Sie sich: Auf was will ich zurückblicken, was ich erreicht haben will.

Erfolg-reiches Selbst-Management

Beginnen wir, uns selbst wie ein Unternehmen zu managen. Das Unternehmen SELBST hat viele Mitarbeiter. Da ist der Körper, das Ego, das Gemüt, die Persönlichkeit, der Name, die Vergangenheit, die Rolle, die ich spiele, meine Hoffnungen, meine Wünsche, meine Ziele, meine Probleme, meine Erwartungen. Alles das sind Mitarbeiter im Unternehmen SELBST. Nicht zu vergessen der Geschäftsführer, der Verstand.

Und bei vielen steht er zu sehr im Hintergrund, der Vorstand: Vision, Imagination, Vernunft. Und der Vorstandsvorsitzende, das Bewusstsein. Und als Sprecher des Vorstandes die Intuition.

Greift der Vorstand aber nicht in die Lebensführung ein, in diese Führung des Unternehmens LEBEN, dann fällt der Geschäftsführer, der Verstand, Entscheidungen, die außerhalb seiner Kompetenz liegen. Wir haben es schon angesprochen: Berufswahl, Partnerwahl, vor allem aber die Wahl der Lebensphilosophie.

Was für eine Lebensphilosophie haben Sie – derzeit?

Machen Sie sich die wichtigsten Punkte Ihrer Lebensphilosophie bewusst. Und denken Sie nicht, das sei unwichtig!

Diese Lebensphilosophie – ob Sie sie bewusst haben oder nicht – entscheidet nämlich die Richtung, die Sie einschlagen. Und das sollten Sie bewusst bestimmen. Was ist Ihre Lebensphilosophie? Was ist der Sinn Ihres Lebens? Wo leben Sie hin? Und natürlich in erster Linie: Wer führt Ihr Unternehmen Leben?

Der Verstand? Der sollte es nur ausführen. Der Verstand ist ein wunderbarer Diener, aber er ist ein miserabler Herr. Er ist als Chef nicht geeignet. Vielleicht sollten Sie heute einige Umbesetzungen in diesem Unternehmen Leben vornehmen.

MIND-Management heißt „erfolgreiches Selbstmanagement". Das sind vier Worte. Schauen wir uns jedes an!

ERFOLG. Also, wann immer ich etwas tue, will ich damit erfolgreich sein, aber ich muss meine Antwort gefunden haben: Was ist für mich Erfolg? Also wenn Sie es noch nicht getan haben, dann sollten Sie sich jetzt entscheiden: Was bedeutet für mich persönlich ERFOLG?

Und dann heißt es erfolg-REICH. Was bedeutet für mich „reich"? Viel Geld haben? Besitz? Macht? Anerkennung? Welche Form soll Reichtum in meinem Leben annehmen? Das ist wieder ein Teil der Lebensphilosophie. Das Bild, das Sie von Reichtum haben, wenn Sie es glauben können, wird es sich verwirklichen. Aber vielleicht ist dieses Bild nicht vollständig. Vielleicht gehört zu diesem Reichtum auch Gesundheit, Vitalität, Lebensfreude. Vielleicht gehört eine erfüllende Partnerschaft dazu. Also prüfen Sie einmal, was für Sie wirklich Reichtum, Wohlstand bedeuten.

Und dann heißt es Selbst-MANAGEMEMENT. Das heißt, ich sollte mein Leben wirklich führen. Prüfen Sie einmal, ob Sie Ihr Leben führen oder ob Sie eher als Opfer der Umstände leben, der Gegebenheiten. Wir sind Schöpfer der Umstände, aber wir leben oft wie Opfer. Wir richten uns nach den Gegebenheiten. Wir sind vielleicht optimistisch, erfahren, machen das Beste aus den Dingen, anstatt die besten Dinge zu machen. Und das sollten wir sofort ändern, damit wir uns nicht mehr nach den Gegebenheiten richten, sondern wir sie selbst bestimmen.

Und dann heißt es SELBST-Management. Das heißt, nicht das ICH sollte mein Leben bestimmen, sondern mein wahres SELBST, der ich wirklich bin. Ich muss mir die Frage stellen: Will ich mein ICH glücklich machen oder mich SELBST? Das sind zwei ganz verschiedene Richtungen. Wenn ich mein ICH glücklich machen will, dann werde ich anstreben, dass man mich mag, dass ich alles habe, was ich brauche, damit das Leben bequem ist, dass ich zufrieden bin, dass ich meine Probleme löse, meine Ziele erreiche. Damit sind die meisten ein ganzes Leben lang schon vergeblich beschäftigt.

Aber das reicht nicht. Wenn ich mich selbst glücklich machen will, habe ich ganz andere Ziele. Und zunächst einmal muss ich natürlich für mich erkennen, wer ist ich SELBST? Wen meine ich damit?

Ich muss zu Bewusstsein kommen. Ich muss mich erkennen, mich mit mir selbst identifizieren. Dann kann ich wirklich von erfolgreichem Selbstmanagement sprechen. Dann ist MIND-Management der Weg, zu uns SELBST zu kommen, aus sich SELBST heraus zu wirken, im Privaten wie im Beruflichen.

Erfolg zuverlässig verursachen

Erfolg gehorcht ganz einfachen Gesetzen. Sobald ich sie kenne und befolge, ist der Erfolg nicht mehr aufzuhalten.

Erfolgreich sein kann man lernen, so wie man eine Fremdsprache lernt. Erfolg ist ein Produkt, was man wie jedes andere Produkt herstellen kann. Und Erfolg bedeutet sehr viel mehr als Geld, Besitz und Macht, Überlegenheit, sich durchsetzen und Sieg. Erfolg bedeutet in Wirklichkeit, dass alles Tun erfolgreich ist. Und zum wirklichen Erfolg gehört natürlich Gesundheit, gehört Freude, gehört Glück, vor allem aber Erfüllung.

Und deshalb wäre es das Wichtigste, das Sie in diesem Augenblick tun könnten, sich zu entscheiden, dass Sie einer der wenigen sind, die zu dem kleinen Prozentsatz wirklich erfolgreicher Menschen gehören. Dazu kann man sich entscheiden. Das ist aber nur sinnvoll, wenn Sie eine unwiderrufliche Entscheidung treffen. Dann können Sie in diesem Augenblick die Macht einer unwiderruflichen Entscheidung kennen lernen.

Wenn Sie sich entschieden haben, ich meine, wenn Sie sich WIRKLICH entschieden haben, kann Sie nichts mehr aufhalten. Dann ist jeder Misserfolg immer nur ein Sprungbrett auf dem Weg zum eigentlichen Erfolg. Eine Sache ist erst abgeschlossen, wenn sie erfolgreich beendet werden kann.

Ich habe das sehr frühzeitig gelernt. An meinem 16. Geburtstag hat mich mein Vater – und ich war ganz überrascht – in sein Arbeitszimmer eingeladen. Es brannten Kerzen, er hatte einen dunklen Anzug an, und ich dachte, Gott wunders was jetzt passiert, und dann sagte er: „Ich möchte dir das wertvollste Geschenk geben, was ich dir geben kann." Und mit 16 Jahren hat man so Vorstellungen, was das sein könnte, ich dachte also an ein Motorrad, an ein Motorboot, mehr konnte ich mir nicht vorstellen.

Mein Vater aber hatte etwas ganz anderes im Sinn. Er hat mir einen Rat gegeben. Ich war damals nicht sehr einverstanden. Ich war nicht sehr begeistert. Er hat mir gesagt:

„Das wichtigste Erbe, was ich dir hinterlasse, ist: Beende alles, was du beginnst, erfolgreich."

Ich habe sofort protestiert und gesagt: „Ja gut, ich bemühe mich natürlich darum, aber das klappt ja nicht immer." Und mein Vater sagte mir: „Es ist deine Entscheidung. Es ist deine Entscheidung, ob du dich für den Erfolg entscheidest und keine andere Lösung gelten lässt."

Das meine ich mit der Macht der unwiderruflichen Entscheidung. Ich habe mir damals etwas sehr Schwieriges vorgenommen, nur um meinem Vater zu zeigen, dass es nicht immer klappen kann.

Und natürlich habe ich alles getan, was ich dafür tun konnte, sonst hätte er mir gesagt: Du hast ja das nicht getan und du hast diesen Weg nicht genutzt und diese Chance nicht ergriffen. Ich habe gar nicht mal alles umsetzen müssen, und es hat schon geklappt. Also habe ich mir etwas anderes Schwieriges vorgenommen, nur um meinem Vater zu zeigen, dass es eben doch nicht immer möglich ist. Und ich hatte

"Pech", es hat auch wieder geklappt. Mein Vater ist längst gestorben, aber es hat bisher immer funktioniert. Ich möchte ihm immer noch gelegentlich beweisen, ... aber ich weiß inzwischen natürlich längst, dass es nicht möglich ist.

Wenn Sie sich in einer Sache unwiderruflich für den Erfolg entscheiden, dann kann es sein, dass Ihnen auf dem Weg dorthin unzählige Misserfolge passieren. Sie wissen noch nicht, wie lange es dauert, bis Sie am Ziel sind, aber Sie wissen, wie es am Ende ausgeht, nämlich so, wie Sie sich entschieden haben.

Und so können Sie nicht nur oft Erfolg haben, nicht nur meistens Erfolg haben, oder fast immer – sondern in jedem einzelnen Fall.

Wenn Sie von der Macht der unwiderruflichen Entscheidung Gebrauch machen, gibt es für jede Sache, die Sie beginnen, keinen anderen Ausgang als den Erfolg.

Jetzt schauen wir uns an, ob es noch andere Regeln gibt. Erstaunlicherweise glauben nämlich die meisten Menschen nicht an Erfolgsregeln. Und nur sehr wenige handeln danach, die allerdings sehr erfolgreich. Das zeigt nicht nur, dass es diese Regeln gibt, sondern dass sie tatsächlich sinnvoll sind.

Erfolgsregel: Zielklarheit

Eines der wichtigsten Instrumente auf dem Weg zum Erfolg ist eine exakt geklärte Vision des erwünschten Endzustandes in Wort und Bild. Das heißt nicht, wie es in vielen Unternehmen gemacht wird, eine erwünschte Vision auf die Zukunft projizieren. Das ist die zweitbeste Möglichkeit. Sie funktioniert auch. Das ist erfolgreich möglich. Viel besser aber ist es, die Vision der eigenen Zukunft zu erkennen und zu verwirklichen.

> **Eine Fahrkarte – wohin?**
>
> Stellen Sie sich das in einer Alltagssituation vor, so wie die meisten leben:
>
> Sie gehen zum Bahnhof, treten an den Schalter und sagen: „Ich hätte gerne eine Fahrkarte." Und man fragt Sie: „Ja, wohin?" Sie sagen: „Keine Ahnung". „Ja", sagt der Fahrkartenverkäufer, „so kann ich Ihnen keine geben."
>
> Oder wir definieren unsere Ziele negativ: z.B. nicht so leben wie die Eltern. Werden Sie beim Fahrkartenkauf nach dem Ziel der Reise gefragt, sagen Sie: „Eine Fahrkarte, aber bloß nicht nach Berlin!" Aber auch so kann kein Mensch Ihnen eine Fahrkarte verkaufen. Sie müssen schon präzise sagen, wohin Sie wollen. Dann bekommen Sie auch Ihre Fahrkarte.

Das bedeutet, im Einklang mit sich selbst sein, wahrzunehmen, wie ich gemeint bin, zu erkennen, welche Zukunft mir entspricht. Wenn ich so meine individuelle Vision erkannt habe, dann brauche ich nur noch vom Ziel aus zu leben und erkenne wie das Ziel zu verwirklichen ist. Wenn ich genau weiß, was ich will, kann ich auch erkennen, wie ich dorthin komme.

Eine der wichtigsten Erfolgsregeln und die am meisten vernachlässigt wird, ist die mangelnde Zielklarheit. Bevor ich ein Ziel erreichen kann, muss ich eins haben.

Das heißt, Sie müssen sich ganz klar entscheiden. Und das könnten Sie doch gerade jetzt tun. Sie brauchen doch nur vom Ideal auszugehen und sich einmal bewusst machen:

Was wäre für mich das schönste, das erfüllendste Ziel?

Und viele werden jetzt merken, dass Ihnen eine Fähigkeit abhanden gekommen ist. Sie haben verlernt zu träumen. Sie trauen sich gar nicht mehr vom Ideal aus zu denken. Weil sie ja die Erfahrung gemacht haben, dass es ja doch nicht klappt. „Man kann im Leben nun mal nicht alles erreichen, was man will." – „Und die Dinge laufen nicht so, wie man es gerne hätte." So oder ähnlich lauten sehr viele Lebenserfahrungen, die dann zu Kernglaubenssätzen werden und die sich deswegen verwirklichen, weil die Menschen daran glauben.

Es müsste gar nicht so sein. Denn eine weitere Erfolgsregel, von denen die meisten glauben, dass sie gar nicht existiert, lautet:

> Ganz gleich, ob Sie glauben, Erfolg zu haben oder nicht, Sie werden in jedem Fall Recht behalten. **Ihr Glaube wird sich verwirklichen.**

Das heißt mit aller Deutlichkeit: Die eigene Wirklichkeit muss gar nicht geschaffen und ausgedacht werden. Sie muss nur erkannt und in Erscheinung gerufen werden. Und damit habe ich die Wirklichkeit auf meiner Seite. Und damit ist Erfolg unvermeidbar. Wenn ich einmal im Einklang mit der Wirklichkeit bin, kann ich Erfolg nicht mehr vermeiden.

Berufung: Der Weg der Freude

Eine weitere Erfolgsregel: Ich folge immer nur dem Weg der Freude. Denn das, womit ich im Einklang bin, macht gleichzeitig Freude. Und so könnten Sie sich als nächste Erfolgsregel von nun an von Ihrer Freude führen lassen. Das bedeutet: Wann immer Sie sich im Leben nicht freuen, machen Sie gerade etwas falsch, sind Sie nicht im Einklang mit sich selbst.

Ich gehe sogar noch einen Schritt weiter. Sollten Sie sich nach dem heutigen Tag noch einmal beim Arbeiten erwischen, sollten Sie das sofort fallen lassen, innehalten und überprüfen: Was mache ich da? Ab jetzt sollten Sie nie mehr arbeiten!

Das soll nicht heißen, nichts zu tun! Das wäre langweilig.

Vor ein paar Jahren wurde Studenten in Berkeley, USA, die Gelegenheit geboten, für 20 Dollar pro Stunde nichts zu tun. Das heißt, sie bekamen einen klimatisierten Raum, einen bequemen Sessel, konnten sich hinsetzen und wussten: 20 Dollar die Stunde. Der Erste hat es 32 Minuten ausgehalten, keiner hat es einen Tag geschafft. Es geht nicht. Wir können nicht sein, ohne etwas zu tun.

Aber das heißt ja nicht, dass wir deswegen gleich arbeiten müssen. Wie wäre es, wenn Sie sich einmal **bewusst machen, welche Tätigkeit Ihnen die größte Freude macht.**

Sich von dieser Freude führen lassen und immer diese Tätigkeit ausführen, das können Sie ja nicht mehr Arbeit nennen. Und dem Leben dabei zu gestatten, Sie für diese Tätigkeit fürstlich zu bezahlen. Also schauen Sie einmal hin und prüfen Sie, wie sähe denn Ihr ideales Leben aus?

> Stellen Sie sich vor, es gibt keine wirtschaftlichen Zwänge, Sie haben reichlich Geld, mehr als Sie brauchen. Sie haben die Vollmacht, von einem Konto abzuheben, wie viel Sie wollen. Wie sieht Ihr idealer Tag aus? Was machen Sie? Würden Sie morgen wieder an Ihre Arbeit zurückkehren? Haben Sie Ihren Arbeitsplatz schon als Abenteuerspielplatz entdeckt? Als Ort der Selbstverwirklichung, wo Sie Ihre Grenzen erforschen, wo Sie sich kennen lernen, wo Sie sich erproben, wo Sie sich wohl fühlen?

Und wenn Sie sich länger mit sich konfrontieren, dann nennen Sie das nicht Überstunden, sondern Erfüllung. Und dann arbeiten Sie ja längst nicht mehr. Dann sind Sie in der erfüllenden Tätigkeit.

Denn wenn man etwas so gut macht, weil man es so gern tut, dann wird man dafür auch gut bezahlt. Und deswegen sage ich, Sie sollten nie mehr arbeiten. Gehen Sie ab jetzt in bezahlten Urlaub für immer. Das heißt: Im Urlaub macht man ja auch das, was einem Freude macht.

Vielleicht nicht gleich ab morgen, aber geben Sie sich nicht viel länger als drei Monate. Bis dahin sollten Sie den Übergang in die Tätigkeit geschafft haben, die Sie wirklich erfüllt. Und sobald Sie dieses erkannt und verwirklicht haben, haben Sie Urlaub für immer. Dann verläuft Ihr Leben so wie es gedacht ist.

Erfolg ist auch Gesundheit

Damit haben Sie in einem anderen Bereich einen entscheidenden Sprung vorwärts getan, nämlich in dem Bereich Gesundheit. Sobald Sie nämlich im Einklang sind mit sich selbst, verschwindet Krankheit. Krankheit ist fast immer nur eine Botschaft, dass ich irgendwo etwas falsch mache, dass ich mir etwas versage, dass ich auf jeden Fall nicht im Einklang bin mit mir selbst, nicht in Harmonie.

Sobald ich den Weg der Freude gehe, sobald ich in Harmonie bin, geschieht Gesundheit. Wir sehen, alles hängt mit allem zusammen. Ich kann nicht an der einen Stelle etwas verbessern, ohne die anderen Bereiche zu beachten.

Das ist eines der Geheimnisse der ständigen Gesundheit der Hunzas. Ein Volk, das keine Krankheit, keine Ärzte kennt, das natürlich auch keine Pflegeversicherung und auch kein Rentenalter kennt. Der 100-Jährige arbeitet neben dem 20-Jährigen auf dem Feld und ist genauso kräftig und präsent. Er hat Krankheit sein Leben lang nie kennen gelernt. Er weiß nicht, was das ist. Und er verlässt eines Tages in einem sehr hohen Alter einen gesunden Körper.

Und eines der Geheimnisse ist eben die Harmonie mit dem, was man tut. Sie haben das Geheimnis entdeckt, die Ästhetik des Handelns zu erkennen. Sie machen oft ganz einfache Dinge. Aber das Geheimnis ist: Sie konzentrieren sich ganz auf das, was sie tun. Sie verschmelzen fast mit ihrem Tun, und der zweite Teil des Geheimnisses ist: Sie ruhen im Tun. Das heißt, je anstrengender die Tätigkeit ist, desto friedlicher und ruhiger werden sie.

Das könnten Sie auch. Sie könnten das von heute mitnehmen als eine sehr sinnvolle Art, sein Leben zu verändern, nämlich erstens einmal, sich ganz darauf zu konzentrieren, was Sie gerade tun, ganz gleich, was es ist, also sich ganz darauf einlassen.

Vielleicht als Beispiel die japanische Teezeremonie. Ich weiß nicht, ob Sie es schon einmal miterlebt haben: Dabei wird ein ganz alltäglicher Vorgang – jemand macht eine Tasse Tee – zu einer ästhetischen Zeremonie. Es ist schon schön anzusehen. Es ist nichts für unseren Gaumen, nicht sehr angenehm zu trinken.

Sie könnten so lernen, Ihr Leben zu zelebrieren und diese Ästhetik des Handelns in Ihren Alltag zu bringen, in das, was Sie gerade tun. Und dann werden Sie merken, wenn Sie sich ganz darauf einlassen, was Sie gerade tun, dann bekommt dieses Handeln einen inneren Wert, eine Schönheit, die Sie erfüllt. Es macht Freude, so zu handeln, und es macht gleichzeitig gesund. Denn damit sind Sie in Harmonie mit sich selbst und Ihrem Tun.

Wir können also sagen, das Leben ist zwar ein Spiel, aber die meisten scheinen die Spielregeln vergessen zu haben. Und wir müssen uns die wichtigsten Spielregeln wieder ins Bewusstsein bringen.

Als einzigartiges Original leben

Viele Menschen haben den Drang, Hauptsache normal zu sein.

Wenn mir jemand sagen würde: „Sie sind ja verrückt!", dann würde ich antworten: „Das will ich doch sehr hoffen!" Ich habe nicht die Absicht, normal zu sein. Für mich wäre das ein Kompliment.

Warum wollen wir normal sein? Jeder, der versucht, normal zu sein, verleugnet damit seine Einmaligkeit.

Jeder Einzelne von uns ist einmalig. Es hat noch nie so einen Menschen gegeben wie Sie. In all den Millionen Jahren, seitdem die Schöpfung besteht, gab es noch nie einen Menschen genauso wie Sie. Und in alle Ewigkeit wird es auch nie wieder so einen Menschen geben. Es gibt niemanden, der Ihre Erfahrungen, Ihr Aussehen, Ihr Verhalten, Ihre Art zu denken hat. Sie sind absolut einmalig.

Wie wäre es, wenn Sie diese Einmaligkeit heute nicht nur entdecken, sondern sich auch trauen würden, sie zu leben? Wenn Sie sich in Ihrer Einmaligkeit erkennen, in Besitz nehmen und hervortreten als der einmalige Mensch, der Sie sind, das Original.

Wie Realität entsteht

Wir müssen uns einmal bewusst machen, wie Realität entsteht. Wir glauben nämlich, dass Realität etwas Gegebenes ist und dass wir durch unsere Erfahrungen von dieser Realität zu bestimmten Überzeugungen kommen und dann aus dieser Erfahrung heraus die Realität vielleicht gestalten oder zumindest etwas verändern.

Tatsache ist, es ist genau umgekehrt: Unsere Überzeugungen bedingen unsere Erfahrungen und damit die Realität, die wir vorfinden. Das heißt, ein wesentlicher Erfolgsfaktor ist Überprüfung unserer eigenen Überzeugungen, unserer Kernglaubenssätze.

In der Bibel heißt es: Einem jedem geschieht nach seinem Glauben. Wir kennen das, aber wir verweisen es in den Bereich des Religiösen. Das sei eine Glaubensfrage. Das ist aber keine Glaubensfrage, das ist ein geistiges Gesetz! Moderner würden wir sagen: Unsere Überzeugungen bestimmen die Erfahrungen der Realität. Das heißt: Dort sitzt die erste Ursache für das, was kommt. Und dort müssen wir die Änderungen vornehmen. Die Frage lautet also:

> **Welche Überzeugungen brauche ich, um die Zukunft zu erschaffen, die ich haben möchte?**

Jetzt können wir von der Zukunft aus denken: Welche Zukunft möchte ich erleben? Ich gehe also von der erwünschten

Zukunft aus. Und welche Überzeugung brauche ich in der Gegenwart, um diese erwünschte Zukunft zuverlässig zu verursachen? Das mag ungewohnt sein, aber wenn Sie danach handeln, werden Sie feststellen, es funktioniert. Und es funktioniert jedes Mal!

Denn so entsteht Realität. Wir sollten umdenken, wenn wir etwas verändern wollen. Und was zu verändern ist, das ist unser Bewusstsein und die Bewusstseinsinhalte. Also: Geliebte, geglaubte Kernglaubenssätze, Überzeugungen, die bisher unantastbar schienen, erweisen sich bei näherem Hinsehen als verkehrt.

> Optimales Management ist in erster Linie MIND-Management. **Ich muss mich als Werkzeug optimieren.** Denn von mir gehen die Impulse aus, die die Zukunft gestalten. Ich kann eine Firma nur so gut managen, wie ich selbst bin.

Die wichtigste Erfolgsregel lautet also: Ich bin die erste Ursache für meine Erfolge. Meine Vorstellungen, mein MIND-Management führen zu der erfahrbaren Realität.

Das erklärt, warum ich immer wieder auf die gleiche Problematik stoße: Ich habe ungeeignete Mitarbeiter, inkompetente Vorgesetzte, harte Konkurrenz, ungünstige Marktbedingungen, Umstände, die scheinbar nichts mit mir zu tun haben.

> Und weil ich diese ungünstigen Umstände immer wieder erfahre, verstärken sie meine Überzeugung. Und weil ich dieser Überzeugung bin, mache ich wieder diese Erfahrungen. Und damit bleibe ich in diesem Kreislauf. **Um den Kreislauf zu durchbrechen, muss ich erkennen: Ich kann meine Überzeugungen frei wählen!** Neue Überzeugungen – neue Realität.

Überzeugungen ändern,
um eine andere Zukunft zu erzeugen

Es kann nicht oft genug wiederholt werden, weil das der springende Punkt ist und die meisten Menschen sich damit schwer tun (es ist der persönliche Paradigmenwechsel): Ich muss – wenn ich die Zukunft verändern will – meine Überzeugungen ändern. Denn wenn ich bei meinen bisherigen Überzeugungen bleibe, wird die Zukunft entsprechend aussehen – nämlich wie bisher. Das heißt, die Firma, die Mitarbeiter, der Markt sind Spiegel meiner Überzeugungen.

Ich sollte mich also fragen: Welche Überzeugungen habe ich denn faktisch, damit meine Firma so ist, wie sie ist. Und ich kann weiter fragen: Welche neuen Überzeugungen müsste ich denn haben, damit meine Firma so ist, wie sie sein sollte? Ich muss also immer von der Überzeugung ausgehen.

Doch viele Überzeugungen sind transparent. Es ist uns nicht bewusst, dass wir dieser Überzeugung sind. Wir handeln nur danach. Oder andere Überzeugungen haben unbeabsichtigte Konsequenzen.

Zum Beispiel haben viele Menschen die Überzeugung, nur schlechte Menschen kommen in dieser Welt zu etwas. Überlegen Sie einmal, wenn ich dieser Überzeugung bin, dann hat diese Überzeugung unausweichliche Konsequenzen: ICH bin ja kein schlechter Mensch. Also kann ich zu nichts kommen. Denn käme ich zu was, wäre ich ein schlechter Mensch, gehörte ich ja auch zu denen. Und schon sitze ich mit dieser Überzeugung in der Falle.

Ich will nur zeigen, wie Überzeugungen funktionieren, und sie bleiben meistens transparent. Ich bemühe mich redlich, vorwärts zu kommen, aber mein Erfolg hält sich in engen Grenzen. Und ich glaube, die Umwelt sei schuld, der Neid der anderen, die Hinterlist, die Gemeinheit, die harte Konkurrenz, die ungünstigen Marktbedingungen, die unfähigen Politiker, die Gesellschaft – irgendwer ist dann immer schuld. Und ich merke gar nicht, dass es meine Überzeugung ist, die genau diese Realität erschafft! Und deswegen bitte ich Sie, es auszuprobieren: Ändern Sie Ihre Überzeugungen.

Zunächst einmal müssen Sie sich ihre Überzeugungen bewusst machen, und Sie werden auf Anhieb längst nicht alle erwischen, weil eben viele Überzeugungen transparent sind, wie durchsichtig. Sie scheinen nicht da zu sein – es ist wie eine Glasscheibe, gegen die man läuft, man kommt nicht weiter, aber man sieht nichts! Deswegen sollten Sie sich Zeit lassen, sich Ihre Überzeugungen bewusst zu machen.

Gehen Sie dabei am besten so vor, dass Sie zunächst einmal auf das schauen, was Sie erleben. Wie ist die Situation meiner Firma? Wie ist das Betriebsklima? (Betriebsklima ist ja auch etwas, das man nicht von oben verordnen kann. Es ist eben so!)

> Es ist meine derzeitige Realität. Aber eben nur eine Realität und jede Realität wartet darauf, dass ich sie verändere, dass ich sie neu gestalte. Die erlebte Realität zeigt nur, was sich aus den in der Vergangenheit gesetzten Ursachen faktisch ergeben hat. **Meine gegenwärtige Realität ist das Resultat der in meiner Vergangenheit gesetzten Ursachen.**

Wenn ich meinen transparenten Überzeugungen auf die Spur kommen will, kann ich von meiner Realität ausgehen.

Ich schaue mir meine Situation an und schaue dahinter: Wenn das meine Realität ist, die ich ja tagtäglich erlebe, welche Überzeugung muss da sein, damit diese Situation entsteht? Das heißt, aus der Wirkung der Überzeugung kann ich auch transparente Überzeugungen erkennen. Die Situation ist da, die kann ich erkennen, die ist sichtbar, erlebbar. Weil sie durch Überzeugungen geschaffen wurde, kann ich mir jetzt so transparente Überzeugungen sichtbar machen.

So kann ich im nächsten Schitt zukunftsorientiert handeln indem ich mir überlege: Welche Zukunft sollte denn sein? Wie sollte die Situation meiner Firma aussehen? Welches Betriebsklima brauche ich? Welche Kompetenz der Mitarbeiter brauche ich? Das heißt also, ich projiziere in alle Aspekten eine erwünschte Zukunft. Und damit schaffe ich bereits das Fundament meiner Vorstellung. Ich stelle mir etwas vor, was noch nicht ist, eine Realität, so wie ich sie wünsche.

Und jetzt, von dieser erwünschten Zukunft aus, die noch nicht Realität ist, schaffe ich mir die Überzeugung:

> Wenn das die erwünschte Realität der Zukunft ist, **welche Überzeugungen braucht es in der Gegenwart**, um diese erwünschte Zukunft zu verursachen?

Jetzt muss ich noch erkennen, dass ich meine Überzeugungen auch frei wählen kann, und sollte eine Blockade dieser Erkenntnis nicht unterschätzen. Denn bisher haben wir nach der gegenteiligen Überzeugung gelebt. Wir haben zuerst Erfahrungen gemacht und uns daraus Überzeugungen geschaffen.

Das fing schon in der Kindheit an. Wenn ich meiner Mutter sagte, was wir für die Schule aufhatten, dann sagte sie gleich nach dem Essen: Erst musst du die Aufgaben machen. Ich wollte aber lieber Fußball spielen, also musste ich meiner Mutter sagen, wir hätten heute nichts auf. Dann konnte ich gleich nach dem Essen Fußball spielen.

Wir gehen normalerweise anders herum vor. Wir gehen von den Erfahrungen aus und schaffen uns daraus Überzeugungen. Und natürlich – weil diese Überzeugungen Ursachen sind –, machen wir wieder die gleichen Erfahrungen. Das verstärkt wieder unsere Erfahrungen.

Wir haben im Laufe der Zeit dann mehr Lebenserfahrungen und merken gar nicht, das diese „Lebenserfahrungen" ein Gefängnis sind! Denn diese Erfahrung verstärkt unsere Überzeugung, die verstärkte Überzeugung schafft wieder die Erfahrung. Und dann wissen wir, wie diese Welt ist, wie die Realität ist. Dann kennt man sich aus. Dann weiß man: Man kann im Leben nicht alles haben, was man möchte, und die Dinge laufen nun mal nicht immer so, wie man das gerne hätte ... So wird Alter nicht zur schöpferischen Weisheit, sondern zur sich selbst erfüllenden Dummheit.

Wir müssen diese Fehlsicht umkehren und von der Zukunft aus denken.

> Die Weisen aller Kulturen sagen immer wieder: **Das Geheimnis des Erfolgs ist es, von der Zukunft aus zu denken.**

Wenn ich von der Gegenwart aus denke, dann gibt es 100 mögliche Wege, vielleicht 1000 – und nur wenige treffen das Ziel. Wenn ich jedoch von der Zukunft aus denke, führt jeder Weg zum Ziel. Denn ich kann ja sehen: Wie kommt man hierher, wo ich jetzt bin? Also versetze ich mich in meiner Vorstellung, in meiner Imagination in eine erwünschte Zukunft. Ich mache also die Zukunft zur Gegenwart, ich erlebe sie jetzt in meiner Vorstellung und schaue von dieser erwünschten Zukunft hin: Wie kommt man hier her? Und jetzt führt jeder Weg ans Ziel. So kommt jede Ab-SICHT in Sicht-Weite.

Von Saat und Ernte

Alle Umstände, alle Dinge, alle Begegnungen, Situationen und Zufälle warten darauf, von einem Schöpfer in Erscheinung gerufen zu werden.

> Stellen Sie sich vor, alles ist möglich. Sie haben Saatgut für alles und Sie entscheiden jetzt: **Was säe ich für die Zukunft?**

Die Zukunft ist mein Acker, mein Garten. Ich frage mich also: Welche Wirkung will ich hervorrufen? Und das sind natürlich viele. Sie können vieles gleichzeitig säen. Doch wenn Sie gesät haben, geht es nicht mehr um Wahrscheinlichkeiten, sondern um absolute Gewissheit: Wenn ich diesen Samen säe, wächst diese Pflanze.

Wenn ich Kartoffeln säe, kann kein Weizen wachsen und können auch keine Rüben wachsen. Das kann ich absolut zuverlässig vorhersagen. Auch wenn das bestellte Feld genauso aussieht wie das nicht bestellte, kann ich sagen: Dort wachsen Kartoffeln, dort Weizen und dort drüben gar nichts. Und ein anderer sagt: Moment! Da sieht ja ein Acker aus wie der andere. Woher wollen Sie wissen, was da in Zukunft wächst?

Wenn wir also von den Ursachen aus gehen, dem Saatgut, wissen wir zuverlässig, was erfolgen wird, was wir ernten werden. Und nicht mit einer gewissen Wahrscheinlichkeit werden dort Kartoffeln wachsen, sondern hundertprozentig zuverlässig.

Machen wir uns bewusst: Der Acker hat keine Wahl! Wenn der Bauer Rüben sät, dann sind Rüben gesetzt. Dann kann der Acker nicht sagen, ich lasse Kartoffeln wachsen. Das geht nicht. Ebenso wenig wie die Natur eine Wahl hat, hat die Realität, die Zukunft eine Wahl oder ein „Mitspracherecht". Wenn Sie eine Ursache setzen, können Sie sich darauf verlassen, kommt immer die entsprechende Wirkung – ohne eine einzige Ausnahme.

Das sind die einzigen Schritte, die zu vollziehen sind: Ich gehe in die Zukunft, mache mir bewusst, wie sie aussehen soll, wähle also eine Möglichkeit der Zukunft aus und lasse sie jetzt in diesem Augenblick in meiner Phantasie lebendig werden. Ich versetze mich in diese Vorstellung und nehme sie damit in Besitz. Und wenn ich damit im Einklang bin, wenn ich es als natürlich empfinde, dass es geschieht, kann ich es dankbar ablegen und sagen: Toll, das ist auch wieder erledigt. Und kann es loslassen. Ich brauche nichts mehr zu tun.

Wie der Bauer mit einem Handgriff sät. Er nimmt Saatgut und lässt es los. Er muss nicht nachher nachsehen, ob das auch Wurzeln schlägt, ob das angekommen ist, ob das gut liegt. Nichts. Er braucht nur einen Handgriff: gesät! Sache erledigt. Das ist alles.

Glauben ist innere Gewissheit

Der Bauer, der sät, hat einen festen Glauben, dass da auch wächst, was er gesät hat. Das ist kein religiöser Glaube, sondern die Freiheit eines jeden Einzelnen. Das ist ein ganz praktischer Wert des Glaubens an die eigene Schöpfungskraft.

> Wir glauben viel zu viel an den praktischen Wert des Wissens und wissen zu wenig vom praktischen Wert des Glaubens.

Denn dieser Glaube entscheidet, ob etwas für Sie möglich ist oder nicht. Denn wenn Sie etwas nicht glauben können, können Sie es ganz einfach vergessen. Es ist für Sie unerreichbar. Es ist so, als gäbe es das Ziel (z.B. eine Karriereposition) nicht. Ein anderer nimmt Ihnen die Stelle einfach weg und hat sie. Sie jedoch hatten keine Chance, weil Sie dieses Ziel außerhalb Ihrer Glaubensgrenze angesiedelt haben. Deswegen ist es für den Lebenserfolg so wichtig, dass wir glauben lernen.

Jemand hat einmal gesagt: Alles, was Sie denken und glauben können, können Sie erreichen. Oder in Markus 9:23 heißt es, „Alle Dinge sind möglich dem, der da glaubt."

Das Gegenteil ist natürlich genauso gültig: Wenn Sie etwas nicht glauben, ist es nicht möglich, ist es für Sie unerreichbar. Deswegen ist dieser Faktor so wichtig im MIND-Management. Sie können sich nur innerhalb der Grenzen Ihres Glaubens bewegen. Aber Sie können die Grenzen Ihres Glaubens bestimmen! Um sich selbst ein Glaubenserlebnis zu verschaffen, ist es wichtig, einmal ganz bewusst etwas sehr Hilfreiches in einer sehr kurzen Zeit zu verursachen.

Dann kommt zwar mit Sicherheit der Verstand und sagt: Also gut, da hast du Glück gehabt. Aber wenn Sie sich diese Glaubenserlebnisse wieder und wieder verschaffen, dann kann der Verstand mit diesem Argument nicht wieder kommen. Dann wissen Sie, das habe ich selbst verursacht. Ich habe die schöpferische Urkraft bewegt, und sie hat das Resultat hervorgebracht, das ich haben wollte. Ich bin ein Schöpfer. Ich kann es.

So erweitern sich die Grenzen Ihres Glaubens. Und aus dem Glaubenserlebnis wird eine immer festere Glaubenserfahrung. Und irgendwann verfügen Sie über die innere Gewissheit: Alles ist möglich, dem der glaubt.

Glauben kann man also lernen. Man lernt es am besten durch bewusstes Verursachen. Und nehmen Sie sich zuerst nicht gleich zu viel vor, schaffen Sie sich erst einmal ein rasches Erfolgserlebnis.

Einen Parkplatz verursachen

Ich habe mit dem Verursachen eines Parkplatzes angefangen.

Ich habe mir einfach verursacht: Wenn ich heute Abend – es war damals in Köln – ins Theater komme, dann ist einer der fünf Parkplätze vor dem Theater frei. Ich habe 30 Jahre lang dort gewohnt. Es war noch nie ein Parkplatz frei. Wann immer ich dort vorbeikam, standen fünf Autos auf den Plätzen. Ich dachte, die sind dort fest gemauert. Und dann ist das Unmögliche geschehen, an diesem Abend war einer frei, und ich habe ihn bekommen.

Denn vor mir die Leute wollten ja auch einen Parkplatz haben. Die sind vorbeigefahren und ich konnte reinfahren.

Beim nächsten Mal war es noch unglaublicher. Ich hatte wieder den Parkplatz Stunden vorher verursacht, und ich schaute schon von weitem, aber da war diesmal keiner. Die Plätze waren wie immer alle besetzt. Und sofort kam der zweifelnde Verstand und sagt: „Siehst du, Zufall! Glück gehabt. Klappt nicht immer."

Aber ich hatte doch alles so gemacht wie beim letzten Mal! Wieso klappt es diesmal nicht? Und während ich noch nachdachte, was das wohl jetzt zu bedeuten hat, stoppte die Reihe vor mir, und dann fuhren sie wieder. Doch der Fahrer vor mir träumte und träumte eine ganze Weile. Ich wurde schon ungeduldig, rechts waren die parkenden Autos, und links war der fließende Verkehr. Ich kam nicht vorbei, ich wollte gerade hupen, da wurde mein Vordermann wach und fuhr los. Ich wollte auch gerade anfahren, da machte neben mir ein parkendes Auto – ich habe gar nicht gesehen, dass da einer eingestiegen ist – den Blinker raus und wollte auf die Straße. Und höflich, wie ich bin, habe ich den gelassen und ich fuhr in meinen Parkplatz. Ich habe wirklich noch zehn Minuten im Auto gesessen und mich gefragt: Wie hat das Leben das jetzt gemacht?

Wie macht das Leben dieses Timing? Wenn der vor mir nicht geträumt hätte, oder wenn er drei Sekunden kürzer geträumt hätte. Wenn er kürzer geträumt hätte, hätte er reinfahren können, wenn er länger geträumt hätte, nur drei Sekunden, wäre ich vorbei gewesen, dann wäre mein Hintermann reingefahren. Ich hätte nicht mehr zurücksetzen können. Und wenn der Inhaber dieses Autos auch nur ein paar Sekunden zu früh oder zu spät gekommen wäre. Wie hält das Leben auf Sekunden genau dieses Timing, damit alles an der richtigen Stelle fließt und letztlich das passiert, was ich verursacht hatte?

Das war das Erlebnis, was mich überzeugt hat. Es ist unglaublich, was das Leben anstellt, um das herbeizuführen, was ich verursacht habe. Und dann habe ich erlebt, dass solche unglaublichen Wunder jeder andere genauso bewirken und verursachen kann.

Sobald wir nicht mehr in der Opfer-Identifikation sind, sondern erkannt haben, wir sind Schöpfer. Sobald wir wieder über uns hinausgewachsen sind, zu Bewusstsein gekommen sind, in diesem Moment können wir unser Leben selbst bestimmen. Und von diesem Augenblick an, ist alles möglich. Nur mit einer doch entscheidenden Einschränkung: **Alles ist möglich, was Sie denken und glauben können.**

„Da ist er ja!"

Ich habe dieses Wunder sogar noch auf die Spitze getrieben. Vor etwa 12, 15 Jahren hatte ich es einmal versäumt, mir einen Parkplatz zu verursachen, habe nicht so schnell einen gefunden und durfte einen Zug nicht verpassen. Am Hauptbahnhof war also nicht gleich ein Parkplatz, und ich habe gedacht: Man müsste einen Dauerauftrag geben können. Als ich dann im Zug saß, war ich ganz begeistert von der Idee! Ich weiß nicht, ob das funktioniert, dachte ich zuerst noch, aber Moment – ich bin der Schöpfer, also funktioniert es auch!

So habe ich damals einen Dauerauftrag erteilt: Wohin immer ich komme, in welche Stadt auch immer, ich kann noch so fremd sein, es kann Hauptverkehrszeit sein, es kann vor dem Bahnhof sein oder vor dem Opernhaus: Ich komme an, und sofort ist mein Parkplatz da.

Es hat immer geklappt – und unzählige Leute waren bei mir, die diesen Dauerauftrag kannten, und sagten: Na, wollen wir einmal sehen, ob es heute wieder mit dem Parkplatz klappt. Ich sage dann: Völlig falsche Frage! Sie sind im falschen Bewusstsein. Sie müssen in ein anderes Bewusstsein gehen und nur noch hinschauen: Wo ist der Parkplatz?

Ich erzähle, damit es im Gedächtnis bleibt, gerne den Witz von dem Mann, der zum Heer eingezogen wurde und egal, was er gefragt wurde, z.B.: „Wie heißen Sie?", hat er geantwortet: „Wo ist er denn?" „Nein, ich habe nach dem Namen gefragt." Sagt der: „Wo ist er denn?" „Ich möchte Ihren Namen wissen." „Wo ist er denn?" Also, ganz gleich, was er gefragt wurde, er hat einfach immer nur geantwortet „Wo ist er denn?" Darauf haben sie ihn natürlich zur psychologischen Untersuchung geschickt, zur psychiatrischen Untersuchung, haben alle möglichen Gehirntests mit ihm gemacht. Und gleichgültig, was sie mit ihm gemacht haben, wenn man ihn etwas gefragt hatte, hat er nur geantwortet: „Wo ist er denn?" Nach ein paar Wochen waren sie es leid und haben ihm mitgeteilt: „Sie können wir hier nicht brauchen. Hier ist Ihr Entlassungsschein." Der junge Mann darauf: „Da ist er ja!"

Dieses Bewusstsein meine ich. Er weiß genau, was er will. In diesem Bewusstsein müssen Sie nach dem Parkplatz schauen – in der absoluten Gewissheit. Sie wissen genau, wie es endet. Der junge Mann weiß nicht, wie lange die anderen noch rumspielen, aber er weiß, am Ende bekomme ich meinen Entlassungsschein. Und ich weiß: Am Ende habe ich meinen Parkplatz.

Am Ende muss das Leben das hervorbringen, was ich jetzt verursache. Das Leben hat keine Entscheidungsfreiheit. Wenn ein Schöpfer eine Ursache gesetzt hat, muss das Leben die entsprechende Wirkung hervorbringen. Der Acker kann auch nicht mit dem Bauern eine Diskussion anfangen: Warum denn schon wieder Weizen? Das hatten wir erst voriges Jahr! Wenn der Bauer Weizen sät, wächst dort Weizen!

Gehen Sie noch in dieses Bewusstsein „Wo ist er denn?". Und wenn Sie zu Ihrem Parkplatz gehen, dann nicht in dem Bewusstsein – „Mal sehen, ob das heute auch wieder klappt" falsches Bewusstsein –, sondern „Wo ist er denn?" Ich habe es verursacht also ... Also da hinten fährt ja einer weg, DANKE!

Und dann brauchen Sie sich auch gar nicht zu beeilen, auch wenn da einer vor Ihnen fährt und offensichtlich auch sucht, er biegt gleich links ab – und Sie bekommen Ihren Parkplatz!

Doch Sie brauchen nur einen Moment Bedenken haben, dass der jetzt Ihren Parkplatz besetzt, schon ist es passiert. Warum? Sie haben gerade als Schöpfer eine neue Ursache gesetzt: Ich glaube, der fährt in meinen Parkplatz! Zack ist er drin!

Die geistigen Gesetze funktionieren absolut zuverlässig. Und dann sagen Sie: Ich habe es gewusst, der nimmt mir meinen Parkplatz weg! Nein, Sie haben es nicht gewusst – Sie haben es verursacht! Ihnen ist wieder einmal nach Ihrem Glauben geschehen.

Also: In Wirklichkeit ist es ganz einfach. Realität gibt es nur bis zur Gegenwart. Die Realität der Zukunft ist noch vollkommen offen und wartet darauf, wie sie gestaltet wird. Sie als Bewusstsein haben die Fähigkeit, Ursachen zu setzen. Bewusstsein ist in der Vollmacht, Ursachen zu setzen. Und ganz gleich, welche Ursache Sie setzen, Sie haben nur eine einzige Barriere zu überwinden: **Sie müssen es selbst glauben.** Warum? Das Leben kann Ihnen nichts geben, was Sie sich selbst vorenthalten, was Sie sich versagen! Das ist das Gesetz.

Kopf hoch!

Und sollten Sie doch noch einmal in eine schwierige Situation kommen, dann möchte ich Ihnen eine sehr tiefsinnige Regel auf den Weg geben:

Wem das Wasser bis zum Hals steht, der sollte den Kopf nicht hängen lassen.

Denn genau das tun wir in einer solchen Situation! Wenn es schwierig wird, dann lassen wir oft den Kopf hängen, fallen sogar aus dem Verstand ins Gefühl, hängen in Resignation.

Und das genau kann man sich in einer ausweglos erscheinenden Situation nicht leisten. **Da wird es ja gerade gebraucht, dass Sie voll da, voll bei Bewusstsein sind, dass Sie über sich hinauswachsen, 2,50 Meter groß sind.**

Das wäre die richtige Lösung: Dann steht Ihnen das Wasser wieder nur bis zur Brust, haben Sie wieder Spielraum, können Sie wieder hellwach handeln.

Welcher Richtungsmensch bin ich?

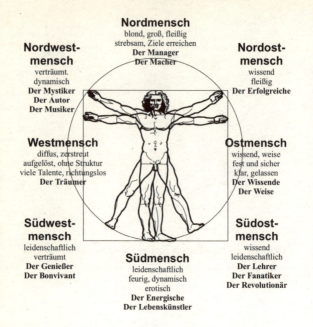

Nordmensch
blond, groß, fleißig
strebsam, Ziele erreichen
Der Manager
Der Macher

Nordwest-
mensch
verträumt,
dynamisch
Der Mystiker
Der Autor
Der Musiker

Nordost-
mensch
wissend
fleißig
Der Erfolgreiche

Westmensch
diffus, zerstreut
aufgelöst, ohne Struktur
viele Talente, richtungslos
Der Träumer

Ostmensch
wissend, weise
fest und sicher
klar, gelassen
Der Wissende
Der Weise

Südwest-
mensch
leidenschaftlich
verträumt
Der Genießer
Der Bonvivant

Südmensch
leidenschaftlich
feurig, dynamisch
erotisch
Der Energische
Der Lebenskünstler

Südost-
mensch
wissend
leidenschaftlich
Der Lehrer
Der Fanatiker
Der Revolutionär

In welcher Richtung liegt die Zukunft meiner Entwicklung?

Wo ist mein Zentrum?

Was habe ich noch nicht gelebt?

> **Übung: Zielhindernisse und Zeitfresser beseitigen**
>
> Erstellen Sie eine Liste Ihrer Tätigkeiten:
> Wie verbringen Sie Ihren Tag? Was machen Sie den ganzen Tag? Schreiben Sie einfach alles auf. Es genügt, eine solche Liste zwei bis drei Tage zu führen.
>
> Und dann nehmen Sie die Liste und prüfen Sie Punkt für Punkt: Welcher Punkt führt mich näher an mein Ziel, welcher hilft mir, und welcher Punkt stört mich, lenkt mich ab, führt mich in die Irre?
>
> Sie werden entsetzt sein, bei wie vielen Punkten Sie sagen müssen: Das bringt mich meinem Ziel überhaupt nicht näher. Das bin ich eigentlich gar nicht. Da bin ich wie der Schwan an Land.
>
> Und dann entfernen Sie alles aus Ihrem Leben, was nicht zu Ihnen gehört. Kehren Sie in Ihr Element zurück und gleiten Sie wieder majestätisch dahin. Und Ihre Welt ist wieder in Ordnung.
>
> Konzentrieren Sie sich auf das Wesentliche! Entfernen Sie Zeitfresser aus Ihrem Leben: falsche Bekannte, Fernsehen, die falsche Tätigkeit, den falschen Partner, falsche Gewohnheiten. Seien Sie einfach wieder der Schwan in seinem Element. Seien Sie ein Original. Erkennen Sie Ihre Einmaligkeit und leben Sie sich selbst.

Übung: WAHR-Denken

Diese Übung schließt an das holistische Atmen an. Wir erfahren, dass wir nicht nur unseren Atem bewusst lenken können, sondern auch die Art, wie wir denken.

Der Begriff „WAHR-Denken" ist eine kreative Wortschöpfung, die die beiden Begriffe „wahrnehmen" und „denken" auf wunderbare Weise verschmilzt: Dieses Denken ist einfach wahr.

Nehmen Sie einen bestimmten Gedanken in das Bewusstsein, der Ihnen angenehm ist. Es kann ein Gedanke an Ihren Partner sein, an Erfolg, an Gesundheit, an Zukunft – ganz gleich, ein Gedanke, der Ihnen wirklich angenehm ist (als Anregung der Satz: „ICH BIN ERFOLG").
Denken Sie nun diesen Gedanken nur mit dem linken Gehirn, der linken Gehirnhälfte. Denken Sie diesen einen Gedanken linkshirnig. Das fällt den meisten nicht schwer, weil sie es ohnehin so tun. Aber achten Sie darauf, dass Sie wirklich nur links denken. Machen Sie sich bewusst, wie sich dieser Gedanke anfühlt, wenn er links gedacht wird.

Bleiben Sie bei dem gleichen Gedanken und denken ihn jetzt aber nur rechts. Also ganz umschalten und den gleichen Gedanken nur rechts denken. Für viele ist das ungewohnt, für manche wieder selbstverständlich, weil sie ohnehin rechts denken. Sobald es Ihnen gelingt, diesen gleichen Gedanken nur rechts zu denken, machen Sie sich den Unterschied bewusst. Wie fühlt sich dieser Gedanke jetzt an?

Sie werden merken, rechts bekommt dieser Gedanke mehr Raum. Er wird weiter. Er wird wärmer. Links ist er wie auf einen Punkt gebracht, wirkt etwas kühl und rechts bekommt er Weite. Nur damit Sie einmal den Unterschied im rechts- und linkshemisphärischen Denken spüren.

Jetzt stellen Sie sich vor, dass es eine Verbindung zwischen den beiden Gehirnhälften gibt. Sie ist auch anatomisch vorhanden und hört auf den Namen „corpus calossum". Die Chinesen nennen diese Verbindung „das Tor des Himmels". Sie stellen sich die Verbindung zwischen den beiden Gehirnhälften wie eine Tür vor, die Sie von innen ganz leicht öffnen können. Sie brauchen sie nur zu öffnen, verbinden damit beide Gehirnhälften und lassen diese Verbindung offen.

Sobald Sie das einwandfrei beherrschen, denken Sie wieder den gleichen Gedanken – aber jetzt links und rechts gleichzeitig. Also links analytisch, kühl, auf den Punkt gebracht und rechts weit, räumig, warm, umfassend. Doch jetzt nicht mehr entweder so oder so, sondern beides gleichzeitig. Es ist wichtig, dass Sie mit beiden Gehirnhälften diesen Gedanken gleichzeitig denken. Prüfen Sie noch einmal, ob die Verbindung zwischen beiden Gehirnhälften imaginativ offen ist, so dass aus diesen beiden bisher getrennten Denkräumen wirklich ein neuer Denkraum geworden ist.

Denken Sie den einen Gedanken in diesem neuen Denkraum, also links und rechts gleichzeitig. Und spüren Sie die andere Qualität, diese neue Qualität des Denkens, wie sich dieser Gedanke jetzt anfühlt. Sie haben gerade den Schritt vom linearen Denken des Verstandes zum holistischen Denken des Bewusstseins getan. Und natürlich liegt es bei Ihnen, bei diesem holistischen Denken zu bleiben.

Sie können natürlich auch innerhalb dieses neuen Denkraumes wieder die eine oder andere Seite mehr betonen, aber dieser Raum sollte offen bleiben. Das lineare Denken könnte ab jetzt der Vergangenheit angehören. Sie haben nur Vorteile, wenn Sie im holistischen Denken bleiben.

Dann könnten wir uns die verschiedenen Denkzentren bewusst machen, indem Sie den gleichen Gedanken z.B. einmal im Bauch denken. Manche denken ohnehin mit dem Bauch. Für sie ist das keine Umstellung. Aber für die meisten mag es ungewohnt sein, wenn sie spüren, wie es ist, wenn sie den gleichen Gedanken mit dem Bauch bewegen. Jetzt wird dieser Gedanke sehr stark mit Gefühlen aufgeladen. Er ist nicht mehr so objektiv, aber auch nicht mehr so kühl. Jetzt wird er lebendig.

Für Kopfmenschen mag das sehr ungewöhnlich sein. Sie sollten es noch etwas üben, aber es geht, es ist kein Problem.

Vergleichen Sie die Qualität dieses Gedankens – wir bleiben ja immer beim gleichen Gedanken, damit er vergleichbar bleibt – mit den drei ersten Denkzentren.

Wie ist es, wenn Sie diesen Gedanken holistisch, d.h. beidhirnig denken. Und wenn Sie den gleichen Gedanken dann im Bauch bewegen, wie unterschiedlich er sich anfühlt. Dann können Sie sich auch vorstellen, wie unterschiedlich Menschen die gleiche Situation erleben, je nachdem wo ihr Denkzentrum ist, von wo aus sie leben. Und warum wir häufig solche Schwierigkeiten haben, uns zu verstehen.

Dann ist es auch interessant, diesen Gedanken – bei dem wir immer bleiben – nur mit dem dritten Auge zu denken, also mit der Stelle zwischen den Augen, etwas über den Augen. Denken Sie einmal mit diesem Zentrum, im Punkt des dritten Auges zentriert.

Wenn Sie es auf Anhieb richtig machen, können Sie diesen Gedanken jetzt wahrnehmen: Ihnen fallen Zusammenhänge ein, Konsequenzen. Sie lösen den Gedanken aus der Zeit. Und Sie nehmen ihn eingebettet in die Zusammenhänge wahr.

Sobald Sie einen Gedanken mit dem dritten Auge denken, erkennen Sie Zusammenhänge. Und wann immer Sie in Zukunft in Zusammenhängen denken wollen, dann wäre es gut, wenn Sie in ihrem Denkraum den Gedanken vom dritten Auge aus anschauen.

Machen wir uns noch ein anderes Denkzentrum bewusst. Denken Sie wieder den gleichen Gedanken, jetzt aber einmal mit dem Herzen. Wenige machen das ohnehin. Spüren Sie, wie es sich anfühlt, wenn Sie einen Gedanken im Herzen bewegen. So heißt es ja auch in der Bibel: „Und Maria bewegte die Worte des Engels in ihrem Herzen."

Bewegen Sie einmal diesen Gedanken – immer den gleichen – jetzt in Ihrem Herzen. Und Sie spüren sofort, der Gedanke bekommt eine ganz andere Qualität. Er wird liebevoller, wohlwollend, angenehm. Es ist eine sehr wesensgemäße Art, mit dem Herzen zu denken. Je intensiver Sie das machen, desto wohler fühlen Sie sich dabei. Sie sollten sich so die verschiedenen Denkzentren erschließen.

Als letzten Schritt gehen Sie jetzt mit dem Denken über den Körper hinaus. Denken Sie jetzt mit dem Wahrnehmungszentrum über Ihrem Kopf, das heißt: mit Ihrem Bewusstsein.

Das geht nur, wenn Sie bei Bewusstsein sind. Dann sind Sie in absoluter Gedankenstille. Denn in diesen Raum kommt kein Gedanke hin. Dort ist reines Bewusstsein. Da sind Sie selbst.

„Denken" Sie jetzt den gleichen Gedanken als Bewusstsein. Und Sie spüren, welche Größe dieser Gedanke jetzt bekommt, welche Würde, welche besondere Qualität, wenn Sie nicht mit dem Bewusstsein denken (das versucht das Ego und der Verstand), sondern als Bewusstsein. Und dann ist das Wort „Denken" eigentlich nicht mehr angebracht. Verwenden wir also dort das Wort „Wahrnehmen".

Von dort aus lösen Sie Aufgaben, Schwierigkeiten, Fragen durch Wahrnehmen. Es ist ein anderer Vorgang als Nachdenken. Nach-denken weist schon vom Begriff her auf Vergangenheit hin, auf frühere Erfahrungen. Und noch etwas: Während Sie nachdenken, können Sie nicht gleichzeitig im Bewusstsein sein. Sie entfernen sich aus dem Bewusstsein und Sie verlassen das Jetzt, Sie denken „nach". Selbst wenn Sie über die Zukunft „nachdenken", gehen Sie in die Vergangenheit.

Wenn Sie als Bewusstsein wahrnehmen, reduziert sich das Nachdenken, das ja im linearen Verstand eine Zeit braucht auf die Punktzeit. Nachdenken braucht Zeit, Wahrnehmung geschieht in Punktzeit. Sie richten Ihre Aufmerksamkeit auf ein Problem, eine Aufgabe, eine Schwierigkeit, in Punktzeit – während Sie noch Ihr Bewusstsein auf die Aufgabe ausrichten – fällt Ihnen die Lösung ein. Sie haben noch nicht zu Ende formuliert, da ist das Ergebnis schon da. Es ist wie beim Einschalten des Lichtes. Sie haben den Finger noch nicht vom Schalter entfernt, da ist das Licht schon voll da.

Das ist Wahrnehmen als Bewusstsein. Das ist ein Teil des unverzichtbaren Werkzeugs des Managers der Zukunft, dass er Aufgaben nicht mehr durch Nachdenken löst, denn damit versetzt er die Lösung in die Grenzen der Erfahrung, sondern WAHR-Denken als Bewusstsein durch Wahrnehmung. Also das Lösen von Aufgaben, das Beantworten von Fragen, das Erkennen von Zusammenhängen – als Bewusstsein durch Wahrnehmung in Punktzeit. Damit haben wir auf jeden Fall den Verstand überschritten und die wichtigste Voraussetzung für das Empfangen der Intuition geschaffen, um ständig auf Empfang für intuitive Einfälle, für Inspiration zu bleiben.

Wir aktivieren jetzt noch einmal alle Denk- oder Wahrnehmungszentren gleichzeitig.

Bewegen Sie also diesen gleichen Gedanken in allen Wahrnehmungszentren gleichzeitig: im Kopf, im Bauch, im Herzen, im Bewusstsein, im dritten Auge – überall gleichzeitig, nicht nacheinander, sonst sind Sie wieder im Verstand, sonst rutschen Sie wieder zurück in die Linearität, in die Begrenzung. Lassen

Sie den Gedanken in Ihren Wahrnehmungszentren wie zu einem Ganzen verschmelzen und weit werden.

Ich Bewusstsein ist jetzt also weiter und höher als Ihr Körper. Das ist Ihr Denkzentrum. Die Unterschiede zu den einzelnen Zentren verschwinden. Sie denken als Bewusstsein. Und dieses Energiefeld ist über zwei Meter hoch und vielleicht 1,50 Meter breit und ein Meter dick. Sie denken mit diesem ganzen Energiefeld gleichzeitig. Da sind nicht mehr verschiedene Wahrnehmungszentren. Es ist nur noch ein Bewusstsein und eine Wahrnehmung.

Jetzt könnten Sie diese Wahrnehmung, diese holistische Wahrnehmung als Bewusstsein auf eine Aufgabe Ihres Lebens richten. Sie haben dabei zwei Möglichkeiten. Sie können einerseits wahrnehmen, wie diese Aufgabe zu lösen ist. Sie können aber noch einen Schritt weiter gehen und die Lösung einfach geschehen lassen.

Sie halten Ihre Aufmerksamkeit als Bewusstsein auf die Aufgabe gerichtet, schauen ständig auf die Aufgabe und nehmen wahr, was dabei geschieht. Und Sie werden bemerken, die Lösung vollzieht sich in Ihnen. Die Lösung breitet sich aus, einzelne Schritte werden sichtbar, Zusammenhänge, Telefonate, Kontakte, Verbindungen. Die Lösung breitet sich vollkommen komplex in allen Details vor Ihnen aus. Sie brauchen nur noch Ihr Bewusstsein darauf gerichtet zu halten.

Gewöhnen Sie sich an diese Art zu denken als Bewusstsein. Das ist MIND-Management. Es ist für den neuen Manager, für eine Führungskraft unverzichtbar.

Quelle: *Hörkassette „Der neue Manager", Kassette 2, Seite B*

Kurzfassung: Übung zum WAHR-Denken

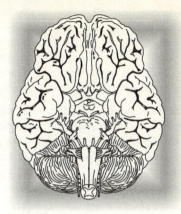

- **links** denken
- **rechts** denken
- das Tor des Himmels öffnen
- **rechts und links** denken
- aus dem **Bauch** denken
- mit dem **dritten Auge** denken
- mit dem **Herzen** denken
- mit dem **Bewusstsein** wahr-denken
- in **Gedankenstille** sein
- mit **allen Zentren gleichzeitig** wahrnehmen, denken, wahr-denken
- eine Aufgabe ins Bewusstsein nehmen und die **Lösung geschehen lassen**

Übung: Innere Erfolgsformeln

Wer seinen Erfolg erzeugen will, muss von seinem Erfolg überzeugt sein. Erfolgreich sein setzt voraus, innere Misserfolgsformeln, unpassende Überzeugungen und erfolgsverhindernde Glaubenssätze aufzuspüren und „umzuprogrammieren".

Reichtum ist im ersten Schritt innerer Reichtum, das erfolgreiche Säen von Erfolg verursachenden Überzeugungen.

Wir haben in uns häufig negative Glaubenssätze, oft sogar so tief verankert, dass es Kernglaubenssätze geworden sind, die unser ganzes Leben bestimmen. Machen Sie sich doch einmal einen solchen Glaubenssatz bewusst. Ich sage Ihnen ein paar, damit Sie wissen, was ich meine:

- Man kann im Leben nicht alles erreichen.
- Es ist schwer, wirklich gute Freunde zu finden.
- Erfolg zu haben ist mühsam.
- Krankheiten sind nun mal unvermeidlich.
- Man muss damit rechnen, dass nicht immer alles glatt geht.
- Das Leben ist hart und schwer, und alles muss man sich erkämpfen.
- Ohne Fleiß keinen Preis.
- Es kommt nichts Besseres nach.

> Machen Sie also am Besten noch heute eine Liste Ihrer Glaubenssätze.

Gehen Sie durch die einzelnen Lebensbereiche: Gesundheit, Partnerschaft, Beruf, Geld, Zukunft, ... Was denke ich, wie das Leben in diesen Bereichen funktioniert? Sie sollten wenigstens 30 solcher Glaubenssätze finden! Schreiben Sie diese Sätze auf ein Blatt auf die linke Hälfte.

Und auf die rechte Hälfte des Blattes schreiben Sie gleich daneben die Umkehrung. Aus „Es kommt nichts Besseres nach" wird also: Es kommt immer Besseres nach. Warum ist das so wichtig? Es gibt die geistigen Gesetze, und eines dieser Gesetze lautet: Einem jeden geschieht nach seinem Glauben.

Wenn Sie glauben, es kommt nichts Besseres nach, dann halten Sie an dem Unvollkommenen fest, weil Sie ja wissen: Das, was ich habe, ist zwar nicht gut, aber ich kenne es wenigstens, da kann ich einigermaßen mit umgehen. Es kommt nichts Besseres nach. Und weil Sie das glauben, kommt nichts Besseres nach! Sie machen dann auch noch die Erfahrung, dass nichts Besseres nachkommt. Mit diesem einen Satz können Sie Ihr ganzes Leben bremsen. Sie halten immer am Unvollkommenen, am Unzufriedenstellenden, am Provisorium fest, weil ja eh nichts Besseres nachkommt. Und Sie behalten auch noch Recht! Stellen Sie sich vor, Sie verkehren diesen Glaubenssatz jetzt ins Gegenteil um: Es kommt immer Besseres nach!

Sie kommen von einem Moment in den anderen in die Freiheit, an nichts mehr zu hängen! Es kann ja nur noch besser werden! Und weil Sie das glauben, kann es auch nur noch besser werden. Und dann passiert genau das!

Dann kehren Sie alle diese Glaubenssätze ins Gegenteil um. Prüfen Sie aber auch, ob Sie es glauben können! Es hat keinen Zweck, irgendeinen schönen Satz zu sagen „Es kommt immer Besseres nach, (aber es passiert ja eh nicht)!" Ja, das nützt natürlich nichts. Sondern kehren Sie den Satz so weit um, wie Sie ihn glauben können. Machen Sie die Probe mit dem Armtest: Glaube ich das auch?

- Man kann im Leben nicht alles erreichen wird: Ich erreiche im Leben, was immer ich wirklich will!
- Erfolg zu haben ist mühsam wird: Erfolgreich sein macht Freude.
- Krankheiten sind unvermeidbar wird: Die Harmonie meines Bewusstseins bestimmt meine Gesundheit.
- Man muss damit rechnen, dass nicht immer alles glatt geht wird: Es geschieht immer genau das, was ich verursache.

Sie drehen alles um. Und damit krempeln Sie Ihr ganzes Leben um! Denn diese Kernglaubenssätze bestimmen Ihr Leben.

Noch nie ist es einem Menschen gelungen, mit einem Mangelbewusstsein im Wohlstand zu leben. Das ist völlig unmöglich. Und so finden Sie allmählich in allen Bereichen Ihres Lebens Ihre Misserfolgsmechanismen und lösen sie auf. Wenn Sie die einzelnen Punkte in verschiedene Bereiche ordnen (Partnerschaft,

Familie, Beruf, Karriere, Gesundheit, Leistungsfähigkeit, wirtschaftliche Situation, Ausbildung, geistige Entwicklung), dann werden Sie Schwerpunkte entdecken. Es kann durchaus sein, dass Sie in einem Bereich sehr positiv denken und im anderen Bereich nicht.

Wir reagieren 24 Stunden am Tag auf diese Glaubenssätze. Sie wissen gar nicht, wie beeinflussbar Sie sind. Sie reagieren ständig. Sie können gar nicht anders. Und so sollten Sie unbedingt Ihre Misserfolgsformeln in Ihrem Bewusstsein finden und in wirksame innere Erfolgsformeln umformulieren.

Und damit sind wir wieder einen ganz entscheidenden Schritt weiter im MIND-Management.

Diese inneren Kernglaubenssätze wirken immer, ob negativ oder positiv. Und wenn sie alle positiv sind, dann verändert sich Ihre Lebenssituation dramatisch. Diese innere Erfolgsformel wirkt dann bewusst oder unbewusst, ruft hervor, was immer Sie wollen.

Und dann ergänzen Sie das innere Erfolgsprogramm noch und ändern nicht nur die negativen Glaubenssätze, sondern schaffen sich auch dort positive Glaubenssätze, wo Sie keine negativen Muster vorfinden. Solche Glaubenssätze könnten lauten:

- Es gibt immer eine Lösung.
- Ich kann die Aufgabe JETZT lösen.
- Ich bekomme rechtzeitig alles, was ich wirklich brauche.
- Ich erkenne und nutze meine Chancen.
- Das Leben ist ein Spiel und macht Freude.
- Ich bin von Natur aus ein Gewinner.
- ... oder was auch immer.

Bitte ergänzen Sie diese Positiv-Liste für sich!

Diese Formeln, das ist geistiger Reichtum! Das ist Wohlstandsbewusstsein. So beginnt Reichtum. Sie wirken vom gleichen Augenblick an, wo sie wirklich geglaubt werden ununterbrochen in Ihr Leben. Sie werden überrascht sein, was Sie dadurch alles hervorrufen können.

Quelle: *Hörkassette „Erfolgreiches Selbstmanagement",
Kassette 3, Seite A*

Übung: Heilung geschehen lassen

Erfolg macht nur Sinn, wenn er das ganze Leben umfasst. Was sollte beruflicher Erfolg wert sein, wenn die Gesundheit darunter zu leiden hätte?

Erfolgreiche Lebensführung achtet in besonderem Maße auf die körperliche Gesundheit, Vitalität und Fitness.

Zu Bewusstsein kommen bedeutet auch, in Harmonie zu leben. Harmonie kann jede Disharmonie heilen. Krankheit ist eine solche Disharmonie, die durch die Harmonie des Bewusstseins geheilt werden kann. Heilung kann geschehen.

Wichtigste Voraussetzung für Erfolg ist der Grad Ihres Bewusstseins. Deswegen erinnere ich Sie immer wieder daran. Also: Sind Sie noch hervorgetreten? Kommen Sie noch wieder aus Ihrem Körper heraus. Überschreiten Sie Ihren Verstand, kommen Sie bei sich an und leben Sie angekommen. Prüfen Sie auch, ob Sie noch am kosmischen Netz angeschlossen sind oder wieder auf Batterie laufen. Und wenn nicht, schließen Sie sich gleich wieder an das Netz an.

Und damit Sie spüren, dass es geschieht, lassen Sie doch einmal die eine Kraft, für die Sie sich öffnen, in Ihren Körper einströmen. Erfüllen Sie Ihren Körper mit dieser einen Kraft. Und lassen Sie diese eine Kraft Ihren Körper heilen. Lassen Sie jetzt durch Einströmen der einen Kraft Heilung in Ihrem Körper geschehen.

Denken Sie aber nicht darüber nach, das wird nichts. Ich meine: Machen Sie es einfach.

Also stellen Sie sich vor, Sie sind nach oben weit offen, Sie sind angeschlossen an die eine Kraft. Die eine Kraft fließt dadurch in Sie ein, erfüllt Sie ganz. Jede Zelle Ihres Körpers ist erfüllt mit der einen Kraft. Und die eine Kraft, die ja vollkommene Harmonie ist, lässt Disharmonie nicht zu.

Womit diese eine Kraft auch immer in Berührung kommt, das bringt sie in die Schwingung von Harmonie. Das bedeutet für Ihren Körper Heilung. Und so lassen Sie ganz bewusst Heilung in Ihrem Körper geschehen.

Und während Sie Kraft einfließen lassen und Heilung geschehen lassen, spüren Sie innen in Ihrem Körper, wie dort Heilung geschieht. Erleben Sie es von innen mit. Lassen Sie ganz bewusst Heilung geschehen.

Das bedeutet auch, das loszulassen, was bisher Heilung verhindert hat: ein Problem, Auseinandersetzungen, Disharmonie. Schaffen Sie also in sich Platz für die Heilung, indem Sie alles, was Heilung stört, loslassen. Und dann spüren Sie wieder in sich, dass Heilung geschieht.

Und jetzt wieder: Unterbrechen Sie dieses Heilwerden nicht mehr. Solange Sie aus dem Verstand leben, können Sie immer nur eine Sache gleichzeitig tun. Für Ihr Bewusstsein aber, das multidimensional ist, ist es kein Problem, mehrere Dinge gleichzeitig zu tun.

Das probieren wir gleich aus. Dann sehen Sie auch selbst, ob Sie den Verstand überschritten haben oder aber nicht.

Lassen Sie jetzt also gleichzeitig weiter Heilung geschehen, bleiben Sie also hervorgetreten, kontrollieren Sie, dass es so ist, bleiben Sie bewusst angeschlossen an das Energiefeld. Bleiben Sie bewusst in der Wahrnehmung, in der Intuition, die dort ständig ist. Und lassen Sie die eine Kraft gleichzeitig Ihren Körper heilen. Das machen Sie alles gleichzeitig weiter. Sie bleiben angeschlossen, Sie spüren, Sie bleiben über sich hinausgewachsen, Sie bleiben angekommen, bei Bewusstsein. Sie spüren, dass Sie angeschlossen sind an das Kraftfeld. Sie bleiben in der Wahrnehmung, lassen weiter in Ihrem Körper Heilung geschehen, lassen gleichzeitig die Hindernisse für die Heilung los und verfolgen möglichst aufmerksam diese Inhalte.

Und das jetzt weiter alles gleichzeitig. Und Sie werden sehen: Für das Bewusstsein ist das überhaupt nicht anstrengend, selbstverständlich. Sie könnten noch ein paar Dinge dazu nehmen. Es wird nicht anstrengend. Es ist ganz leicht. Für den Verstand ist es unmöglich. Aber ich hoffe, Sie haben Ihren Verstand überschritten, und dann werden Sie sehen, Sie lassen die Dinge einfach geschehen, mehreres gleichzeitig.

Wenn Sie klug sind – was ich voraussetze – bleiben Sie über sich hinausgewachsen, bleiben Sie am Netz, bleiben Sie in der Wahrnehmung, lassen ab jetzt 24 Stunden am Tag Heilung geschehen. Sie beenden dieses Geschehen nie wieder. Sie bleiben einfach an die eine Kraft angeschlossen und lassen permanent Heilung geschehen. Das heißt, Krankheit, ganz gleich, welche

Sie haben könnten, verschwindet. Und es heißt, Sie werden nie wieder krank.

Seit ich das nicht nur weiß und tue, bin ich vor vielen Jahren aus der Krankenkasse ausgetreten. Ich empfehle Ihnen nicht, das auch zu tun. Aber Sie wissen jetzt alles, was dazu erforderlich ist.

Das heißt, alles in der Schöpfung ist genial einfach. Es ist so einfach, auch wenn der Verstand rebelliert. Aber ich habe nicht gesagt, dass es leicht ist! Es ist nur einfach. Ich muss es ständig tun.

Es ist nicht wie eine irdische Meisterprüfung, wenn Sie Ihren Meister einmal haben, können Sie ihn als Diplom hinter den Schreibtisch hängen: „Meisterprüfung erfolgreich bestanden." Geistig ist das anders. Sie können jetzt in diesem Augenblick Ihre Meisterprüfung bestehen, Sie sind voll über sich hinaus getreten, Sie sind am Netz, Sie sind in der Wahrnehmung. Wenn Sie im nächsten Moment rausrutschen, ist es mit der Meisterschaft vorbei. Das ist eine Meisterschaft, die Sie 24 Stunden am Tag ablegen müssen, immer wieder. Sie haben diese Meisterschaft nicht ein für allemal erreicht. Sie wissen es ein für allemal, aber Sie müssen es immer wieder tun.

Und erst wenn Sie ständig Heilung geschehen lassen, hat Krankheit keine Chance. Erst dann. Aber Sie könnten es jetzt beginnen und nie wieder beenden.

Quelle: *Hörkassette „Erfolgreiches Selbstmanagement"*
Kassette 1, Seite B, Kassette 2, Seite A

Übungen: Fit in Sekunden

Es gibt für die Gesundheit auch einfache Übungen, um sehr schnell wieder fit zu werden.

Im MIND-Management können wir natürlich nicht das Gebiet Gesundheit überschlagen. Das heißt, wir müssen auch dafür sorgen, dass das Werkzeug Körper optimal funktioniert, dass der Körper mit Ihnen zufrieden ist.

Und deswegen schauen wir einmal, was wir in Sekunden für den Körper tun können. Ich möchte Ihnen zeigen, dass Sie wirklich in Sekunden eine ganze Menge für Ihren Körper tun können, natürlich in Stunden, in Tagen, in Monaten noch viel mehr. Aber erst einmal auf der Stelle und in kurzer Zeit.

Das Immunsystem erwecken

Die Thymusdrüse ist fünf Finger breit unter der Halskuhle. Wenn Sie hier herein fassen, haben Sie eine Kuhle, wo es tiefer herein geht, da beginnt das Brustbein. Und von dieser Halskuhle eine Handbreit tiefer, da ist die Thymusdrüse.

Unsere Thymusdrüse verkümmert mit zunehmendem Alter. Es ist das Zentrum unserer Abwehrkraft, des Immunsystems.

Wenn Sie mit Ihrem Immunsystem, mit der Thymusdrüse, in Kontakt gehen, dann zeigt der Arm an, das es schwach ist. Du bist so und so stark, aber die Thymusdrüse reagiert schwach. Das ist bei den meisten so. Und jetzt wollen wir Ihr Immunsystem aufwecken, d. h., Sie klopfen einmal Ihre Thymusdrüse. (Die Thymusdrüse scheint Österreicherin zu sein, die hat gern Dreiviertel-Takt. Am besten reagiert sie auf eins – zwei – drei, eins – zwei – drei, ...) Zehn Sekunden reichen. Und jetzt können Sie Ihre Thymusdrüse testen und Sie reagieren mit dem Armtest stark! Ihr Immunsystem ist gerade wach geworden.

Das können Sie mehrmals am Tag tun, das können Sie nicht überdosieren, das hat keine schädlichen Nebenwirkungen, es kostet nichts und ist außerordentlich gesund.

Die Zunge zentrieren

Halten Sie einmal die Zunge am zentrierenden Punkt. Das heißt, wenn Sie mit der Zungenspitze von innen gegen die Schneidezähne gehen, die Naht, wo die beiden Schneidezähne zusammentreffen.

Und dann fahren Sie dort hoch bis zum Zahnfleisch. Dann kommt ein Wulst. Bevor es wieder runter geht, ist mitten auf dem Wulst eine kleine Kuhle. Dort parken Sie einmal Ihre Zunge (möglichst oft). Das ist der zentrierende Punkt. Sie brauchen nur einmal hinspüren, was energetisch passiert, wenn Sie die Zunge auf diesen Punkt halten – nur ein paar Sekunden: Ruhe kommt auf. Sie fühlen sich wohl, innerer Friede kehrt ein. Ich weiß nicht, wie man es beschreiben soll, es ist ein Wohlgefühl. Sie spüren, alles ist in Ordnung. Sie schließen einen Energiekreislauf und fühlen sich wohl.

Die Magentrommel

Dann die Magentrommel. Sie wissen, wie Tarzan es macht. Sie trommeln ein bisschen tiefer. Aber nicht in den weichen Magen. Sie müssen dabei die Muskeln anspannen. Erstens trainiert es Ihre Magenmuskeln und zweitens gibt es einen kräftigen Energieschub.

Also anspannen und dann in den festen Magen boxen und dabei atmen, angespannt bleiben und atmen. Dabei kommt sehr viel Energie auf! Es ist physische Energie. Also Sie trommeln, wenn Sie es richtig machen, 500 Schläge, dann stehen Ihnen die Arme vor Kraft ab, dann können Sie vor dem Frühstück schon Bäume pflücken, dann sind Sie richtig da.

Heiße Ohren

Jetzt machen wir noch eine Übung zur Bewusstseinsklarheit: den Ohrrand aufrollen. Stellen Sie sich vor, es gelte als unfein, eingerollte Ohren zu haben und Sie würden sich die Ohren ausmassieren, also glatt massieren wollen. Richtig mit Kraft, probieren Sie es aus:

Den Ohrrand kräftig glatt massieren (es tut weh, soll es auch) und bitte 30 Sekunden oder wenigsten 20 Sekunden, aber mit aller Kraft massieren. Das ist etwas unangenehm. An beiden Seiten zupacken und richtig massieren.

Und dann schauen Sie, was mit Ihrem Bewusstsein geschieht: Der Druck geht weg, der Grauschleier verschwindet, Sie sind wieder da! Sie haben sogar das Gefühl von Leichtigkeit. Eine hervorragende Möglichkeit, jederzeit wieder fit zu sein.

Handsitzen

Dann kommt die Fitness für Faule, ein Beispiel, das sehr hilfreich ist: Sie setzen sich einfach auf Ihre Hand, auf beide Hände und machen das z. B. abends vor dem Fernseher. Das ersetzt fast das Joggen. Das heißt, 20 Minuten sollten Sie wenigstens auf diese Weise sitzen bleiben, dann sind Sie wieder fit. Das trainiert energetisch Ihren Kreislauf. Sie haben dann die ganze Zeit gesessen, und Ihr Kreislauf ist trotzdem wieder aktiviert. Eine wirklich kraftvolle Übung, wenn Sie viel sitzen müssen und die Hände gerade nicht brauchen.

Fit mit einem Atemzug

Und gerade für Konferenzen noch ein wichtiger Punkt: Sie können sich mit einem Atemzug wieder fit machen.

Es war lange Zeit das Geheimnis der asiatischen, speziell der japanischen Delegationen, als wir noch ungeübt mit den Japanern waren. Oft kam eine westliche Delegation nach Japan. Die Japaner haben erst eine Stadtrundfahrt organisiert, zum Essen eingeladen, drei Stunden – es kamen natürlich noch Geschas, die getanzt und gesungen haben. Und wenn die Westler dann anfingen zu verwelken, begann die eigentliche Konferenz oder die Verhandlung. Dann wollte man das Geschäftliche so schnell wie möglich über die Bühne bekommen und war mit ziemlich allen Bedingungen einverstanden.

Und dann haben sich die Westler gewundert, wie halten die Japaner das eigentlich aus, denn die waren ja auch die ganze Zeit dabei und haben kräftig mitgefeiert.

Und dann stellte man fest, die schlaffen auch ab, aber wie durch ein Wunder, plötzlich – ohne dass sie herausgehen oder etwas Geheimnisvolles machen – sind sie wieder da, die Augen sind wieder klar, die Stimme wird wieder fest, und sie gehen wieder ran. Das schien zunächst wie ein Geheimnis, ein Doping, irgendetwas war passiert, aber man konnte nichts feststellen.

Das eigentliche Geheimnis der Japaner ist die Laotse-Atmung. Es ist ein Atemzug, der auf eine bestimmte Weise geschieht, der eine Mikromassage mit den Zellen durchführt.

Es hört sich so an, also ob kleine Kinder Lokomotive spielen. Mindestens 30 kleine Schübe. Diese Mikromassage macht 100 Billionen Zellen Ihres Körpers wieder wach.

Bitte aber nur einen einzigen Atemzug, es ist nicht gut, einen zweiten oder gar einen dritten anhängen zu wollen, denn die bewirken das Gegenteil.

Wenn Sie aber das Gegenteil brauchen, kann das natürlich genutzt werden. Wenn Sie also z.B. von einer langen, anstrengenden Konferenz oder Arbeit nach Hause kommen (oder was auch immer), Sie richtig aufgeputscht sind, gerne schlafen möchten und nicht zur Ruhe kommen, dann machen Sie drei oder vier Atemzüge nach der Laotse-Atmung und Sie sind müde und träumen sofort weg.

Das heißt also, Wiederholung bewirkt das Gegenteil. Ein Atemzug macht Sie für eine, anderthalb Stunden frisch, je nach Müdigkeitsgrad sind Sie dann wieder fit. Probieren Sie es sofort aus!

Eine Sauerstoffdusche mit Überatmung

Eine andere Möglichkeit, sich schnell wieder fit zu machen, ist eine Überatmung. Kommen Sie vorher außer Atem.

Sie gehen aus dem Konferenzraum oder dem Büro und eilen das Treppenhaus hoch und runter … bis Sie außer Atem sind. Und dann erst gehen Sie beispielsweise auf die Toilette und kommen langsam wieder zur Ruhe.

Und Sie atmen ja anfangs tief, und dann beruhigt sich Ihr Atem langsam, doch Sie atmen weiter unnötig tief ein.
Sie kommen dann zurück in die Konferenz und atmen, obwohl Sie nicht mehr außer Atem sind, einfach zehn Minuten tief weiter. Nachdem der Körper in einen anaeroben Zustand geraten ist und Sauerstoffhunger hat, bekommt er jetzt eine Sauerstoffdusche. Sie geben ihm so mehr Sauerstoff, als er braucht. Und dann sind Sie klar und haben ein glasklares Bewusstsein. Wenn Sie dann nicht vergessen, hervorgetreten zu bleiben, dann sind Sie voll da.

Also noch einmal: Erst kommen Sie außer Atem.

Das heißt, Sie können joggen, wenn Sie Zeit haben oder im Treppenhaus rauf und runter gehen. Das Treppenhaus ist ein Fitness-Center, das Tag und Nacht geöffnet hat. Sie sollten ohnehin jeden Tag 800 Stufen gegangen sein. Gewöhnen Sie sich den Fahrstuhl ab, auch wenn Sie im 15. Stock wohnen, einfach zu Fuß gehen. Das tut Ihnen gut.

Kommen Sie so richtig außer Atem, am Besten sogar drei Mal, also zügig joggen oder die Treppen herauf, bis Sie völlig außer Atem sind. Und dann gehen Sie ganz langsam weiter. Es dauert etwa drei Minuten, bis der Atem sich beruhigt hat. Und dann machen Sie es noch einmal. Und wieder drei Minuten, bis der Atem sich beruhigt hat, und dann machen Sie es noch einmal.

Und dann kommt die Überatmung. Nachdem Sie eine Sauerstoffschuld eingegangen sind und zu wenig Sauerstoff hatten, atmen Sie ganz tief und zügig weiter, als brauchten sie noch immer Sauerstoff. Und das mindestens für zehn Minuten. Sie können es sogar eine halbe Stunde machen.

Dann kann es Ihnen erst ein bisschen schwindelig werden. Daran gewöhnen Sie sich, und der Körper hat eine Sauerstoffdusche, die unglaublich gut tut.

Quelle: *Hörkassette „Erfolgreiches Selbstmanagement, Kassette 4, Seite A und B*

Zusammenfassende Schritte

- [ ] Sie sind sich bewusst, dass Sie Ihr wahres Wesen erkennen (Schwan-Sein) und in Ihrem Element (Wasser) leben müssen, damit Ihr Leben stimmt. Dann leben Sie in Harmonie und im Einklang mit sich SELBST.
- [ ] Sie haben sich als Richtungsmensch erkannt und kennen die Richtung Ihrer weiteren Entwicklung. Vielleicht sind Sie auch zentriert und ruhen in der Mitte aller Richtungen.
- [ ] Sie haben sich die Frage (schriftlich) beantwortet: Was ist für mich Erfolg?
- [ ] Sie sind sich Ihrer Lebensphilosophie bewusst geworden.
- [ ] Sie haben ein klares Ziel vor Augen, ein Lebenstraum, dem sich alles andere unterordnet. Ihre Ab-SICHT kommt in Ihre Sicht und Sie schicken sie ab.
- [ ] Sie denken vom Ziel aus und schaffen die Überzeugungen, die Sie brauchen, um das Ziel in Ihr Leben zu rufen.
- [ ] Sie haben Ihre inneren Glaubenssätze zu Erfolgsformeln umprogrammiert.
- [ ] Sie sind sich bewusst: Sie ernten das, was Sie gesät haben. Für die Zukunft können Sie alles säen, was Sie möchten. Das Leben muss das zum Wachsen bringen, was Sie säen.
- [ ] Sie optimieren Ihr Denkinstrument durch das Training des WAHR-Denkens.
- [ ] Sie lassen jederzeit Heilung geschehen.
- [ ] Sie trainieren Ihre geistige und körperliche Fitness.
- [ ] Ihre Tätigkeit ist Ihre Berufung. Sie arbeiten nicht mehr, sondern machen bezahlten Urlaub für immer.
- [ ] Sie ruhen im Tun (das Hunza-Geheimnis).
- [ ] Sie trainieren Ihre Kraft, Realität zu schaffen, indem Sie sich Ihren Parkplatz jederzeit zuverlässig verursachen.
- [ ] Sie erzählen die Metaphern weiter: der kletternde Schwan; die Fahrkarte nach nirgendwohin; den Witz „Wo ist er denn?"

Aus der Zukunft
in die Zukunft führen

„Ich muss erst am Ziel sein, bevor ich es erreichen kann."

> **Kernthesen**
>
> MIND-Management ist die hohe Schule, Gegenwart und Zukunft in Deckung zu bringen, aus der Zukunft in die Gegenwart zu führen:
>
> 1. **Wir versetzen uns in der Gegenwart so intensiv (in konzentrativer Entspannung) in die Zukunft, dass wir die Zukunft bereits als Gegenwart erleben können.** Damit erfassen wir die Zukunft, die zu uns, unserer Familie oder unserem Unternehmen passt. Es ist keine mental vorgestellte Zukunft mehr, sondern mit allen Sinnen anprobierte, erlebte Zukunft.
> 2. **Wir rufen Zukunft hervor, lassen Zukunft in der Gegenwart in Erscheinung treten.** Die Zukunft geschieht **jetzt**.
>
> MIND-Management in diesem Stadium ist keine Projektion von Wünschen in die Zukunft, sondern „Erinnerung an die Zukunft". So vollzieht sich Führung aus der Zukunft in die Zukunft.

Wunsch und Wille trennen von Erfüllung

Wenn Sie sich etwas wünschen, haben Sie eine Vor-Stellung: Ich möchte gerne die Prüfung bestehen, den Führerschein haben, das Diplom erwerben, Abteilungsleiter werden, die neue Filiale übernehmen, den neuen Jaguar haben, es ist ganz gleich, was es ist:

> Damit konfrontieren Sie sich mit einem der größten Geheimnisse: **Jeder Wunsch trennt von der Erfüllung.**

Warum? Mit einem Wunsch machen Sie sich bewusst: Ich lebe im Mangel. Ich habe das Erwünschte noch nicht. Deswegen hätte ich es ja gerne. Sie denken zum Ziel hin: Ich wäre gerne Abteilungsleiter. Und das trennt Sie zuverlässig davon, Abteilungsleiter zu werden. Und dann wundern Sie sich, dass der andere befördert wird. Und Sie sagen: Ich bin doch viel qualifizierter! Ich bin jahrelang im Betrieb! Ich komme mit allen Kollegen gut zurecht. Wieso werde ich übergangen?

> Das Geheimnis lautet mit anderen Worten: **Ich muss erst am Ziel sein, bevor ich es erreichen kann.**

Es wird nur der Chef, der vorher Chef ist. Werden kann man es nicht. Ich muss es erst energetisch sein, muss es in Besitz genommen haben, muss die Position ausfüllen, um sie zu bekommen. Ich kann nicht erwarten, dass ich eine Position bekomme, um sie dann erst auszufüllen.

Ich muss den Unterschied zwischen herträumen und wegträumen kennen. Wegträumen heißt, ich träume von etwas und denke: Ach wäre das schön, wenn ich das hätte. Und damit habe ich mich zuverlässig davon getrennt. Ich habe als Schöpfer gerade dem Leben gesagt, ich habe es nicht, ich bin im Mangel.

> Das geistige Gesetz dahinter lautet: **Alles, was ihr bittet in eurem Gebet, glaubet nur, dass ihr's empfangen werdet, so wird's euch gegeben werden.**

Das ist mehr als ein Bibelspruch, das ist ein fundamentales geistiges Gesetz. Sie können es nachlesen in Markus 11:24.

Es ist ein allgemein gültiges geistiges Gesetz und gilt in alle Ewigkeit. Es hat im Management genauso Gültigkeit wie im Alltag. Frei übersetzt würde es lauten: Du kannst nichts bekommen, was du nicht schon hast, sonst geht es nicht. Oder wie ich vorhin sagte, Chef kann nur einer werden, der schon Chef ist, sonst wird er es nicht.

Also ich muss mein Ziel zunächst erst geistig in Besitz genommen haben, dann kann ich es erreichen.

Oder auch das steht in der Bibel: „Wer da hat, dem wird gegeben werden, auf dass er die Fülle habe. Wer da aber nicht hat, dem wird das wenige genommen." Das hört sich sehr unchristlich an, regelrecht unsozial! Es ist aber ein Gesetz und nicht zu umgehen! Wer da hat, das heißt, wer etwas geistig in Besitz genommen hat, wer sein Erbe angetreten hat, wer in die Fülle gegangen ist, der bekommt alles. Wer aber im Mangel lebt, der verliert auch das wenige noch.

Nicht weil der liebe Gott den einen oder anderen nicht so gut leiden mag, sondern damit er auch in die Fülle gehe, damit er dieses Gesetz versteht und erfüllt.

> Das heißt also, jede Vorstellung trennt mich zuverlässig von der Erfüllung, denn damit gehe ich in die **Vorstellung des Mangels.** Und damit ist Erfolg oder Erfüllung nicht möglich.

Ich muss mir bewusst machen: Ich habe eine Eigenschwingung, ich bin in einer bestimmten Schwingung, mein Bewusstsein und mein Ziel haben auch eine bestimmte Schwingung.

Wenn ich sage, ich wäre gerne Direktor, dann ist in diesem Augenblick meine Schwingung mit der Schwingung des Ziels nicht in Einklang. Ich hätte es ja nur gern, ich habe es nicht. Und damit habe ich mich nach dem Gesetz der Resonanz getrennt. Ich muss mich also zunächst einmal in der gewünschten Zukunft erleben. Ich muss mich ins Ziel versetzen, mich in gleiche Schwingung mit dem Ziel versetzen.

Das Leben nimmt es sehr genau und häufig wörtlicher als es uns lieb ist. Wir sagen: Ich will Erfolg! O.k., sagt das Leben, „wollen" kannst du alles. Und so bin ich schnell einer, der Zeit seines Lebens Erfolg will, aber nicht hat. Ich bleibe immer ein Erfolg-haben-Wollender.

Nichts gegen Wünsche, Wille, Träume, Verlangen, Absicht. Es ist immer der ersten Schritt, darf aber nicht der einzige Schritt bleiben.

> Machen wir es praktisch: **Stellen Sie sich eine Situation vor, die Sie gerne erreichen würden,** eine Position, einen Umstand, Umsatz, eine Erweiterung, ein Ziel, es ist ganz gleich was.

Es beginnt mit der Phantasie, mit dem Traum. Sie stellen sich vor, dass wäre es. Doch wenn Sie es dabei lassen, werden Sie es nicht erreichen. Aber jetzt gehen wir weiter.

Jetzt versetzen Sie sich in diese gewünschte Situation. Wenn Sie Direktor werden wollen oder eine Filiale übernehmen, dann stellen Sie sich vor: Sie haben es gerade getan. Sie gehen ins Büro, an der Tür steht „Filialleiter", Sie gehen herein, es ist Ihr Schreibtisch. Jemand kommt herein und sagt: „Herr Direktor, könnte ich mal ..." Jemand ruft an, „Herr Direktor ..." Ihre Sekretärin sagt: „Da möchte Sie jemand sprechen." Sie fangen in Ihrer Phantasie an, Direktor zu sein. Sie fangen an, in Ihrer Vorstellung, in Ihrer schöpferischen Imagination als Direktor zu leben.

Möglichst nicht nur ein paar Minuten, sondern eine Stunde oder zwei. Weil ein paar Minuten nicht ausreichen, dann stört Sie der Verstand und sagt: Gut, du spinnst rum, du bist es ja nicht. Er behindert Sie. Wenn Sie diese „Erinnerung an die Zukunft" eine Stunde durchhalten, werden Sie überrascht sein, wird der Störenfried Verstand plötzlich zum Diener des Bewusstseins. Und er sagt: Genau, das wäre doch eine tolle Sache, wie können wir das erreichen? Du brauchtest doch nur in Abendkursen das machen und dann ... Und auf einmal fängt er an, Sie zu beraten. Aber das beginnt meistens erst ab eine Stunde.

> Also Sie nehmen sich einmal Zeit, mindestens für eine Stunde, besser für zwei, und **versetzen Sie sich so lebendig in die Zukunft,** als ob es eine Erinnerung sei. Unter einer Stunde ist es Spielerei.

Dadurch, dass Sie sich ins Ziel versetzen, holen Sie die Zukunft in die Gegenwart. Was Sie erst noch werden wollen, nehmen Sie durch Identifikation schon in Besitz. Und das ist genau die Erfüllung des Gesetzes. „Alles, was ihr bittet in eurem Gebet, glaubet nur, dass ihr's empfangen werdet, so wird's euch gegeben werden.

Also, ich versetze mich in die Zukunft: Ich habe es und halte diese Situation, diese Energie. Und dann muss es außen in Erscheinung treten. Das ist das Geheimnis der Erfolgreichen.

Ich habe immer wieder in Gesprächen mit sehr Erfolgreichen festgestellt, dass die meisten ihr Geheimnis gar nicht kennen, aber sie wenden es an. Sie sind so erfolgreich, weil sie ihre Ziele für möglich halten, zu ihnen gehörig und für sie erreichbar. Und sie wissen, dass man etwas dafür tun muss, es eine Zeit dauert, aber dass sie es schaffen. Das heißt, sie sind mental immer schon am Ziel. Sie haben es schon in Besitz genommen, es muss nur noch verwirklicht werden. Aber genau das ist das Gesetz, ob man es bewusst anwendet oder nicht.

Die Energie des erfüllten Wunsches aufbauen

Und dann gehen Sie in den nächsten Schritt. Stellen Sie sich vor, Sie sind am Ziel und Sie gehen in die Energie des erfüllten Wunsches. Stellen Sie sich einmal vor, wie Sie sich dabei fühlen. Sie haben das erreicht, was Sie wollen. Sie spüren die Freude, die Dankbarkeit, das Aufatmen. Ich habe es erreicht! Ich bin am Ziel! Und Sie gehen einmal ganz in diese Energie „Es ist vollbracht!" Ich habe es erreicht. Ich bin am Ziel. Und diese Energie halten Sie aufrecht.

Ständig. Das heißt, bis es in Erscheinung getreten ist.

Aber wann immer es Ihnen in den Sinn kommt „Ob ich wohl Direktor werde? Wann ist denn die entscheidende Vorstandssitzung? Und ob mich der Kollege Brockmann nicht ablehnt, der könnte es noch torpedieren?" Schon sind Sie wieder in der Opferrolle. ... Ob er das tut, ob die das machen, ob ich das bekomme. ... Dann setzen Sie sich hin und sorgen dafür, dass Kollege Brockmann in der entscheidenden Sitzung für Sie stimmt. Dass der Vorstand beschließt, dass Sie aufgenommen werden.

Schaffen Sie die Umstände, die Sie brauchen. Hören Sie auf, zu hoffen, dass die günstigen Ereignisse eintreten. Das machen nur die Schwachen, die Opfer. Die machen immer nur das Beste aus den Umständen. Sie aber schaffen sich genau die Umstände, die Sie brauchen. Und Sie schaffen sie durch Ihre schöpferische Imagination.

> Der entscheidende Schritt lautet also: **Sie gehen in die Energie des erfüllten Wunsches** und Sie halten diese Energie aufrecht, bis die Erfüllung in Erscheinung getreten ist.

„Misserfolg" als Prüfung

Sie lassen sich nie mehr durch einen Misserfolg irritieren! Sie müssen wissen, dass es ein Gesetz ist, dass Ihr so in Besitz genommenes Ziel in Erscheinung treten muss. Doch es ist fast immer so, dass kurz davor das Leben Sie noch einmal prüft.

Ich wollte einmal eine bestimmte Stelle haben und bekam eine Einladung. Ich war noch ein ganz junger Mann und bin voller Freude hingefahren, um meine Stelle anzutreten. Aber da waren 52 andere, die hatten auch eine Einladung bekommen. Es war eine wichtige Position, und die Firma hat sich ein bisschen Mühe gemacht. 52 Kandidaten, mit mir 53. Ich wusste, als ich in den Raum, in dieses Stimmengewirr kam: Jetzt bin ich aufgerufen, etwas zu tun. Wenn ich jetzt nicht eingreife, dann geht diese Chance vorbei. Aber ich wusste auch: Es ist meine Stelle!

Und dann ist mir Gott sei Dank etwas eingefallen; ich habe etwas auf einen Zettel geschrieben, die Sekretärin gebeten, den Zettel dem Personalchef zu überreichen. Und nur zehn Minuten später wurde ich mit Namen aufgerufen, und eine halbe Stunde später war es meine Stelle.

Aber hätte ich nichts getan, wäre es schief gelaufen. Und so ähnlich ist es mir ergangen, als ich einmal ein Auto kaufen wollte.

Ich habe einmal zwei Jahre ein bestimmtes Auto gesucht, das es nur gebraucht gab, und ich habe es nie gefunden. Ich lese immer alle Zeitungen, alle Autozeitungen, ich habe eine sehr enge Beziehung zum AUTO. Doch es wurde nirgendwo angeboten. Ich wusste von der Firma, dass es nur sieben Typen von diesem Modell gab. Ich wollte dieses Auto unbedingt haben. Und dann ergab sich die Gelegenheit, die ich mit einer Gruppe verursacht habe. Der Gruppe kam eine solche Übung gerade recht, und ich habe gesagt: „Helft mir, mein Auto zu bekommen!" Und drei Tage später stand es tatsächlich in einer Zeitung.

Also habe ich angerufen und gesagt, ich lese da gerade das Inserat. Das ist mein Auto. Das würde ich gerne haben. Nein, sagt der Angesprochene. Das ist nicht Ihr Auto. Das ist nämlich schon verkauft.

Was hätten Sie gemacht? Wahrscheinlich hätten Sie gesagt: „Oh, das ist schade. Ist es wirklich verkauft?" – „Ja, es ist verkauft." – Dann hätten Sie wahrscheinlich gesagt: „Kann man nichts machen!"

Aber ich falle natürlich auf so etwas nicht herein. Wenn ich weiß, das ist mein Auto, dann ist es mein Auto!

Also habe ich dem Verkäufer gesagt: „Das kann nicht sein." Da sagt der: „Wie, kann nicht sein?!" – „Ich sage, das kann nicht sein, das ist mein Auto!" – „Nein, nein" – sagt der – „das ist wohl nicht Ihr Auto, denn da sind drei andere, die es haben wollen."

„Ach – sage ich – es sind drei andere, die es haben wollen. Gut, jetzt sind es vier, die es haben wollen. Es ist also doch noch da!" – „Ja" – sagt der – „morgen früh wird es ab-

geholt." Ich sagte: „Die können es nicht abholen, das kann ja nur einer abholen." – „Ja, deshalb sage ich ja, es ist verkauft." Ich sage: „O.K., wann kommen die anderen, das Auto abholen?" – „Um 10 Uhr." Ich sage: „Gut, ich bin um halb zehn da."

Ich war um 9 Uhr da. Da wurde der Wagen noch gewaschen und poliert. Ich habe nur um die Ecke geschaut und wusste, das ist mein Auto. Und als der Erste ankam, der auch noch eine halbe Stunde vorher kam, da war es schon mein Auto.

Und so ging es mir mit einem Haus. Immer wieder hieß es, habe schon verkauft, oder ist weg oder ich habe kein Haus zu verkaufen. Oder die Stelle war weg. – Was habe ich auf den Zettel bei dem Vorstellungsgespräch geschrieben? Ich habe geschrieben: **„Bitte entscheiden Sie sich nicht, bevor Sie mit mir gesprochen haben."** Nichts versprechen. Jetzt war der Personalchef neugierig.

Und seine erste Frage war auch: „Was macht Sie so sicher, dass ich erst mit Ihnen sprechen soll?" Und dann habe ich ihm gesagt: „Weil ich weiß, dass das meine Stelle ist. Und wenn das meine Stelle ist, dann muss ich für Sie auch der Richtige sein. Und da können Sie einen finden, der qualifizierter ist als ich, dadurch ist es immer noch nicht der Richtige. Ich weiß, ich bin der Richtige. Und ich bitte Sie, überzeugen Sie sich, dass Sie es auch wissen." Eine halbe Stunde später – wie gesagt – hatte er sich überzeugt. Ich war der Richtige.

Ich war dann doch noch nicht der Richtige, weil die Stelle mir damals drei Nummern zu groß war, ich war 22. Und das war wieder so eine Situation, in der geistesgegenwärtiges Agieren notwendig war.

Ich bekam drei Sekretärinnen, eine Chefsekretärin, und der Direktor sagte mir: „Herr Tepperwein, um sich einzuarbeiten, nehmen Sie erst einmal die Post und dann lernen Sie die

Kunden kennen und dann können Sie die Auftragsbestätigungen diktieren und so weiter."

Ich bekam 300 aufgeschlitzte Briefe, und dann kam die Chefsekretärin rein, setzte sich mit überschlagenen Beinen hin, damals noch mit Stenoblock in der Hand und schaute mich an. Ich schaute den Stapel an, ich hatte bis dahin noch nie einen Brief diktiert. Und schon gar nicht so verwirrende Bestellungen mit vielen Einzeldaten. Und ich schaute fünf Sekunden dahin und überlegte, was ich jetzt mache. Und sie wusste, ich hatte von Tuten und Blasen keine Ahnung. Und ich wusste, dass sie es wusste. Also war ich wieder in der gleichen Situation, es musste dringend etwas geschehen.

Ich habe ihr gesagt: „Ich bin hier ein halbes Jahr fest eingestellt. In diesem halben Jahr habe ich es geschafft oder nicht. Sie sehen ja, ich habe von Tuten und Blasen keine Ahnung. Es gibt nur eine Möglichkeit. Entweder Sie zeigen es mir, wie es geht, oder Sie haben ein hässliches halbes Jahr vor sich." Gut, es war nicht die feine englische Art, und heute würde ich es auch so nicht mehr tun, aber ich war 22, ich bitte das zu berücksichtigen. – Wir blieben 30 Jahre lang Freunde. Sie hat meine Ehrlichkeit geschätzt. Sie war 28 Jahre im Betrieb, sie wusste einfach alles. Es wäre ihre Position gewesen, aber das ging damals noch nicht. Ein Lehrling, der im Betrieb gewachsen ist, konnte nicht Verkaufsdirektor werden, der musste von außen kommen.

Sie hat es mir gezeigt. Ich bekam dann mehrmals ein Lob, weil meine Arbeit so perfekt gemacht war. Dabei hat sie die Arbeit bis in die Nacht gemacht, ich habe hinter ihr gestanden und habe immer wieder gefragt: Warum so, wie geht das? Nach einem halben Jahr wurde ich fest eingestellt. Da war ich im Sattel, da konnte ich das, was von mir erwartet wurde.

> Das heißt also, wann immer Sie **kurz vor der Erfüllung stehen, kommt mit großer Wahrscheinlichkeit noch einmal ein scheinbarer Misserfolg**, der alles zunichte machen könnte.

Sie haben die Zusage zur Firma bekommen, Sie haben es schriftlich und dann schreiben sie Ihnen: Leider haben wir uns doch anders entschieden, ... ich bin im Vorstand überstimmt worden oder was auch immer, ... bedauern wir und hoffen, dass Sie trotzdem ... Und alles Gute für die weitere Zukunft.

Und jetzt schaut Ihnen das Leben über die Schulter und sagt: Und jetzt? Was machst du jetzt? Wie gehst du damit um? Und jetzt gibt es nur eins: Ein NEIN ist der Anfang der Verhandlung und nicht das Ende.

Sie erreichen, was immer Sie wollen

Jetzt fangen Sie an, etwas zu tun, wenn das Leben scheinbar NEIN gesagt hat. Und dann werden sie sehen, es geht auf einmal ganz leicht. Dann öffnen sich die Türen, und es war doch ein Versehen, dann ist alles doch noch möglich.

> Und siehe da, Sie müssen nämlich **beweisen, ob Sie in der Vollmacht sind,** ob es wirklich stimmt, dass Sie der Richtige sind.

Also lassen Sie sich nie ins Boxhorn jagen, wenn Sie alles getan haben, alles scheint zu klappen, und dann läuft es doch noch schief. Das heißt überhaupt nichts. Aber wenn Sie in diesem Augenblick akzeptieren, dass es schief gelaufen ist, dann ist es schief gelaufen. Dann ist es aber schief gelaufen, weil Sie aufgegeben haben, weil Sie beschlossen haben, dass es wohl nichts war.

Doch wenn Sie sich nicht mehr entmutigen lassen, dann erreichen Sie, was immer Sie wollen. Das heißt, Sie müssen sich auch wert fühlen und daran glauben können. Sie müssen wissen, das ist meine Stellung, mein Haus, mein Partner.

Auch in der Partnerschaft gibt es oft diese Auseinandersetzungen. Meine Frau will mich verlassen, meine Freundin oder mein Freund, mein Partner. Das ist doch zuerst nur eine Absichtserklärung, eine Meinung, ein Antesten. Jetzt kommt es darauf an, wie Sie damit umgehen. Wenn Sie sich ihr zu Füßen werfen, ihre Knie küssen und sagen: „Verlass mich nicht, ohne dich hat mein Leben keinen Sinn." Würden Sie so einen Jammerlappen haben wollen? Wahrscheinlich nicht. Schon ist alles schief gelaufen.

Wenn Sie jetzt aber den erwünschten Endzustand im Bewusstsein halten, es für Sie stimmt, dann gilt: Wenn das mein Partner ist, dann kann ich ihn nicht verlieren. Und wenn es nicht mein Partner ist, dann kann ich mich auf den Kopf stellen, dann kann ich ihn nicht halten. Aber dann will ich es ja auch gar nicht.

Wenn Sie in dieses Bewusstsein gehen, dann können Sie mit dem anderen ganz normal sprechen – und siehe da, auf einmal öffnen sich die Türen und es ist wieder einmal gut gegangen, und alles ist in Ordnung.

Ihre grenzenlose Schöpfungskraft

Sie haben in dieser Situation wieder einmal gewonnen, weil Sie von Ihrer Schöpferkraft Gebrauch gemacht haben, weil Sie geistige Techniken eingesetzt haben, nicht schwarze Magie, Sie haben den anderen nicht beeinflusst. Sie sorgen nur dafür, dass zu Ihnen kommt, was zu Ihnen gehört.

Denn es hat schon eine Menge guter Dinge gegeben, bevor Sie auf dieser Welt waren, und es wird noch eine Menge guter Dinge geben, wenn sie nicht mehr hier sind. Aber worauf es ankommt, ist dafür zu sorgen, dass Sie das bekommen, was Sie haben wollen, solange Sie hier sind. Und das können Sie tun.

Sie können immer gewinnen. Und immer heißt, in jedem einzelnen Fall. Sie können alles erreichen, was Sie wollen.

Jetzt drängt sich natürlich die Frage auf: Ja, aber was, wenn jetzt ein anderer auch eine geistige Technik anwendet, die gleiche, der hat das gleiche Seminar besucht und will den gleichen Parkplatz haben und die gleiche Stelle, was dann? Oder es sind sogar vier oder fünf. Wer bekommt die dann?

Nun, der am längsten durchhält, der am stärksten an sich glaubt, der am überzeugtesten ist: „Das gehört zu mir."

Wenn also fünf Menschen da sind, die z. B. eine Stelle haben wollen, dann können sie sich doch zusammensetzen und können sagen: Jetzt schauen wir einmal miteinander hin, wem gehört die Stelle denn? Und dann könnten Sie beispielsweise den Armtest machen, dann können sie einfach behaupten: „Das ist meine Stelle!" Du brauchst nur den Arm oben halten, dann ist es deine. Die anderen treten zurück. Also wird reihum der Armtest gemacht. Es ist meine Stelle. Nein, also nicht, der nächste. Und dann wissen Sie es, und dann bekommt der die Stelle, für den es stimmt. Wieder zu einfach?!

Und wenn es der Falsche bekommt, weil der Richtige im letzten Moment aufgibt, dann ist die Sache völlig schief gelaufen, dann hat der Falsche die Stelle, und Sie sind auch nicht an der richtigen Stelle, und das Leben muss sich schon einiges einfallen lassen, bis es den Schlamassel wieder in Ordnung gebracht hat. Aber so ist es oft.

Verabschieden Sie sich auch von diesen „christlichen Vorbehalten", wenn Sie z. B. eine Wohnung oder eine Stelle suchen: Der andere hat drei Kinder und der braucht die Wohnung viel nötiger als ich. Oder er ist schon über ein Jahr arbeitslos, ich bin ja noch in Arbeit, ich wollte mich ja nur verbessern, also möchte ich ihm die Stelle nicht wegnehmen. Das spielt alles keine Rolle: Wenn er der Falsche ist, haben Sie ihm die Stelle nicht weggenommen.

Und wenn Sie die richtige Stelle verursachen und Sie bekommen sie auch, dann ist es Ihre, dann haben Sie niemandem etwas weggenommen. Haben Sie keine Sorge, dass Sie irgendwem irgendetwas wegnehmen. Sie nehmen nur das, was zu Ihnen gehört. Und das ist alles.

> **Wir haben eben gerade uns bewusst gemacht, wie wir mit der schöpferischen Imagination Zukunft zur Gegenwart machen.**

Innerhalb der nächsten acht Tage!

Ich möchte gleich, dass Sie in diesem MIND-Management in den nächsten Tagen ein Erfolgserlebnis haben, Sie also jetzt etwas verursachen, dessen Wirkung Sie in die nächsten Tage legen. Also irgendetwas Angenehmes, was für Sie wichtig und interessant ist.

Ein Beispiel: Ein Kunde bezahlt eine ausstehende Rechnung. Vielleicht sind Sie nicht flüssig, vielleicht haben Sie genügend Außenstände und sagen, wenn da jetzt etwas reinkäme, das würde mir gut tun, da würde ich mich besser fühlen. Also tun wir den Schritt vom Opfer zum Schöpfer und verursachen: Der Kunde bezahlt innerhalb der nächsten acht Tage. Oder ich erhalte einen lukrativen Auftrag. Vielleicht läuft es ein bisschen zäh, vielleicht haben Sie zwar genug zu tun, aber nicht so das Richtige, das sich lohnt. Verursachen Sie doch gleich jetzt den idealen Auftrag, den Sie gerne hätten.

Ich gebe Ihnen nur ein paar Anregungen, Sie entscheiden, was Sie machen. Oder ich meistere eine schwierige Aufgabe. Sie haben eine Situation, die Sie schon eine Weile vor sich herschieben, es müsste gelöst werden, aber Sie wissen noch nicht genau, wie Sie es anpacken sollen. Also gut, jetzt könnten Sie es schaffen, dass es innerhalb der nächsten acht Tage gelöst ist, vom Tisch ist.

Oder andere haben Schwierigkeiten, die richtigen Mitarbeiter zu finden. Machen Sie sich bewusst: Nach dem Gesetz der Resonanz können Sie nur die Mitarbeiter anziehen, die zu Ihnen gehören. Und deswegen hat der eine

eine „glückliche Hand" und der andere bekommt immer wieder Nieten, sie können noch so gute Diplome und Empfehlungen haben. Prüfen Sie also Ihre Resonanzfähigkeit: Wen ziehen Sie denn an, wenn Sie jetzt jemand einstellen? Wenn Sie an ihn denken, was befürchten Sie schon insgeheim?

Mit solchen Befürchtungen sind wir wieder im Mangelbewusstsein und das Befürchtete trifft dann auch zuverlässig ein. Dann sagen Sie aber nicht mehr: Ich habe es ja gleich gewusst, das hat eh keinen Zweck. Es gibt keine guten Leute mehr usw. Die guten Leute gibt es schon, aber: Sie müssen sie anziehen.

Also, Sie könnten sich mit Hilfe der schöpferischen Imagination jetzt auch für den oder die richtigen Mitarbeiter resonanzfähig machen.

Oder Sie haben eine Steuerprüfung vor sich oder eine Gerichtsverhandlung. Sorgen Sie doch dafür, dass sie gut ausgeht. Sie wollen sich verbessern. Sie haben eine gute Position, aber es könnte ja nicht schaden, mal wieder etwas Neues, eine neue Herausforderung, einen Schritt weiter, eine Gehaltserhöhung, wäre ja alles möglich, also treiben wir es auf die Spitze.

Wenn Sie sich verbessern wollen, schreiben Sie im Laufe der nächsten Tage eine einzige Bewerbung, mehr nicht. Und verursachen Sie, dass diese eine Bewerbung, die Sie natürlich intuitiv an die richtige Firma schicken, zum Erfolg führt. Dass Ihnen diese Firma genau den Karrieresprung bringt, den Sie wollen.

Oder Sie haben ganz andere Interessen: Sie verursachen eine interessante Begegnung. Oder den richtigen Partner. Oder einen Geschäftspartner. Es ist völlig gleich, oder etwas ganz anderes. Sie können einfach alles erreichen, was Sie denken und glauben können.

Also legen Sie sich doch gerade JETZT fest, was Sie wollen, und dann machen wir es einmal praktisch. Ich zeige Ihnen, dass Sie jedes beliebige Ereignis in wenigen Tagen in

Erscheinung rufen können. Das Leben ist da äußerst phantasievoll. Die Dinge passieren oft auf die wunderbarste Weise. Aber sie passieren. Erzeugen Sie jetzt Ihr Wunder!

> **Wundersame Wege**
>
> Ich denke da immer an den Witz von einem Juden.
>
> Er geht in die Synagoge und betet: „Herr, gib mir zehn Millionen, ich will meine Firma erweitern, zehn Millionen, bitte gib mir zehn Millionen." Während er noch betet, kommt daneben ein anderer und sagt: „Herr, 100 DM, meine Familie hungert, hundert Mark." Und der Erste wieder: „Herr, zehn Millionen, damit ich meine Firma erweitern kann." Und der andere wieder: „100 DM, Herr, damit meine Familie nicht hungert."
>
> Da reißt dem Ersten der Geduldsfaden, er holt die Brieftasche heraus, gibt dem die 100 DM und sagt „Verschwinde und lenk mir den lieben Gott nicht ab!"

Schon ist es erledigt, er hat seine 100 DM bekommen! Ob der andere seine zehn Millionen erhalten hat, ist dabei eine andere Frage.

Ich will damit nur sagen: Es geschieht oft auf ganz unerwartete Weise, aus einer Richtung, aus der Sie überhaupt nicht damit gerechnet haben. Aber eins ist gewiss. Es geschieht immer. Sie können sich darauf verlassen.

Ich bitte Sie, mir das nicht zu glauben, das hätte nämlich wenig Sinn. Es stünde auf wackligen Füßen, wenn Sie sich nur darauf verlassen, was ich sage. Es gibt nur eine Möglichkeit, Ihre grenzenlose Schöpferkraft zu erproben: Stellen Sie es fest! Erleben Sie es selbst!

Vom Zufall zur Gewissheit

Ich weiß auch schon, was passiert, wenn es in einer Woche geklappt hat. Dann kommt Ihr Verstand und sagt: Na gut, also da haben wir ja schönes Glück gehabt. Das passiert auch uns mal. Wir hatten ja auch schon mal Glück. Das war jetzt reiner Zufall.

„O.K.", sagt der Verstand, „einverstanden, das buchen wir unter Zufall ab." Und ich verursache meine Wunder jetzt noch zwei Mal. Und ich gebe mir immer nur eine Woche Zeit.

Ich nehme wieder eins von den imaginierten Zielen, der Kunde bezahlt die Rechnung, ich verkaufe endlich mein Auto, was ich schon immer loswerden wollte, oder mein Haus oder was auch immer. Alles in dieser Woche.

Und Sie machen mit Ihrem Verstand einen Deal: Wenn ich das drei Mal hintereinander gemacht habe, dann kommst du mir nicht mehr mit dem Argument, das war Zufall. Jedes Mal ist es in einer Woche erledigt.

Und auch dabei kann es vorkommen, dass Sie einen Brief bekommen oder eine Nachricht mit der Absage oder mit der Nachricht, dass es nicht geklappt hat. Vergessen Sie nicht: Es ist die letzte Prüfung.

Wenn Sie sich dann irritieren lassen und sagen, habe ich doch befürchtet, hat das also nicht geklappt, dann hat es nicht geklappt.

Wenn Sie dann aber nur eins machen, ein aller letztes Mal sagen: Kann ja nicht sein, denn das ist ja schon geschehen, das habe ich ja schon erreicht. Sie akzeptieren diese Nachricht nicht. Sie akzeptieren keine andere Botschaft als das, was Sie jetzt verursachen. Dann erreichen Sie es. Und Sie schaffen es innerhalb der von Ihnen gesetzten Frist, wenn Sie wollen, innerhalb von acht Tagen.

So entwickeln Sie **Erfolgserlebnisse,** und Ihre grenzenlose Schöpfungskraft wird Ihnen immer mehr zur Gewissheit.

Übung: Multidimensionale Imagination

Das beste Handwerkszeug im spielerischen Umgang mit der Zukunft ist die schöpferische und multidimensionale Imagination. Dieses Imaginations-Training ist unverzichtbarer Bestandteil von MIND-Management. Trainieren wir also die multidimensionale Imagination.

Vorgestelltes Erleben und rückwärts zählen

Versetzen Sie sich einmal in Ihren letzten oder Ihren schönsten Urlaub, vielleicht in einen Urlaub, der noch nie stattgefunden hat. Und während Sie in diesem Urlaub am Strand sitzen oder liegen, die Sonne spüren, zählen Sie dabei einmal rückwärts, ohne diese Vorstellung zu unterbrechen. Sie bleiben am Strand. Sie liegen in der Sonne. Sie spüren die warme Sonne auf Ihrer Haut, hören das Rauschen des Windes in den Palmen. Es ist angenehm warm, Sie fühlen sich wohl. Sie liegen am Strand und zählen 99, 98, 97, 96 …, spüren immer noch die Sonne, hören den Wind in den Palmen, das Meer rauscht … 94, 93, … Gleichzeitig natürlich. Und schon sind Sie in einem multidimensionalen Erleben.

Das schärft Ihre Sinne, das steigert Ihre natürliche Intelligenz. Natürlich ist das noch eine relativ einfache Übung. Ich möchte es jetzt ein bisschen schwieriger machen.

Eine Rose imaginieren und den Atem zählen

Eine der klassischen, mindestens 5000 Jahre alten Übungen zur Steigerung der Intelligenz des Bewusstseins machen wir jetzt: Schließen Sie die Augen und stellen Sie sich eine Rose vor. Versuchen Sie, diese Rose vor sich zu sehen, und halten Sie dieses Bild der Rose auf Ihrem geistigen Bildschirm fest, sehen Sie einfach nur diese Rose.

Das muss gar nicht so detailliert genau sein. Darauf kommt es nicht an. Es kommt nur darauf an, dass Sie ununterbrochen diese Rose vor sich sehen. Das ist natürlich noch leicht. Sie schauen einfach auf diese Rose.

(Wenn Sie damit Probleme haben: Vielleicht nehmen Sie dieses Bild rechts in sich auf und schließen dann die Augen:)

Die zweite Übung, die Sie jetzt damit verbinden – gleichzeitig: Sie zählen Ihre Atemzüge. Ganz normal. Nur einmal bis 20 Atemzüge. Also während Sie ununterbrochen diese Rose vor sich sehen, was ja ganz leicht ist, zählen Sie vielleicht beim Ausatmen bewusst EINS. Aber Sie sehen natürlich immer noch die Rose vor sich. Und Sie brauchen auch nicht besonders zu atmen, nur jedes Mal, wenn Sie ausatmen, zählen Sie wieder ZWEI. Und so weiter.

Und sobald Ihnen einen Moment die Rose weggerutscht ist, oder Sie nicht mehr wissen, bei welchem Atemzug Sie sind, müssen Sie wieder von vorn beginnen. Es gibt Leute, die haben monatelang probiert, bis sie nur einmal bis 20 gekommen sind.

Es sind zwei ganz einfache Dinge, die Sie sofort können. Das Besondere ist nur, sie gleichzeitig zu tun. Während Sie die Rose sehen – ununterbrochen –, zählen Sie Ihre Atemzüge. Und Sie rutschen raus, wenn Sie in den Verstand gehen. Das kontrolliert diese Übung. Sobald Sie nämlich in den Verstand gehen, können Sie nur eins von beiden machen. Dann ist entweder die Rose weg, oder Sie haben sich verzählt.

Wenn Sie aber bei Bewusstsein sind, ist das ganz leicht! Dann ist es eine Kinderübung. Das ist die effektivste und älteste Übung, die ich kenne, um sicher den Verstand zu überschreiten. Wenn Sie diese beiden Dinge gleichzeitig tun, haben Sie Ihren Verstand überschritten.

Ich muss gestehen, ich habe einige Jahre gebraucht, bis ich es geschafft habe. Und jetzt kann ich es nicht mehr verstehen, denn: Es ist so einfach – wie alles, wenn man es kann. Und so wird es auch für Sie irgendwann ganz einfach sein, und ich freue mich, dass ich nicht aufgegeben habe. Jetzt meine ich, es müsste jeder auf Anhieb können – vielleicht geht es ja auch wirklich.

Stellen Sie sich noch einmal vor: Sie nehmen eine Rose in die Hand. Und Sie sehen diese Rose mit geschlossenen Augen in Ihrer Hand. Und wenn Sie wollen, sehen Sie in die Rose die Zahlen hinein, jedes Mal, wenn Sie ausatmen, sehen Sie in der Rose die nächste Zahl. Jetzt erscheint es mir so kinderleicht, dass ich es nicht mehr verstehe, was da so lange Jahre schwierig für mich war. Und vielleicht hilft Ihnen das bei dieser Übung.

Denn sobald Sie diese beiden Dinge gleichzeitig tun – oder andere –, müssen Sie zuverlässig den Verstand überschritten haben. Der Verstand könnte nur „entweder – oder", und sobald Sie beides können, wissen Sie: Ich bin bei Bewusstsein. Zwar noch nicht optimal, aber immerhin. Ich habe den Verstand hinter mir, ich bin im Bewusstsein.

Finden Sie andere imaginative Übungen für sich, z.B. imaginatives Bergsteigen. Dabei kann man sehr gut seine Sinnestore öffnen, die Sinne aktivieren. Sie fühlen den Fels, Sie spüren den Wind, die Sonne. Sie hören die Vögel zwitschern. Sie riechen den Duft der Erde, der Blumen, des Grases. Sie können also alle Sinne aktivieren, während Sie ganz konzentriert – oder (wie soll ich sagen) konzentrativ (wir müssen also ein anderes Wort erfinden für diese Art der völlig entspannten Konzentration) … Und das geht sehr gut bei der Vorstellung des Bergsteigens.

Quelle: *Hörkassette „Der neue Manager", Kassette 3, Seite B*

Übung: Die Sinne schärfen

Für die Verstärkung Ihrer Imaginationskraft ist es wichtig, Ihre Sinne zu schärfen. Das heißt, wann immer Sie am Tag eine kleine Pause haben, lassen Sie Ihre Erinnerungen lebendig werden.

Machen wir es gleich praktisch. Erinnern Sie sich doch einmal an ein Ereignis, das heute Morgen passiert ist. Vielleicht wie der Tag begonnen hat. Gehen Sie doch noch einmal zurück in den Augenblick, in dem Sie heute Morgen aufgewacht sind.

Und jetzt können Sie sich entscheiden, erinnern Sie sich nicht, sondern erleben Sie es noch einmal. Das heißt: Stellen Sie sich vor, es ist wieder heute Morgen, und Sie wachen noch einmal auf. Und Sie erleben das Gleiche, wie es heute Morgen war. Erleben Sie noch einmal, wie Sie heute morgen aufgewacht sind. Prüfen Sie noch einmal, was Sie zuerst gemacht haben. Mit welchem Fuß sind Sie aus dem Bett gestiegen? Und was war dann? Haben Sie etwas angezogen? Sind Sie zur Toilette gegangen, ins Bad? Was haben Sie zuerst in die Hand genommen? Die Zahnbürste oder den Kamm? Oder haben Sie zuerst geduscht?

Aber nicht nachdenken! Das könnten Sie nämlich auch noch durch Nachdenken lösen, das würde Ihnen wahrscheinlich wieder einfallen. Nein, erleben Sie noch einmal den Beginn des Tages! Und erleben Sie den Unterschied. Denn vielleicht können Sie sich nicht mehr erinnern, ob Sie erst zur Zahnbürste gegriffen haben oder erst zum Kamm. Aber wenn Sie es erleben, wissen Sie es ja. Dann ist es wieder lebendig.

Oder was haben Sie zuerst am Frühstückstisch gemacht? Haben Sie das Messer in die Hand genommen, das Marmeladeglas aufgemacht, haben Sie erst Kaffee eingeschenkt, oder war es das schon? Und dann haben Sie Milch dazugegeben und Zucker oder nicht? Und wo haben Sie die Kanne hingestellt? Wie weit war sie entfernt von Ihrer Tasse? Jetzt überschreiten Sie schon den Verstand. Sie können sich an diese Vorgänge wahrscheinlich nicht mehr erinnern.

Aber wenn Sie es erleben, sehen Sie es ja wieder vor sich! Und diesen Schritt müssen wir vollziehen. Das meine ich mit „Sinne schärfen".

Das ist z.B. sehr praktisch, wenn Sie Ihren Schlüssel verlegt haben. Sie müssen dringend weg, und Sie finden den Schlüssel nicht. Jetzt können Sie nachdenken. Wo habe ich den denn gleich nochmal ... Heute Morgen hatte ich ihn ..., nein heute hatte ich ihn noch gar nicht, gestern Abend hatte ich ihn noch, ich meine, ich hätte ihn in die Tasche gesteckt. Das kann man vielleicht noch durch Nachdenken lösen.

Es ist viel einfacher, Sie kommen gar nicht erst in die Versuchung, Sie nehmen einfach wahr. Und erleben es noch einmal: Da hatte ich den Schlüssel noch – wie geht es jetzt weiter? Was mache ich denn jetzt mit dem Schlüssel? Sie gehen noch einmal in den Zeitpunkt, als Sie ihn hatten, und schauen, wie es weitergeht, und dann sehen Sie ja, wo Sie ihn hintun! Und dann holen Sie ihn dort. Denn dort ist er dann ja auch.

Sicher wird begreiflich, was ich meine, den Unterschied zwischen Nachdenken und Erleben lebendig werden zu lassen. Und so sollten wir ständig üben, unsere Sinne zu aktivieren.

Wir können z.B. noch einmal in die Kindheit zurückgehen: Versetzen Sie sich noch einmal in die Wohnung, in der Sie damals gelebt haben, oder in das Haus, in dem Sie waren, das Ihre Eltern hatten. Und tauchen Sie einmal in irgendeine kleine Szene ein. Es ist ganz gleich in welche Zeit, in welche Szene, wichtig ist nur, lassen Sie sie lebendig werden. Schauen Sie, was Sie anhaben, was Ihre Mutter an hat, wie die Möbel aussehen, mit welchem Spielzeug Sie spielen. Und spüren Sie noch mal Ihren kleinen Körper, wie leicht Sie sind, wie frei, wie gesund, wie unbekümmert. Das alles kann man nicht wirklich erinnern. Aber man kann es sofort wieder lebendig werden lassen.

Und versuchen Sie nicht nur die Dinge zu sehen, aktivieren Sie alle Sinne. Riechen Sie noch einmal, wie es dort gerochen hat. Und fühlen Sie noch einmal, wie sich Ihr Spielzeug anfühlt.

Und dann lassen Sie etwas geschehen, was noch nie geschehen ist.

Das heißt, fügen Sie der Realität etwas hinzu, was so nicht passiert ist. Es ist ganz gleich, was es ist. Wichtig ist, dass Sie ein Ereignis in Ihrer Phantasie schaffen und mit der gegebenen Realität verbinden. Sie wissen schon, worauf wir hinauswollen: So schafft man auch Zukunft.

Aber jetzt fügen wir diese Phantasie erst einmal zur Übung der Vergangenheit hinzu. Sie können z.B. jemandem einen besonderen Hut aufsetzen, den er noch nie getragen hat. Oder auch sich selbst – damit sind Sie gezwungen, Phantasie und Realität miteinander zu verbinden. Oder lassen Sie jemand etwas sagen, den Sie kennen, das er noch nie zu Ihnen gesagt hat.

Und das Gleiche könnten Sie jetzt in die Zukunft versetzen. Stellen Sie sich vor, derjenige sagt etwas in Zukunft zu Ihnen. Dann hätten Sie in der Phantasie einen erwünschten Endzustand erschaffen. Und wenn Sie davon überzeugt sind, dass es geschieht, haben Sie gerade eine Ursache gesetzt. Und Sie erleben es in einiger Zeit.

Oder viel handfester, wenn Ihnen das zu fantastisch erscheint: Machen wir es ganz praktisch. Sie haben einen Kunden, der schon lange die Rechnung nicht bezahlt hat. Und Sie haben schon ein paar Mal gemahnt und alles Mögliche unternommen, oder Sie haben jemandem Geld geliehen, und es wäre Ihnen sehr recht, wenn in der nächsten Woche die Zahlung einginge.

Lassen Sie jetzt einmal in Ihrer Phantasie diese Zahlung eingehen. Der Freund kommt, gibt Ihnen das Darlehen zurück – oder der Kunde schickt einen Scheck. Aber jetzt bitte so, wie wir es eben gemacht haben, nicht daran denken, sondern sich die Szene lebendig vorstellen. So wie Sie den heutigen Tag erlebt haben, so erleben Sie einmal das, was noch nicht geschehen ist, erleben Sie auch einmal Ihre Reaktion, wie Sie sich freuen, wenn dieser Betrag eingeht, wenn diese Rechnung bezahlt ist oder wenn irgendeine andere Verpflichtung erfüllt wird, wie dankbar und froh Sie sind.

Versetzen Sie sich also ganz lebendig in die Situation des erfüllten Wunsches. Spüren Sie diese Energie, wie angenehm es ist.

Bejahen Sie es innerlich, prüfen Sie es, ob es Ihnen natürlich erscheint, dass es geschieht. Und indem Sie es innerlich bejahen, akzeptieren Sie es als Überzeugung. Und damit wird es zur Ursache.

Quelle: *Hörkassette „Der neue Manager", Kassette 3, Seite A*

Sieben Schritte zum Gedanken-Laser

Eine gute Zusammenfassung für die Optimierung der Gedanken als Schöpfungsakt sind die sieben Schritte des Gedanken-Lasers.

Ein Laser ist gebündeltes Licht mit konzentrierter Kraft. Die Bestandteile der Lichtwellen sind aufeinander abgestimmt und verstärken sich gegenseitig.

Der erste Schritt: Zielklarheit

Den erwünschten Endzustand klar definieren und bildhaft vorstellen. Das ist mein Ziel! Viele Menschen erreichen ein Ziel nicht, weil sie keines haben. Es ist also der erste Schritt, dass ich mir ein klares Ziel schaffe.

Der zweite Schritt: Wort, Schrift, Gefühl bündeln

Am Besten Sie beginnen mit dem Bild. Sie stellen sich den erwünschten Endzustand bildlich vor, formulieren die Situation verbal „Ich werde ... Abteilungsleiter, Direktor, gesund, glücklich – was auch immer!" Und dann erfülle ich das Bild mit einem starken Gefühl, einem Gefühl der Freude, der Dankbarkeit. Also Wort, Bild und Aufatmen müssen eins sein.

Der dritte Schritt: Selbst-Identifikation

Ich mache mir bewusst, wer ich bin, gehe so in die Vollmacht, erlebe mich als Schöpfer in der Vollmacht, das zu verwirklichen, was ich mir gerade vorgestellt habe.

Der vierte Schritt: Ich fühle mich wert

Ich glaube, Erfüllung JETZT zu erhalten. Ich schließe also aus, dass ich es selber verhindere, indem ich sage: Ja, das wäre ja schön, das hätte ich gerne, aber es liegt außerhalb meiner Reichweite. Ich sorge dafür, dass ich es auch glauben kann.

Der fünfte Schritt: Identifikation mit dem Ziel

Ich nehme den erwünschten Endzustand in Besitz, indem ich mich mit dem Ziel verbinde, ich trete in diesen Zustand ein. Ich erlebe mich in der Erfüllung. Wenn ich diesen Schritt nicht schaffe, kann ich alles vergessen, kann es nicht gehen. Ich habe es mir selbst versagt.

Sechster Schritt: Die Energie des erfüllten Wunsches schaffen und halten

Das heißt, dieser sechste Schritt ist nur indirekt erforderlich. Er ist erforderlich, damit keine Hindernisse auftreten.

Wann immer ich an das Ziel denke, muss ich es in der Gegenwart halten. Ich darf es nicht wieder zum Wunsch machen: „Ach, das wäre schön, wenn ich befördert würde, dieses Mal endlich …" Schon habe ich mich getrennt. Sondern jedes Mal, wenn ich daran denke, muss ich mich wieder freuen und sagen: „Ja, das ist toll, dass das jetzt auch wieder auf mich zukommt, dass das verwirklicht ist, dass es verursacht ist, dass das geschieht. Da bin ich sehr froh, dass ich das gemacht habe, dass das erledigt ist, dass ich das erreicht habe …" Ich muss das Ziel also ständig in der Gegenwart haben. Ich muss nicht dauernd daran denken. Ich muss nicht daran arbeiten, ich darf es nur nicht wieder „abbestellen".

Und wenn ich schon daran denke, dann in der Präsensform: jetzt, ich habe, es ist, ich bin, …

Und der siebte Schritt: Loslassen

Ich muss irgendwann diesen Gedanken loslassen. Wenn der Bauer das Saatgut nicht hergibt, kann es nicht aufgehen: Er geht über den Acker und zeigt es dem Acker nur: „Hier hätte ich …, ja ich könnte …" Ein solches Verhalten nützt nichts. Aber ich säe, lasse los und sage: o.k., ist erledigt. Das war es! Das kommt jetzt auf mich zu.

Erst wenn Sie losgelassen haben, kann das Ziel erreicht werden.

Das Acht-Tage-Programm

Was möchten Sie in den nächsten acht Tagen ganz bewusst erreichen?

Und wir gehen die Schritte durch.

- [ ] Ich stelle mir vor, wie der erwünschte Endzustand aussieht. Ich entscheide mich für eine Sache und sage: So soll es sein. Ich bringe mich in Resonanz mit dem Ziel, indem ich mich in die Situation des erwünschten Zustandes versetze.
- [ ] Ich erlebe mich in einem kleinen inneren Film mit allen Sinnen in der Situation: Ich habe es erreicht. Ich bin am Ziel. Es ist geschehen. Es ist vollbracht. Und ich erlebe also, wie ich mich in der Erfüllung am Ziel fühle. Es passt zu mir!
- [ ] Diese Energie des erfüllten Wunsches halte ich jetzt mit Freude und Dankbarkeit aufrecht. Ich stelle mir vor, ich habe es erreicht, endlich hat es geklappt. Wunderbar! Sie bleiben in dieser Energie und lassen diese Energie bestehen.
- [ ] Und wann immer Ihnen jetzt in den nächsten Tagen es einfällt, denken Sie vom Ziel aus. Denken Sie sofort wieder: Ach ja, das habe ich ja auch erreicht. Ach das ist ja gut, dass das jetzt in Erscheinung tritt. Das ist endlich auch geschafft, das freut mich. Also Sie bleiben beharrlich am Ziel.
- [ ] Gehen Sie nicht wieder zurück in den Mangel und sagen, hoffentlich klappt das, das wäre … Dann können Sie es vergessen.
- [ ] Sie brauchen nur **den erwünschten Endzustand, die Identifikation,** in die Sie hereinschlüpfen, die Sie anprobieren, sich am Ziel erleben, diese Energie aufrechterhalten und neu aktivieren, wann immer Sie daran denken. Das ist alles. Sie erinnern sich so sicher und gewiss an Ihre Zukunft, als sei es bereits in der Vergangenheit geschehen.
- [ ] Lassen Sie sich von keiner Prüfung irritieren. Tritt eine Prüfung in Erscheinung, nehmen Sie diese Energie, um Ihre innere Gewissheit noch mehr zu stärken: Habe ich also auch diese Prüfung gemeistert!

Durch intuitives Wahrnehmen kreativ und fehlerfrei wirken

„Die großen Probleme werden meistens nicht durch Nachdenken gelöst, sondern durch einen Einfall. Und dazu müssen wir bereit sein."

Kernthesen

Die logische Methode des Verstandes und die herkömmliche Art des Erkennens der Wirklichkeit sind fehlerhaft und begrenzt. Ihre Zeit geht zu Ende.

Wir brauchen die Intuition als Werkzeug der Zukunft. Ihre Ergebnisse sind absolut frei von Irrtümern.

Wer heute nicht lernt, das Instrument der Intuition zu nutzen, wird schon sehr bald nichts mehr zu sagen haben, auf den wird man nicht mehr hören können.

Vom Denken zur Wahrnehmung, vom Verstand zur Intuition

„Denken" ist auch wieder ein Wort, das wir neu definieren müssen. Ich habe nur noch kein neues. Unsere Sprache gibt dafür nichts her. Wir ersetzen es einmal vorläufig durch „wahrnehmen".

Das ist etwas ganz anderes. Denken ist: Ich stelle mir einmal vor, wie aufgrund meiner Erfahrung die Zukunft aussehen wird. Wahrnehmen ist: Ich schaue hin, wie sie aufgrund der bisher gesetzten Ursachen aussehen würde, wenn ich diese Ursachen nicht verändere, wenn ich sie einfach so akzeptiere, wie sie sind. Ich brauche nicht hochzurechnen, ich kann wahrnehmen: Das sind die gesetzten Ursachen.

Nehmen wir einen Vergleich: Wenn ich nicht weiß, was in einem Blumentopf wachsen wird, schaue ich nach, welche

Samen gesetzt wurden. Dann sehe ich es ja! Es ist noch nichts gewachsen, aber ich weiß ganz sicher: Da wächst diese und jene Pflanze! Das kann ich an den Ursachen erkennen. Und genauso kann ich an den Ursachen auch die noch nicht in Erscheinung getretene Zukunft erkennen, wenn ich wahrnehmen kann. Bei Bewusstsein ist das Wahrnehmen sehr einfach. Das Instrument dazu ist Intuition.

Die Schwierigkeit ist, dass der Verstand kaum eine Chance hat, in Kontakt mit der Intuition zu kommen. Deswegen nennen wir auch alles Mögliche Intuition: „Ich habe so ein Gefühl dafür …, ich habe ein Näschen, … ein Kribbeln im Magen oder einen Einfall." Aber das ist sehr oft doch nur eine Überlegung, kommt aus dem Verstand und nicht aus der Intuition. Wir müssen zwischen wirklicher Intuition und als Intuition verkleidetem Verstand oder Gefühl unterscheiden lernen!

Durch sein ständiges Denken (der „innere Dialog") blockiert der Verstand die Leitung für den Empfang von Intuition. Und deswegen – Sie brauchen nur einmal die Geschichte der großen Entdeckungen anzuschauen – werden die wesentlichen Erfindungen nicht in der Firma gemacht, sondern in der Freizeit. Irgendwann, wenn man unter der Dusche steht oder Golf spielt oder mit dem Fahrrad durch die Gegend fährt, irgendwann, wenn man gerade nicht denkt, in einem glücklichen Augenblick sozusagen (es ist ja meistens nur ein Augenblick) ist die Leitung frei, und eine Intuition kann uns erreichen.

Und eine solche Inspiration passiert dann vielleicht einmal im Jahr. Und dann hatten wir einen wirklich guten Einfall. Und die meisten sind schon ganz glücklich damit, dass ihnen überhaupt etwas eingefallen ist, dass sie nicht nur alles selber ausdenken müssen.

Das Denken basiert ja auf unseren Erfahrungen, also den Ereignissen der Vergangenheit. Das Denken kann sich nicht wirklich über die Vergangenheit erheben.

Natürlich können wir phantasieren, unserer Phantasie freien Lauf lassen. Das ist schon ein Anfang, aber der Verstand ruft uns dann sofort zur Ordnung, ruft die Phantasie zurück und sagt: „Wir wollen mal auf dem Boden der Tatsachen bleiben." Und damit sind wir wieder in der Vergangenheit. Und damit schaffen wir wieder die Zukunft aus diesen Erfahrungen der Vergangenheit.

Das Werkzeug Intuition

Der entscheidende Schritt zur Intuition ist der Schritt in die Selbst-Identifikation. Dadurch können wir dieses Instrument Intuition permanent nutzbar machen. Wir wollen erreichen, dass Sie nicht nur dafür sorgen, dass Ihnen gelegentlich etwas einfällt, sondern hundertmal öfter als bisher. Das wäre zwar schon wünschenswert, aber das wäre mir viel zu wenig.

Ich möchte mit Ihnen erreichen, dass Sie ständig für Intuition auf Empfang bleiben, ständig. Und mehr noch, dass Sie sich ganz gezielt etwas einfallen lassen können, dass Sie die Fähigkeit erwerben zu – ich nenne es – intuitieren: dass Sie die Lösung einer Aufgabe, die Antwort auf eine Frage intuitiv wahrnehmen können, ständig. Das hat einen großen Vorteil.

Sie machen keine Fehler. Denn **Intuition ist absolut zuverlässig.**

Wenn Sie sich danach richten, wenn Sie Ihrer Intuition folgen, haben Sie die innere Gewissheit: Das stimmt! Und es stimmt nicht nur für Sie, es stimmt auch für den anderen und es stimmt auch in Zukunft.

Und Gott sei Dank haben inzwischen einige Firmen den Mut, danach zu handeln, die unsichtbare Kraft des Managements zu nutzen.

Ich berate einige Firmen, bei denen die Mutigen nach großen Diskussionen im Vorstand allmählich ein Übergewicht bekamen und sich für intuitives Management durchgesetzt haben.

So z. B. auch bei einer Automobilfirma vor sechs Jahren, in der damals die Präsentation eines Zukunftsmodells im Vorstand heftige Kontroversen auslöste.

Es war intuitiv alles richtig. Die Intuition sagte ganz klar: Dieses Modell wird großen Widerspruch hervorrufen. Es werden endlose Diskussionen sein, ob diese Form gelungen oder misslungen ist. Aber es wird sich zeigen, dass der Umsatz stimmt und dass das Produkt heute vom Markt akzeptiert wird. Und das vor sechs Jahren.

Diese zukünftige Marktakzeptanz beispielsweise, kann der beste Computer Ihnen nicht ausrechnen. Er kann nur Wahrscheinlichkeiten geben. Doch je weiter es in die Zukunft geht, desto größer sind die Streuung und die Fehlerquote. Die Intuition (wenn Sie präzise Fragen stellen und intuitieren lernen) kann Ihnen genau sagen: Dieses Produkt ist revolutionär, und es wird nach einer kurzen Phase der Verzögerung vom Markt voll akzeptiert, und wir sind als Hersteller etabliert.

Sich auf so etwas „Unzuverlässiges" einzulassen war natürlich den Verstandesmenschen im Vorstand ein ungeheures Risiko. Gott sei Dank haben sich die Mutigen durchgesetzt und es kam genau so, wie intuitiv erwartet. Man war verblüfft, man hielt sich zunächst zurück, aber dann war es nicht mehr aufzuhalten. Der Erfolg gab allen Recht. Heute ist es dort selbstverständlich zu „intuitieren". Die Weichen für die Zukunft sind gestellt, man vertraut jetzt in der obersten Etage der Intuition. Das ist ein gewaltiger Wettbewerbsvorteil für die Zukunft.

Das heißt, wir brauchen die Selbst-Identifikation: Ich muss gerade als führende Kraft erkennen, wer ich wirklich bin. Ich kann nicht mehr aus meiner bisherigen Position, meinem Namen, meiner Persönlichkeit heraus handeln, denn das sind nur meine Werkzeuge. Das bin ich nicht in Wirklichkeit. Diese Werkzeuge jedoch kann ich frei wählen. Sie können sogar Ihre Persönlichkeit verändern, denn Sie sind Bewusstsein.

Und als dieses Bewusstsein sollten Sie Ihren Platz ausfüllen, Ihre Firma leiten oder Ihren Managementbereich. Und immer in dieser Identifikation bleiben. Denn dann schauen Sie aus einem anderen Blickwinkel auf die Wirklichkeit, als wenn Sie als Verstand die Situation nur oberflächlich prüften.

> Der **Verstand** sieht, was oberflächlich ist, das **Bewusstsein** nimmt wahr, was wirklich wird.

Dieser Schritt zur Wahrnehmung bedingt auch, dass Sie sich nie wieder als Opfer zu fühlen. Sie sind z.B. in der Opferrolle, wenn Sie sich nach den Umständen richten, den „Marktgegebenheiten", wenn Sie versuchen, aus den gegebenen Umständen „das Beste zu machen". Dann bleiben Sie im Gefängnis der Gegebenheiten. Diese Gegebenheiten sind aber gar nicht „gegeben". Es ist nur der derzeitige Stand der Realität. Diese Gegebenheiten warten darauf und sind jederzeit bereit, geändert zu werden. Und das ist Ihr Job!

Das kann ich aber nicht als Verstand. Das muss ich als Bewusstsein tun. Verändern der „Gegebenheit" geschieht immer über das bewusste Setzen von Ursachen, über die Wahl der Überzeugung.

Das Selbstbild optimieren

Wir könnten gleich eine entscheidende Überzeugungsänderung vornehmen, indem Sie sich einmal bewusst machen, welches Selbstbild Sie derzeit haben. Seien Sie ehrlich mit sich selbst:

> **Was halten Sie von sich?**

Machen Sie sich das einfach bewusst: Für wie tüchtig halten Sie sich, für wie intelligent? Wenn wir einmal 100 als absolut vollkommene Intelligenz halten, wie viel Prozent geben Sie sich? Wie viel Prozent Ehrlichkeit, Dynamik, Gesundheit … betrachten Sie einfach verschiedene Aspekte.

Machen Sie sich einfach einmal bewusst, welche Meinung Sie in den verschiedenen Aspekten von sich haben. Und machen Sie sich dann einmal die zu Grunde liegenden Überzeugungen bewusst.

Wenn Sie jetzt z.B. noch ganz gesund sind: Wie, glauben Sie, wird das in Zukunft sein? Die meisten Menschen haben nämlich die transparente Überzeugung, mit zunehmendem Alter kann man von seinem Körper immer weniger erwarten. Und dann lassen sich natürlich Krankheiten nicht mehr vermeiden. Aber Sie könnten jetzt eine geeignete Zukunftsüberzeugung für Ihre Gesundheit wählen. Wie geht es mit Ihrer Gesundheit in diesem Leben weiter?

Prüfen Sie, welche Überzeugungen Sie zu Ihrer Gesundheit in Zukunft haben, und wählen Sie jetzt eine Überzeugung, die Ihnen wirklich gefällt.

Oder ein ähnlichen Bereich: Welcher Überzeugung sind Sie, wie alt Sie werden, in welchem Alter Sie sterben? Die meisten verdrängen das. Und wenn man sie danach fragt, dann hört man: „Na, das hat doch wohl noch ein bisschen Zeit!" Aber nur Ihre Überzeugung bestimmt, was geschieht. Sie könnten sie jetzt ändern! Wie wäre es, wenn Sie die Überzeugung wählen würden –, ganz gleich wann Sie gehen wollen –, dass Sie bis an Ihr Lebensende gesund bleiben!

Vielleicht denken Sie: „Oh, das wäre schön!" Und schon sind Sie wieder in der Opferrolle! Als ob Sie keinen Einfluss darauf nehmen könnten, als ob das irgendein Zufall oder irgendwer verursachen würde. Ich verspreche Ihnen, es ist niemand da. Sie alleine entscheiden über Ihre Zukunft!

> Sie sollten sich heute noch die Zeit nehmen und eine lange Liste **Ihrer Kernüberzeugungen** in den einzelnen Bereichen aufstellen: Was denke ich über Gesundheit? Was denke ich über Erfolg? Über Geld? Über die Zukunft in diesen Bereichen?

Wie wird die Zukunft? Die nahe Zukunft wird sehr turbulent. Die nächsten fünf Jahre werden aus meiner Sicht faszinierend. Für viele natürlich aus ihrer Sicht äußerst schwierig. „Wir stehen vor äußerst schwierigen Zeiten.", lesen wir immer wieder. Aber was machen solche „Prophezeiungen", wenn Sie Ihre individuelle Zukunft gestalten? Dann spielt es keine Rolle, wie die Leute die Zeiten nennen, in denen sie leben. Sie bestimmen, wie Sie selbst, Ihre Firma, Ihre Partnerschaft oder was auch immer – sich in Zukunft weiterentwickeln.

Prüfen Sie Ihren Glaubenssatz: Wie, glauben Sie, wird sich Ihre Firma oder Ihre Position in der Firma in den nächsten fünf Jahren entwickeln?

Wenn Sie sich ehrlich darauf antworten, dann wissen Sie gerade, wie Ihre Zukunft aussieht. Wenn Sie jedoch nur aufschreiben, was Sie gerne hätten (also innerhalb von fünf Jahren – sagen wir mal – Umsatzsteigerung um 100 %, eine Vergrößerung der Firma um das und das), dann sind das vielleicht Wünsche, aber was glauben Sie?

> Ich betone immer wieder und aus jeder Perspektive: Sie bekommen vom Leben nicht das, was Sie sich wünschen. Sie bekommen auch nicht das, was Sie ganz dringend brauchen oder Sie gerne hätten. **Sie bekommen das, wovon Sie überzeugt sind.**

Ihre Überzeugung ist das Dia im Projektor Zukunft. Und die Leinwand ist die Realität im Außen, da tritt das projizierte Bild dann in Erscheinung. Aber dieses Dia Überzeugung können Sie jederzeit ändern. Sie nehmen es heraus und stecken ein anderes herein.

Das kann der Verstand nicht. Das kann nur Bewusstsein. Das Bewusstsein kann seine eigenen Inhalte bestimmen. So könnten Sie jetzt Ihre individuelle Zukunft bestimmen. Sie bestimmen es über die Wahl Ihrer Überzeugung.

Dabei nützt es nichts, sich etwas einzureden, wenn Sie es nicht glauben. Die eine Möglichkeit: Bleiben Sie innerhalb der Grenzen Ihres Glaubens und sagen sich: „Ich werde in Zukunft kaum einmal krank." Und bestätigen sich: Das kann ich glauben! Also nur noch vollkommen gesund sein – meine ich – kann man doch nicht.

Oder aber Sie ändern jetzt die Grenzen Ihres Glaubens, indem Sie sagen: Ich Bewusstsein kann nicht krank werden! Bewusstsein wird nicht krank. Ich bin Bewusstsein, also werde ich nicht krank.

Da ich als Bewusstsein diesen Körper bewohne, spiegelt der Körper meine feste Überzeugung wider. Dann haben Sie sich von diesem erweiterten Glauben überzeugt und dann haben Sie Krankheit eliminiert. Das ist eine sehr hilfreiche Überzeugung, die Ihr Leben schon grundlegend verändern dürfte!

Wenn Sie in diesem Punkt Ihre Überzeugung grundlegend auf Gesundheit einstellen können, dann haben Sie an diesem Beispiel Ihr Selbstbild schon erheblich verbessert. Und so sollten Sie Ihre Überzeugungen in allen Bereichen optimieren.

Machen wir uns bewusst und fassen wir noch einmal zusammen, worum es geht: Wir können intuitive Führung (die Führung aus der Zukunft in die Zukunft) nur erreichen, wenn wir uns vorbereiten. Das heißt also, Ihr Bewusstsein zu öffnen. Und solange Sie noch im Verstand sind, können wir Intuition nicht erreichen.

Der wichtigste Schritt zur Intuition ist die Selbst-Identifikation. Sie erkennen, wer Sie wirklich sind, denn erst im Bewusstsein können Sie ständig auf Empfang bleiben.

Dabei kann auch unser mangelbehaftetes Selbstbild ein Hindernis auf dem Weg zur Intuition sein. Wir können uns aber durch die Optimierung unseres Selbstbildes resonanzfähig für Intuition machen. Das geschieht durch bewusste Wahl unserer Überzeugungen.

So kommen wir allmählich vom Denken zum Wahrnehmen. Denn entgegen allen Überzeugungen des Ichs verhindert Nachdenken eher ein positives Ergebnis bei der Lösungssuche.

> **Die großen Probleme werden meistens nicht durch Nachdenken gelöst, sondern durch einen Einfall.** Und dazu müssen wir bereit sein. Das ist der nächste praktische Schritt: Wenn wir vor einer Aufgabe, vor einer Frage stehen, diese nicht mehr mit Nachdenken anzugehen, sondern durch Bewusstsein und sich im Bewusstsein die Lösung einfallen zu lassen.

Inspiration: Sich gezielt etwas einfallen lassen

Sie können sich ganz gezielt etwas einfallen lassen. Sie müssen nur dafür sogen, dass „die Leitung frei" ist. Ich habe Ihnen Schritt für Schritt gezeigt, wie man die Leitung frei macht, wie man den Kontakt herstellt, wie man sich gezielt etwas einfallen lässt.

Was im MIND-Management zu trainieren ist, ist, die Aufmerksamkeit auf einen Punkt gerichtet zu halten: meine Frage, meine Aufgabe oder der Weg zum erwünschten Endzustand. Ich wiederhole so lange die Frage oder die Aufgabe in mir, bis ich mein Bewusstsein darauf gerichtet halte, bis ich die ganze Lösung erfasst habe, bis ich mir die Antwort bewusst gemacht habe. Es liegt jedoch nicht an der Intuition, wenn es Zeit dauert, bis sie mir bewusst geworden ist.

> **Intuition geschieht in Nullzeit,** in Punktzeit. Es dauert manchmal, bis ich verstanden habe, bis ich erfasst habe, was mir da eingefallen ist.

Es ist ungefähr so, als wenn Sie eine Frage stellen und Sie würden vom lieben Gott per Post sofort eine Antwort bekommen. Im gleichen Augenblick, in der Sie die Frage stellen, hören Sie den Postkasten schon klappern. Der Brief ist also schon angekommen, aber Sie haben ihn noch nicht gelesen, Sie wissen noch nicht, was drin steht. Es braucht noch einige Zeit, bis Sie ihn aufgemacht haben, bis Sie ihn gelesen haben, bis Sie ihn verstanden haben.

Intuition geschieht immer sofort. Was wir anfangs ein bisschen üben müssen, ist die Wahrnehmung der Wahrnehmung, dass ich mir bewusst mache, was mir jetzt eingefallen ist.

Intuition gezielt auslösen

Dazu noch eine hilfreiche Übung: Viele Menschen nutzen heute ein Handy. Vielleicht können wir das als Trigger nehmen, als Auslöser, uns ein geistiges Handy schaffen und imaginieren, ein Intuitions-Handy, mit dem wir die Intuition gezielt anrufen können. Das können Sie gleich praktisch vollziehen.

Stellen Sie sich also vor, Sie haben Ihr normales Handy, aber Sie haben eine Geheimnummer: „Direkt durchwählen zur Intuition, zum allumfassenden Informationsfeld." Irgendeine Nummer, die Sie sonst nicht wählen, zehn Mal die Null oder was auch immer. Nehmen Sie also einen ganz bestimmten Auslöser, den Sie beibehalten, sodass Ihr Unterbewusstsein, Ihr Bewusstsein, Ihr Verstand wissen: Jetzt nehmen wir Kontakt mit der Intuition auf.

Probieren Sie es einfach einmal aus! Stellen Sie sich vor, Sie haben Ihr Handy, Sie haben die Geheimnummer und Sie haben eine Frage oder eine Situation, die Sie lösen wollen. Sie wählen diese Nummer, halten das Handy an Ihr Ohr und stellen Ihre Frage. Und jetzt achten Sie darauf, was Ihnen die Intuition antwortet.

Und auch hierbei halten Sie die Aufmerksamkeit auf die Antwort gerichtet. Bleiben Sie dran, bis Sie verstanden haben. Das ist ein möglicher und einfacher Weg zur Intuition.

Machen wir es noch etwas konkreter: Ich suche eine neue Stelle, ich möchte mich verbessern. Meine Frage ist also: Wie finde ich für mich jetzt die richtige Stelle? Welche Schritte sind zu tun, damit ich jetzt die richtige Stelle finde?

Ich mache mir immer nur diese eine Frage bewusst – und lasse mir wieder ein paar Sekunden Zeit. Ich denke nicht darüber nach. Das hat keinen Sinn. Ich halte nur meine Aufmerksamkeit gerichtet, d.h.: Ich schaue hin, ich höre hin, ich nehme wahr, was jetzt kommt. Und wenn wirklich ein störender Gedanke kommen sollte, sage ich: „Jetzt nicht, jetzt nehme ich wahr!"

Diese konzentrative Aufmerksamkeit ist so, als wenn Sie im Konzert sitzen und die Musik hören. Sie denken nicht über die Musik nach. Sie halten Ihre Aufmerksamkeit auf das Konzert gerichtet. Sie denken nicht: Jetzt müsste gleich der Geiger einsetzen, ich glaube der war eine Spur zu schnell. Sie analysieren nicht, was da geschieht. Das sind beim Musikgenuss störende Gedanken. Sie lassen die Musik wirken, Sie nehmen wahr. Es kann sein, dass Ihnen einmal ein störender Gedanke kommt, aber den lassen Sie sofort wieder los.

Versetzen Sie sich also in diese Energie: Sie sitzen im Konzert und Sie nehmen wahr. Sie sitzen in der Intuition und nehmen wahr. Genauso konzentrativ entspannt wie im Konzert nehmen Sie wahr, was die Intuition (über das imaginierte Handy) zu Ihrer Frage zu sagen hat.

Um den Empfang der Intuition, den Einfall zu unterstützen, sollten Sie eine Reihe von hilfreichen Gewohnheiten annehmen.

Eine Gewohnheit ist, jeden Tag erst zu beginnen, wenn Sie ganz zu Bewusstsein gekommen sind. Das heißt, jeden Morgen zehn Minuten früher aufwachen und sich erst einmal bewusst machen: Wer bin ich und was bin ich alles nicht. Ich bin Bewusstsein. Das andere sind meine Werkzeuge, meine Aspekte. Und erst wenn Sie über sich hinausgewachsen sind, angeschlossen an die eine Kraft, eingetaucht in das Informationsfeld – erst dann beginnen Sie Ihren Tag.

Das ist eine hilfreiche Gewohnheit.

Eine andere ist, sich mehrmals am Tag an Ihre Identifikation zu erinnern. Sie können irgendwelche Auslöser zum Anlass nehmen. Zum Beispiel wenn das Telefon klingelt, dann lassen Sie es erst klingeln, zwei, drei Mal. Erst machen Sie sich bewusst: Bin ich auch ganz da? Da will mich jemand sprechen, mich SELBST. Bin ich selbst da oder bin ich wieder im Verstand, in der Persönlichkeit? Also richte ich bei jedem Läuten des Telefons mein Bewusstsein aus, und dann erst gehe ich ans Telefon.

Oder legen Sie jedes Mal, wenn Sie eine Arbeit abgeschlossen haben und bevor Sie eine neue beginnen, eine Besinnungsminute ein. Und machen Sie sich immer wieder bewusst, wer Sie sind. Gehen Sie bewusst in die Wahrnehmung, seinen Sie ganz präsent. Und erst wenn Sie wieder im Einklang mit sich sind, beginnen Sie mit der neuen Arbeit.

Und abends machen Sie es genau so: Schlafen Sie erst ein, wenn Sie wieder ganz bei Bewusstsein sind. Sie haben ja Zeit. Also gehen Sie wieder durch die einzelnen Stufen:

- Sie machen sich Ihre Mitte bewusst,
- lassen Ihr Bewusstseinsfeld weit über den Körper hinaus werden
- und wachsen so über sich hinaus,
- schließen sich an die eine Kraft an,
- tauchen ein in das Informationsfeld des Allbewusstseins,
- sind ganz präsent und schlafen ein.

Das wären so die Mindestanforderungen an neuen Gewohnheiten, wenn Sie aus der Intuition leben wollen. Und denken Sie immer daran:

> **Die Intuition stellt sich am leichtesten ein, wenn man keine Erwartungen hat und keine Vermutungen anstellt.**

Also denken Sie nicht darüber nach, wie das Ergebnis wohl aussehen mag, was könnte meine Intuition gleich sagen und so weiter. Denn wenn Sie Erwartungen haben, si[nd Sie] wieder im Verstand und verschließen die Tür zur [Intuition]. Dann passiert wieder nichts.

Kanäle der Intuition

Am Anfang werden diejenigen empfangenen Informationen wahrscheinlich richtig sein, die sich als Bilder, als Farben, als Gefühl zeigen. Bei mir ist es eine innere Gewissheit. Das heißt, es wäre gut, wenn Sie einmal herausfinden, welcher Intuitionstyp Sie sind, auf welchem Kanal Sie für Intuition am empfänglichsten sind.

Wenn Sie ein visueller Typ sind, dann stellen Sie sich Ihre Wirbelsäule als offenen Kanal vor, über den die gewünschte Information intuitiv einfließt. Stellen Sie sich vor, dass Sie auf diese Weise ein Teil des universellen Informationsfeldes des Allbewusstseins ständig erfüllt und alle Informationen enthält, die Sie brauchen. Mit einem solchen Bild haben Sie auch imaginativ Intuition in sich. Sie können sich so bildhaft vorstellen, dass Sie ständig von Intuition erfüllt sind.

Als visueller Typ imaginieren Sie also: Ihre Wirbelsäule ist ein Kanal, der ständig in Kontakt mit der Intuition ist. Ihre Intuition drückt sich dann in Bildern aus. Sie sehen das Ergebnis der Intuition bildhaft vor sich. Das wird bei den meisten der Fall sein.

Damit aber kein Missverständnis aufkommt:

> Ganz gleich welcher Intuitionstyp Sie sind, **Intuition geschieht ständig** auf allen Frequenzen. Sie empfangen am Anfang des Intuitions-Trainings nur besser auf der einen oder anderen.

Deswegen ist es anfangs gut, dass Sie sich auf eine bestimmte Frequenz einstellen, auf die, die Ihnen am Besten liegt. Und erst dann allmählich erschließen Sie sich alle anderen Frequenzen.

Wenn Sie ein auditiver Typ sind, dann lauschen Sie nach innen auf die leise Stimme der Intuition, die durch Ihre Hinwendung immer lauter und vernehmbarer wird. Und machen Sie sich dabei auch die besonderen Eigenheiten dieser Stimme bewusst, damit Sie sie von anderen Stimmen sicher unterscheiden können.

Wir können diese Art Wahrnehmung wieder praktisch durchführen. Sie können prüfen, ob Sie ein auditiver Typ sind, ob Ihnen diese Art liegt oder auf welcher Frequenz Intuition ankommt.

Sie kennen vielleicht den kosmischen Ton. Sie nennen ihn möglicherweise anders, aber wenn Sie still sind und nichts tun, sich nicht bewegen, dann wird Ihnen ein ganz hoher Ton mitten in Ihrem Kopf bewusst, nicht im Ohr, er ist mitten im Kopf.

Hören Sie weiter auf diesen Ton und parken Sie einmal Ihre Zungenspitze senkrecht nach oben am Gaumen. Da finden Sie einen Punkt, bei dem dieser Ton deutlicher wird, bei dem Sie leichter mit Ihrer Intuition in Kontakt kommen. Also die Zunge einfach am Gaumen hochrutschen lassen bis die Zungenspitze ungefähr senkrecht oben ist. Und dann spüren Sie auf einmal – wenn Sie mit der Zunge ein bisschen hin und her fahren – wo dieser Punkt der höchsten Sensibilität ist. Ihr Kopf wird viel weiter, öffnet sich nach oben, und Sie sind sofort in Kontakt, wenn Sie also die Zungenspitze nach oben in Kontakt halten und auf diesen kosmischen leisen Ton hören.

Wenn Sie also ein auditiver Typ sind, dann empfangen Sie Intuition als innere Stimme. Dann hören Sie die Botschaft.

Wenn Sie ein haptischer Typ sind – also jemand, der etwas tut und hantieren muss, dann lenken Sie Ihre Aufmerksamkeit in die Hände und Finger. Spüren Sie bewusst Ihre Füße auf dem Boden, nehmen Sie im Körper jede Veränderung wahr. Und dann erscheint Intuition als verändertes Körperbefinden, eine Veränderung der Körperenergie. Das Ergebnis ist, dass Sie im Körper spüren, ob Sie sich bei einer Frage wohler oder schlechter fühlen als vorher.

Probieren wir auch das wieder aus. Machen Sie sich einfach nur mal Ihr Körperbefinden bewusst. Also spüren Sie einmal Ihren Körper von innen. Machen Sie sich bewusst, wie er sich gerade fühlt. Und dann stellen Sie mal eine Frage: Soll ich die Stelle in Berlin annehmen, oder sollen wir nach Zürich ziehen, oder was Sie auch immer interessieren mag. Und während Sie diese Frage ein paar Mal wiederholen, spüren Sie einmal, wie sich Ihr Körper dabei fühlt. Ob Sie sich besser fühlen oder schlechter, ob es also ein angenehmeres Gefühl ist oder nicht.

Und so wird für den haptischen Menschen das Körperbefinden zum Anzeigeinstrument: Ja oder nein, anfangs. Und allmählich wird das Körperempfinden dann differenzierter. JA, aber unter der Voraussetzung. Das heißt, es wird Ihnen einfach bewusst. Oder NEIN, es sei denn, dass ...

Doch bei den meisten wird die empfangene Information ohnehin ein Bild sein. *Bei mir ist es eine innere Gewissheit. Das heißt eine Veränderung der Energie. Ich spüre einfach, während ich noch die Frage formuliere, worin die Antwort besteht oder wie die Lösung aussieht.*

Machen Sie sich noch einmal bewusst: Die Intuition wird immer auf allen Frequenzen gleichzeitig gesendet, kann also auf vielen Frequenzen kommen. Sie sollten nur für den Anfang herausfinden: Wo bin ich am sensibelsten? Wo kann ich am deutlichsten Intuition spüren? Also ich kann meinen Kontakt mit der Intuition auf meinem geistigen Bildschirm achten und prüfen: Kommt dort jetzt ein Bild? Oder höre ich eine Stimme? Oder verändert sich mein Körperbefinden? Wo spüre ich die Intuition am deutlichsten?

Intuition geschieht auf allen Frequenzen. Sie können sie auf jeder Frequenz abfragen. Sie machen sich die Frage bewusst und schauen auf Ihren geistigen Bildschirm. Und da ist das Ergebnis der Intuition als Bild. Sie parken die Zunge nach oben, hören auf den kosmischen Ton und hören Intuition als Stimme. Sie achten auf Ihr Körperbefinden und spüren in sich die Antwort. Sie entscheiden selbst, auf welcher Frequenz Sie am empfänglichsten sind.

Intuition empfangen

Nun kann es sein, dass Intuition ein bisschen Zeit braucht, um in Ihr Bewusstsein zu treten. Intuition selbst braucht keine Zeit. Aber Sie brauchen vielleicht Zeit, um sie wahrzunehmen.

Vielleicht nehmen Sie sie im Moment gerade nicht so gut wahr. Dann ist es besser, Sie lassen sich Zeit und betätigen dann einen bestimmten Auslöser.

Ich habe für mich den Auslöser vereinbart: Ich mache mir abends meine Aufgabe bewusst, denke noch einmal an alle Fakten, alle Einzelheiten, alle Schritte, die bisher unternommen wurden, alle Hindernisse und Schwierigkeiten, die aufgetaucht sind, alle Möglichkeiten, die es geben könnte, erfülle mich mit dem Glauben, dass mich nun die Antwort sicher erreicht und schlafe ein.

Und habe mit meinem Unterbewusstsein vereinbart: Wenn ich am nächsten Tag einen bestimmten Auslöser betätige, irgendwann im Lauf der Nacht fällt es mir dann ein. Und am nächsten Morgen, wenn ich den ersten Schluck trinke, bin ich bereit für den Empfang der Intuition. Öffne ich mich also und im gleichen Augenblick wird es mir bewusst. Das heißt, es ist ganz gleich, wann es mir eingefallen ist, die Intuition kann den besten Augenblick abwarten.

Das ist so, als wenn Sie abends irgendwo anrufen und jemand sagt: „Ich schicke einen Boten vorbei und werfe den Brief in Ihren Kasten." Ganz gleich wann Sie am nächsten Morgen zum Kasten gehen, Sie wissen, der Brief liegt drin. Wenn Sie bereit sind, gehen Sie hin und holen den Brief heraus, nehmen die Intuition in Empfang.

Und natürlich kann das Ergebnis als Bild, als Stimme, als Symbol, als Gefühl, als innere Gewissheit kommen, aber auch als Idee, als Impuls, als Chance.

In meinem Leben kommt das Ergebnis oft als „Zufall". Unmittelbar darauf, oft innerhalb von Stunden, passiert etwas. Ich begegne jemandem, jemand sagt mir etwas, ein Buch fällt mir in die Hand, ich gehe in einen Film. Es erreicht mich etwas, mein Blick fällt auf etwas und ich weiß die Antwort. Ich kann mich auf den Zufall verlassen!

Und so können Sie sich für den Anfang darauf einrichten, dass Sie jeden Abend ein oder mehrere Intuitionen abrufen und am nächsten Morgen empfangen.

Ich habe in den ersten Jahren immer nur eine Aufgabe abends für die Inspiration vorbereitet, – so viele Aufgaben hat man gar nicht zu lösen, und so viele schwierige Situationen gibt es auch nicht.

> Wenn Sie jeden Tag nur **eine Aufgabe auf diese Weise lösen** können, werden Sie sehen, wie schnell Ihr Leben geklärt ist!

Aber sobald Sie ein bisschen geübter sind, brauchen Sie natürlich nicht nur eine Aufgabe am Tag, sondern Sie können sich jederzeit öffnen. Aber über Nacht würde ich mir zunächst einmal nur eine einfallen lassen und mit einem bestimmten Auslöser verbinden, wann ich bereit bin, sie zu empfangen. Und tagsüber können Sie beliebig viele Intuitionen – ich spreche vom Anfang – abrufen. Später bleiben Sie ständig auf Empfang. Aber wir müssen ja langsam in diese intuitive Lebensweise hereinwachsen.

Wann immer Sie tagsüber eine Intuition brauchen, schreiben Sie sich am Besten auf, worin die Aufgabe besteht, was eigentlich die Frage genau ist, welche Situation zu klären ist, was Sie darüber wissen. Das Aufschreiben selbst ist nicht so wichtig, aber es wird sehr wichtig dadurch, dass das Schreiben Sie zwingt, Ihr Bewusstsein auf die Aufgabenstellung, die Situation zu richten und halten.

Das heißt also, wenn Sie sich die genaue Situation oder die Aufgabe in allen Aspekten bewusst machen, müssen Sie ein paar Minuten Ihr Bewusstsein darauf richten, damit es Ihnen einfällt, worin eigentlich die Aufgabe besteht. Das ist wichtig für die Intuition.

Und dann werden Sie – nach ganz kurzer Zeit der Übung – bemerken, dass Sie gar nicht dazu kommen, sich auf die Intuition einzustellen. Während Sie etwas formulieren, fällt es Ihnen schon ein. Das ist nach ganz kurzer Zeit der Übung der Fall – und zwar fast immer.

Aber anfangs mag das noch nicht der Fall sein, dann können Sie ja jetzt, wenn Sie es niedergeschrieben haben, wenn Sie genau wissen, um was es geht, wieder die Schritte tun:

Sie machen sich bewusst, wer Sie sind, Sie spüren Ihre Mitte, Sie lassen Ihr Bewusstsein weit werden, Sie wachsen über sich hinaus, schließen sich bewusst an die eine Kraft an, erfüllen sich mit der einen Kraft, tauchen ein in das Informationsfeld des Allbewusstseins, nehmen Ihre Formulierung und richten Ihr Bewusstsein darauf und halten Ihr Bewusstsein darauf gerichtet. Und es fällt Ihnen ein – im gleichen Augenblick.

Wenn Sie nach einigem Training diese Inspiration bewusst auslösen können, dann fragen Sie sich ganz natürlich: Warum sollte ich denn jetzt wieder in den Verstand zurückkehren? Warum sollte ich mein Bewusstsein wieder kleiner machen? Warum sollte ich nicht in der Kraft bleiben? Warum bleibe ich nicht eingetaucht in die Intuition?

Und irgendwann haben sie es geschafft, dass Sie sich wieder an sich erinnern wollen, das Telefon klingelt oder Sie beginnen eine neue Arbeit oder ein anderer Auslöser wird betätigt, und Sie prüfen und Sie wollen sich erheben und erweitern und stellen fest: Ich bin noch über mich hinaus gewachsen. Ich bin noch in der Kraft, ich bin noch eingetaucht in die Intuition. Dann haben Sie es geschafft!

Und dann leben Sie als der geistige Riese, der Sie in Wirklichkeit sind. Dann bleiben Sie ständig auf Empfang. Dann empfangen Sie auch tagsüber die Botschaften.

Intuition imaginieren

Jetzt wenden wir die schöpferische Imagination einmal auf die Intuition selbst an: Wir imaginieren einen intuitiven Einfall, eine Inspiration.

Stellen Sie sich vor, Sie lassen sich gerade etwas gezielt einfallen. Sie stehen wieder vor einer Situation, vor einer Aufgabe, vor einer Frage. Und jetzt imaginieren Sie das, was Sie dann machen:

- Sie gehen in die Selbstidentifikation, das heißt, Sie erinnern sich, wer Sie sind.
- Sie machen sich Ihrer Mitte bewusst. Sie dehnen Ihr Bewusstsein aus, bis es den ganzen Körper erfüllt.
- Sie überschreiten den Körper, wachsen über sich hinaus,
- schließen sich an die eine Kraft an, erfüllen sich mit der einen Kraft und tauchen ein in das Informationsfeld des Allbewusstseins,
- halten Ihr Bewusstsein gerichtet auf Ihre Frage, auf die zu lösende Aufgabe oder Situation
- und sind auf Empfang.

Und jetzt imaginieren und erleben Sie, wie Ihnen eine ideale Lösung einfällt. Jetzt warten Sie nicht darauf, dass es geschieht, sondern stellen Sie sich vor, dass es geschieht.

Sie benutzen Ihre Phantasie und Ihre Imagination, um sich vorzustellen, wie Ihnen erfolgreich etwas einfällt. Sobald Sie eine solche Inspiration als natürlich empfinden, ist es geschehen. Das ist alles.

Und so können Sie dieses mentale Vorauserleben benutzen, um im Kontakt mit der Intuition erfolgreicher zu werden. Wenn Sie erlebt haben, dass Sie erfolgreich „intuitieren" können, dass es geschieht, dass diese Lösung wirklich ideal ist, spüren Sie dieses Gefühl der Freude und Dankbarkeit und lassen Sie das Erlebnis los. Sie haben jetzt die Gewissheit, wie einfach es ist.

Ihr neues Selbstbild: Ich kann Intuition!

Intuition ist Ihre natürliche Fähigkeit. Sie brauchen sie nicht zu lernen. Sie brauchen sich nur wieder daran zu erinnern. Und das machen Sie am Besten, indem Sie es trainieren.

Sie werden sehen, Sie werden immer besser. Wichtigste Voraussetzung ist: Ich muss am Ziel sein, um das Ziel zu erreichen, das heißt in diesem Fall wieder: Ich muss mich in meinem Selbstbild als jemand sehen, der Intuition kann, zu dessen Leben Intuition gehört. Akzeptieren Sie Intuition als Ihre natürliche Fähigkeit. In dem Maße, wie Sie davon erfüllt sind, ist Intuition da und verfügbar. Sie können jederzeit gezielt intuitieren.

Sie könnten z.B. Ihre Intuition auf einen bestimmten Aspekt im Alltag richten. Sie haben etwas vor: Ist dieses Vorhaben für mich stimmig? Sie prüfen es und hören auf diese innere Gewissheit. Sie machen sich bewusst: Ich mache das und das in der nächsten Zeit, und Sie richten Ihr Bewusstsein darauf und spüren einmal: Stimmt es? Welche Energie kommt in mir auf, wenn ich es mir bewusst mache. Sie treffen diese Entscheidung und dann spüren Sie eine Veränderung Ihrer Energie, positiv oder negativ. Auch so können Sie Ihre Intuition ganz gezielt abfragen.

Ohnehin stehen wir im Leben nie vor einer Entscheidung. Es erscheint nur so. Wann immer Sie glauben, vor einer Entscheidung zu stehen, haben Sie sich längst entschieden. Dass Ihnen die Alternativen bewusst werden, dient nur dazu, sich die Antwort bewusst zu machen.

Sie sollten jetzt zur Gewissheit gekommen sein: Intuition ist eine ganz natürliche Fähigkeit, die jeder hat. Ich muss sie mir nur wieder bewusst machen. Ich habe sie lange nicht benutzt. Das ist als wenn Sie Ihren Arm in die Tasche stecken und ihn ein paar Monate nicht mehr benutzen. Dann wird er ganz dünn, und Sie können ihn kaum noch aus der Tasche ziehen. Aber Sie wissen, er hat die natürliche Fähigkeit, Kugeln zu stoßen, Bälle zu werfen. Es muss nur wieder trainiert werden. Und genauso ist es mit der Intuition. Es kann sein, dass Sie sie viel länger als drei Monate, drei Jahre nicht benutzt haben.

Lernen Sie wieder, auf sich zu hören!

Mit Humor zur Leichtigkeit des Seins

Intuitiv leben führt unmittelbar in die Leichtigkeit des Seins. Und dabei hilft Ihnen eine andere Eigenschaft, die Ihnen gute Dienste leistet: HUMOR.

Natürlich glaubt jeder, er habe Humor. Wie viel er wirklich hat, können Sie leicht feststellen, wenn Sie ihm sagen, er habe keinen. Wie er darauf reagiert, daran sehen Sie, ob er welchen hat.

Witz, Komik, Ironie und Satire sind die Geschwister des Humors. Der Humor ist der freundlichste, der bescheidenste und auch der leiseste von allen. Humor ist immer gutartig, sodass er mehr Freude schafft als ein scharfer Witz. Humor ist eine menschliche Grundhaltung, die auch das Schwierige mit heiterer Gelassenheit und souveränem Darüber-Stehen betrachtet.

Wenn man Glück hat, ist er im Rucksack des eigenen genetischen Erbes enthalten. Und natürlich ist das kein Glück, wenn er in Ihrem Erbe enthalten ist, dann haben Sie sich irgendwann einmal angeeignet, sonst hätten Sie ihn nicht. Wenn nicht, kann man ihn jederzeit erwerben.

Humor ist eine besondere Art, die Wahrheit zu sehen, ist eine spielerische Art, mit den Dingen umzugehen, ganz gleich wie ernst und bedeutend sie sich geben.

Der Preis des Humors ist Liebe. Liebe für sich, Liebe für die anderen, Liebe für die Welt, Liebe für das, was geschieht.

Hoffnungslos, aber nicht ernst

Es gab für mich nach dem Krieg einen Witz in Deutschland über Österreich, der hatte mir damals die Haltung gezeigt, die ich gerne gehabt hätte. In dem Witz hieß es:

In Deutschland – nach dem Krieg – ist die Lage ernst, aber nicht hoffnungslos. In Österreich dagegen ist die Lage hoffnungslos, aber „net ernst".

Ich habe gedacht, so sollte man die Dinge auch in den scheinbar schwärzesten Situationen sehen können. Das wäre schön. Das erschien mir immer erstrebenswert.

Humor ist immer auch ein Schritt auf dem Weg zu sich selbst. Humor ist die tiefe innere Erkenntnis, dass das Leben in Wirklichkeit ein Spiel ist, das mir zur Freude gespielt wird. Und wenn ich mich nicht freue, dann mache ich gerade etwas falsch. Vielleicht habe ich nur meinen Humor verloren.

Humor ist eine köstliche und meist unerwartete Art, dem anderen die Wahrheit zu sagen. Humor ist wie ein Spiegel, der zeigt, was wesentlich und was unwesentlich ist. Und eine Folge des Humors ist das Lachen. Lachen ist loslassen von Unwesentlichem, dem Ego, der Schwierigkeit, dem Ballast und Hinwendung zum Wesentlichen, zur Leichtigkeit des Seins.

Humor ist sanft, aufbauend, aber ein kraftvoller Weg zur inneren Freiheit und zum Heil-Sein. Er ist eigentlich unverzichtbar und er kann nicht überdosiert werden.

Also ist es ein guter Schritt auf dem Weg zum erfolgreichen MIND-Management und der intuitiven Lebensführung gleich jetzt den Humor in Ihr Bewusstsein zu nehmen und ihn als Lebensbegleiter zu wählen, sich vom Humor durchs Leben begleiten zu lassen.

> **Nieten**
>
> Wissen Sie übrigens, bei welchen Losen es die meisten Nieten gibt? ... Bei den Humorlosen!

Die Kunst des Genießens

Nicht nur Humor, sondern auch Genuss machen das Leben leichter und erleichtern eine intuitive Lebensführung. Sie können alles genießen. Lernen Sie also die Kunst des Genießens.

> Machen Sie sich einmal bewusst: Was ist denn für Sie Genuss? Was bringt Ihnen den größten Genuss? Erstellen Sie dazu eine Liste! Und vergleichen Sie dann, wie viele dieser Freuden Sie in Ihrem Beruf verwirklichen können. Wie nahe ist Ihr Beruf schon Ihrer Berufung? Die Liste Ihrer Freuden und Ihrer Genüsse gibt schon einen Hinweis.

Ist es die Natur, Wandern, Sonnenuntergang, Musik hören und machen, im Bett liegen, Sexualität, Fliegen, Fußball, Auto fahren, Reiten, Golf; es gibt so unzählig viele Möglichkeiten. Und wenn Sie herausgefunden haben, was Ihnen Freude macht, dann erinnern Sie sich an diese Freude, erleben Sie jetzt diese Freude.

Und dann fangen Sie an – das ist das ganze Geheimnis –, alles, was Sie tun, in dieser Freude zu verbinden. Stellen Sie sich vor, es wäre etwas aus Ihrer Liste, das Ihnen besonders viel Freude macht, das Sie so richtig erfüllt.

Ich erinnere mich noch immer daran: Ich war damals noch in Köln und hatte den Generalbevollmächtigten eines Automo-

bilkonzerns als Patienten, ich hatte als Heilpraktiker ja eine Naturheilpraxis. Wir hatten also eine Behandlung durchgeführt, alles war wunderbar, er bedankt sich und sagte: "Es ist unglaublich, wie Ihre Methode funktioniert. Sie hat ja wohl kaum Grenzen." Ich erwiderte: "Was heißt hier ‚kaum Grenzen', welche hat sie denn?"

"Na, ja", sagte er, "ich wüsste da schon etwas: Jeden Donnerstag habe ich etwas, das regt mich auf. Ich verdiene wirklich sehr viel und habe eine wunderschöne Villa. Es gibt von der Villa bis zum Gartentor einen 150 Meter langen Kiesweg. Und jeden Donnerstag werden bei uns die Mülltonnen geleert. Und jeden Donnerstag habe ich das gleiche Problem: Ich habe genug Personal, ich habe einen Gärtner, ich habe einen Chauffeur, ich habe ein Stubenmädchen, und ich habe einen Sohn. Am Donnerstag, wenn ich nach Hause komme, ist meine Frau beim Friseur, mein Sohn beim Sport, der Gärtner hat schon frei, das Mädchen ist von meiner Frau beurlaubt worden.

Und ich muss die Mülltonne herausfahren. Und jedes Mal rege ich mich auf und denke: Wie viel Personal brauche ich eigentlich noch, damit endlich mal jemand da ist, der die Mülltonne rausfährt?!"

Darauf habe ich ihm gesagt: "Möchten Sie einmal erleben, wie viel Freude es macht, eine Mülltonne herauszufahren? Machen Sie daraus einmal eine schöpferische Imagination. Stellen Sie sich vor, es ist wieder Donnerstag, aber jetzt freuen Sie sich auf das Herausfahren der Mülltonne: Sie fahren also die Mülltonne heraus und finden es wunderschön, wie das kleine Wägelchen auf dem Kiesweg knarrt. Sie fahren die Mülltonne heraus – 150 Meter Bewegung tut Ihnen gut, frische Luft. Sie stellen die Mülltonne pfeifend vors Tor. Und gehen wieder den Kiesweg in Ihre Villa zurück und freuen sich, dass Sie gerade die Mülltonne herausstellen konnten."

Ehrlich gesagt, er hat davon nicht viel gehalten, aber er hat diese Imagination durchgeführt. Wir haben die Situation imaginativ miteinander durcherlebt und lebendig werden lassen.

Ich habe es dann selbst vergessen, doch in der Woche kam ein Anruf, es war Donnerstag, und mein Patient sagte: „Herr Tepperwein, ich muss Sie anrufen, wir haben gerade Vorstandssitzung, wir legen damit das Automodell und die Politik der nächsten fünf Jahre fest. Und ständig geht mir nur eines durch den Sinn: Heute ist Donnerstag, heute kann ich endlich wieder die Mülltonne raustragen! Herr Tepperwein, was muss ich tun, um diese Freude am Mülltonne fahren wieder zu löschen? Ich werde das ja gar nicht wieder los!"

Was ich damit sagen will: Sie entscheiden, was schön ist und was nicht schön ist, was Freude macht und was keine Freude macht. Sie können alles mit Freude machen. Wenn also etwas zu tun ist, dann sollten Sie dafür sorgen, dass Sie es auch gern tun. Das liegt in Ihrer Entscheidung. Mit der schöpferischen Imagination können Sie sich eingeben, dass Ihnen jede Tätigkeit Freude macht.

> Natürlich können Sie das noch umfassender tun. Wie wäre es, wenn Sie die schöpferische Imagination benutzen würden, um sich einzugeben, dass **jeder Tag ein neues Abenteuer ist**, ein Tag, der nie mehr wieder kommt. Ein Abenteuer, das einmalig ist. Dass Sie offen und bereit sind für dieses Abenteuer Leben, für diesen einmaligen Tag heute, der vor Ihnen liegt. Wenn Sie sich darauf einstellen können, werden Sie erleben, dass das Leben tatsächlich fantastisch ist, weil Sie selbst faszinierend sind.

Es macht einfach Freude zu sehen, wie viel Spaß etwas ganz Alltägliches, Nebensächliches machen kann, wenn Sie die richtige Einstellung haben. Und mit schöpferischer Imagination können Sie Ihre Einstellung beliebig programmieren. Probieren Sie es aus, erleben Sie es selbst. Wichtig ist, dass Sie lernen, alles zu genießen. Stellen Sie Ihre Sinne gleich jetzt auf Genuss ein. Das ist die hohe Schule des MIND-Managements: kein Stress mehr, nur noch purer Lebensgenuss.

Für manche Menschen sind die Worte Genuss oder Lust negativ besetzt. Das sollte nicht so sein. Das Leben ist so gedacht, dass wir Freude daran haben. Also fangen Sie an, jeden Augenblick zu genießen. Hören Sie so oft wie möglich gute Musik, tun Sie das, was Ihnen Freude macht, aber testen Sie immer wieder, dass Sie auch das bisher Unangenehme voller Freude tun können.

Sie können sich dabei unterstützen, wenn Sie die Kunst des Zelebrierens lernen. Zelebrieren Sie das Mülltonne-Herausfahren – oder was auch immer. Das, was Ihnen bisher keine Freude gemacht hat, eine lästige Pflicht war, könnten Sie jetzt zelebrieren. Und plötzlich wird alles ganz einfach, kommen Sie in die Leichtigkeit des Seins.

Ausstrahlung: Die umgekehrte Intuition

Als letzte Stufe des MIND-Managements und des Intuitions-Traininigs steht die umgekehrte Intuition, die bewusste Ausstrahlung, das Charisma-Training.

Die Ausstrahlung eines Menschen öffnet ihm Türen, die für andere verschlossen bleiben, Dinge fallen ihm in den Schoß, um die sich andere oft vergeblich bemühen müssen. Also ist es wichtig auch auf eine optimale Ausstrahlung zu achten.

Machen Sie sich im ersten Schritt zunächst bewusst: Ob Sie wollen oder nicht, Sie strahlen etwas aus. Und das kann beim anderen Sympathie hervorrufen oder Ablehnung. Und wenn Sie Ablehnung im anderen hervorrufen, haben Sie es schwer. Warum also sollten Sie es sich schwer machen?

Zweiter Schritt: Ich mache mir also nicht nur bewusst, dass ich ständig etwas ausstrahle, sondern dass ich selbst bestimmen kann, was ich ausstrahle.

Das machen wir gleich wieder praktisch: Strahlen Sie jetzt einmal ganz bewusst Ruhe aus. Probieren Sie es einfach aus: Ich strahle jetzt Ruhe aus. Und spüren Sie, wie sich die Atmosphäre, das Energiefeld um Sie herum verändern.

Und jetzt geben Sie einmal eine andere Ausstrahlung in Ihr Energiefeld: Souveränität, Überlegenheit. Gehen Sie einmal in diese Ausstrahlung. Erwarten Sie nicht, dass etwas kommt. Sie strahlen einfach aus! Sie sind der Sender. Sie stellen Ihren hauseigenen Sender auf Souveränität.

Keine aufdringliche Souveränität, sondern die ruhige Sicherheit dessen, der weiß, dass er kann. Seinen Sie einmal souverän ohne Vorbehalte: bedingungslose Souveränität, klare, deutliche Überlegenheit.

Und strahlen Sie jetzt Sympathie aus! Stellen Sie sich vor, da ist ein anderer und Sie möchten in ihm Sympathie hervorrufen. Also strahlen Sie einmal das aus, was erforderlich ist, damit der andere Sie sympathisch findet. Rufen Sie so in einem anderen Sympathie hervor!

Fragen Sie nicht, wie das gehen soll. Sie bestimmen, wie es geht, Sie sind der Schöpfer, also machen Sie es einfach. Doch ich gebe Ihnen noch eine Hilfe:

Stellen Sie sich vor, wie der andere zunächst etwas reserviert ist und wie er anfängt aufzuhorchen, interessiert zu werden und wie er sich Ihnen wohlwollend zuwendet und wie er Sie sympathisch findet. Lassen Sie diesen kleinen Film ablaufen – während Sie Ihre Ausstrahlung fortsetzen.

Sie können nicht nur ausstrahlen, was Sie wollen, Sie können in einem anderen auch hervorrufen, was Sie wollen.

Sie können also ganz gezielt im anderen Eigenschaften hervorrufen, wie die Bereitschaft zur Mitarbeit, die Bereitschaft, ja sogar die Fähigkeit, sich ins Team einzugliedern, die Bereitschaft, die Vision der Firma zu stützen, oder die Bereitschaft, Ihnen einfach zu helfen, Ihr Ziel leichter, schneller und besser zu erreichen.

Bleiben Sie ein bewusster Sender. Es wäre sinnvoll, 24 Stunden am Tag nicht nur auf Empfang zu bleiben, sondern auch ganz bewusst das auszustrahlen, was Ihre jeweilige Situation erfordert. Und das in Ihrer Umgebung hervorzurufen, was Ihnen hilft, noch erfolgreicher zu werden. Dann haben Sie Ihr Ziel erreicht.

Sie haben jetzt Ihre natürliche Fähigkeit zur Intuition wieder in Besitz genommen. Sie sollten das jetzt trainieren, damit es selbstverständlich und leicht wird. So führen Sie Ihr Leben intuitiv und kommen in die Leichtigkeit des Seins. **Aber Sie wissen, dass Sie auch ausstrahlen können.** Sie sind auch ein Sender. Und mit Ihrer bewusst optimierten Ausstrahlung ziehen Sie das in Ihr Leben, was immer Sie haben wollen. Und auch das ist Ihre natürliche Fähigkeit.

Subkutan sprechen

Als bewusster Sender sollten Sie lernen, subkutan zu sprechen. Das heißt, dass Ihre Kommunikation wirklich „unter die Haut" geht.

Es ist ganz sonderbar: Die meisten Menschen sprechen gar nicht den anderen an. Sie sprechen nur zum anderen hin. Wenn Sie das energetisch wahrnehmen wollen, dann sollten Sie einmal darauf achten: Wo spricht jemand hin? Wenn man eine Schnur zwischen den beiden Gesprächspartnern spannen und eine rote Kugel dort verschieben würde, wo er hinspricht, dann sprechen die meisten Menschen etwa 60 Zentimeter „vor sich hin". Da landet die Energie des Gesagten.

Die Energie erreicht den anderen gar nicht! Natürlich hört er das Gesagte, aber die Energie erreicht ihn nicht. Er bekommt nur eine verbale Information. Und die verbale Information – mag sie noch so präzise erscheinen – ist äußerst ungenau.

Wir können uns das bewusst machen. Ich gebe eine verbale Information: „Baum". Ob Sie wollen oder nicht, ob Sie sich dessen bewusst sind oder nicht, Sie haben jetzt eine Vorstellung assoziiert. Ich habe ein Wort gegeben, aber jeder hat eine andere Vorstellung davon.

Kommunikation auf der verbalen Ebene nur über das Wort ist äußerst unzuverlässig. Wir müssen uns also dauernd vergewissern: Was hat der andere verstanden, was glaubt er, was ich meine? Stimmt das überein? Der andere braucht diese Energie. Wir müssen lernen, zum anderen hin zu sprechen. Ihn wirklich, wie die Sprache schon sagt: „ansprechen". Das heißt, die Energie müsste ihn wenigsten erreichen, müsste ihn berühren. Dann habe ich den anderen mit dem Gesagten auch berührt, kann ihn zu etwas bewegen.

Auch das „subkutane Sprechen" ist eine Form von Senden. So nehmen wir den Grad unserer Sendeenergie wahr und verstärken sie.

Und wenn ich noch einen Schritt weitergehe, dann gehe ich mit meiner Energie in ihn hinein. Also achten Sie einmal darauf: Spreche ich wirklich den anderen an? Berühre ich ihn wenigstens mit dem Gesagten? Und dann gehen Sie einmal bewusst in ihn hinein. Sie können das spüren. Häufig beugen wir dabei den Oberkörper auch etwas vor, wenn wir „eindringlich" (unter die Haut) sprechen.

Ein starker Sender sein

> **Sie sind ein Sender.** Ihre Sendung verursacht Zukunft. Und die Energie, mit der das geschieht, ihre Intensität verursacht die Präzision der Durchführung und die Schnelligkeit der Ausführung.

Das bedeutet also, Sie sollten ein möglichst starker Sender sein und auch ein guter Empfänger für Intuition. Beides lässt sich durch MIND-Management trainieren. Sie sind sich bewusst, dass Sie als Bewusstsein ständig senden, sich damit resonanzfähig machen und damit bestimmte Ereignisse in Ihr Leben ziehen.

Jetzt stellen Sie sich etwas vor, was nächste Woche passieren soll, in den nächsten Tagen –, wir wollen das gar nicht begrenzen –, aber nicht länger als eine Woche. Es kann ruhig eine größere Sache sein, muss allerdings innerhalb der Grenzen Ihres Glaubens liegen.

Wenn Sie sagen: nächsten Samstag sechs Richtige im Lotto, spricht nichts dagegen. Wenn Sie das glauben, einverstanden. Wenn Sie es aber nicht glauben können, dann können Sie es vergessen. Es muss innerhalb der Grenzen Ihres Glaubens sein, deswegen ist es leichter, Sie nehmen etwas, das Sie gerade noch glauben können.

Jetzt gehen Sie wieder ganz bewusst auf Sendung. Sie haben den erwünschten Endzustand vor Augen. Drehen Sie die Sendung so richtig auf! Vermeiden Sie dabei bitte den einen

Fehler (Sie wissen schon, was kommt): Senden Sie nicht als Wunsch, denn Wunschenergie geht nie in Erfüllung! Senden Sie die Energie des erfüllten Wunsches: Also, das ist erledigt, das habe ich bekommen. Gehen Sie bei der Sendung unbedingt in die Erfüllung des Wunsches.

Stellen Sie sich vor, Ihr Wunsch ist erfüllt! Und Sie sehen sich selbst in dieser erfüllten Situation. Es ist geschehen. Und jetzt senden Sie DANKE! Schauen Sie also auf das Bild des erfüllten Wunsches, spüren Sie die Energie, das erreicht zu haben, und senden Sie: Danke, dass es geschehen ist.

Die Sendung muss gar nicht lange sein, es muss nur einmal ganz klar, unbezweifelt im Einklang mit mir selbst stimmig geschehen.

Fragen Sie jetzt doch Ihre Intuition: Habe ich das damit sicher verursacht? Sie können auch Ihre Ampelintuition fragen. Sie schauen auf den erwünschten Endzustand und fragen Ihre Intuition: Ist das jetzt zuverlässig verursacht? Habe ich das jetzt?

Wenn ja, DANKE und loslassen. Wenn nein, fragen Sie Ihre Intuition gleich weiter: Was fehlt noch? Was muss noch geschehen, oder was mache ich falsch, also: Was muss ich jetzt noch tun, damit ... Ich will's ja haben. Also fragen Sie gleich die Intuition, wenn Sie nicht ganz sicher sind: Muss ich noch etwas tun? Fehlt noch etwas? Was? Ganz konkret: Was muss ich noch tun, um das Ziel zu erreichen?

Dann wiederholen Sie die Frage, halten Ihr Bewusstsein darauf gerichtet: „Was muss ich noch tun? Was fehlt jetzt noch? Was muss ich unternehmen, damit es geschieht?" Sie halten Ihre Aufmerksamkeit auf diesen erwünschten Endzustand gerichtet und lassen sich einfallen, was noch zu tun ist. Denn sehr oft werden wir selbst zum Hindernis, weil wir eine bestimmte Voraussetzung nicht erfüllen.

> **Tu doch endlich was!**
>
> Ich denke dabei immer an den Witz von dem Mann, der zu Gott betete: „Lieber Gott, lass mich doch ein Mal das große Los gewinnen", aber es geschah nie etwas. Doch der Mann war in seinem Glauben unerschütterlich und jeden Abend betete er: „Herr, einmal das große Los, lass mich ein Mal das große Los gewinnen!" Als er nach 20 Jahren immer noch unbeirrt in seinem Glauben tagtäglich betete: „Herr, lass mich doch ein Mal das große Los gewinnen", da öffnete sich der Himmel und eine Donnerstimme rief: „Gib mir doch endlich mal eine Chance und kauf dir ein Los!"
>
> Das ist nur ein schöner Witz, aber er zeigt genau, worauf es ankommt!

Nur ein paar Beispiele zur Anregung: Sie können sich verschanzen oder eine bessere Position verursachen, bessere Marktchancen für Ihr Produkt oder was auch immer. Aber vielleicht müssen Sie auch eine Bewerbung schreiben oder einen Anruf tätigen oder vielleicht wäre es ganz hilfreich, wenn Sie dieses Produkt auch erfinden würden. Oder Sie brauchen bessere Mitarbeiter. Es wäre schon hilfreich, wenn Sie ein paar zu einem Vorstellungstermin einladen oder zum Arbeitsamt gehen oder irgendetwas unternehmen, ein Inserat aufgeben, also dem Leben die Hand reichen, damit das, was Sie wollen geschehen kann.

> Also **kaufen Sie sich auch ein Los,** wenn Sie das große Los gewinnen wollen!

Mit Dankbarkeit und Freude senden

Gehen wir also abschließend noch einmal ganz bewusst auf starke Sendung und wählen das Aussenden nicht als Wunsch, sondern als Erfüllung. Erleben Sie ganz bewusst, dass es geschehen ist, dass Sie es bekommen haben, dass Erfüllung eingetroffen ist. Halten Sie diese Energie des erfüllten Wunsches. Es ist erfüllt. Es ist erledigt. Es hat geklappt.

So können Sie sich mit Freude und Dankbarkeit erfüllen. Das war es, es ist erledigt. Energie fließt nicht mehr. Es ist gut. Ich habe es jetzt. Bis Sie diese intuitive Gewissheit spüren: So das habe ich auch wieder erreicht. Es besteht kein Zweifel mehr: Es ist geschehen. So sicher, wie die Ereignisse gestern.

> Diese Erinnerung an die Zukunft ist so sicher wie die Erinnerung an die Vergangenheit: Es ist passiert! Dann können Sie **Ihre Sendung mit Freude und Dankbarkeit loslassen.**

Auf diese Weise machen Sie sich magnetisch für ein erwünschtes Ereignis, nicht nur resonanzfähig, sondern geradezu magnetisch. Wenn Sie diese Energie erzeugen, ziehen Sie das an, was Sie sich gerade als erfüllt vorstellen. Es ist geschehen, unterwegs und braucht nur noch eine Zeit, um in Erscheinung zu treten.

Dieses Gesetz – so modern es klingen mag, Nobelpreis verdächtig – steht auch in der Bibel, steht im Talmud, es steht in den Upanischaden. Fast jede Kultur hat dieses Gesetz formuliert. In der Bibel lautet es:

> **Alles, was ihr bittet in eurem Gebet, glaubet nur, dass ihr's empfangen werdet, so wird's euch gegeben werden.**

Das hört sich grammatikalisch falsch an. Es ist völlig unlogisch.

Mein Verstand hat jahrelang gemeutert, denn er hat gesagt: Wie kann ich um etwas bitten und gleichzeitig glauben, ich hätte es schon längst. Wenn ich es habe, würde ich ja nicht drum bitten. Ich bitte ja gerade darum, weil ich es noch nicht habe. Mein Verstand hat lange rebelliert, bis ich dieses fundamentale Gesetz verstanden habe (und hier auch mehrfach unter verschiedenen Aspekten wiederhole).

> Wenn jemand sich um etwas bemüht, ohne es zuvor geistig bekommen zu haben, kann er es nicht bekommen, bemüht er sich vergeblich. **Wenn jemand kämpft, ohne zuvor geistig gesiegt zu haben, kann er nicht gewinnen.**

Sie können nur das bekommen, was Sie bereits haben. Das ist das Geheimnis. Damit zeigt es sich, ob wir es uns selbst wert sind oder ob wir es uns vorenthalten. Das Gesetz dahinter lautet: Jedes Wollen trennt mich vom Gewollten.

Und deswegen Dankbarkeit und Freude.

Denn wann empfindet man Dankbarkeit? Wenn man etwas bekommen hat! Nicht, wenn man etwas bekommen wird, sondern wenn ich es habe. Wenn ich mich also mit ehrlicher Dankbarkeit erfüllen kann, dann habe ich es geistig in Besitz genommen. Und deswegen dieses In-Besitz-nehmen durch Identifikation.

So wie der Bauer gesät hat, aber man sieht noch nichts – oder wenn Sie beim Warenhaus etwas bestellen, aber es ist noch nicht geliefert, aber man hat Ihnen die Bestätigung geschickt: Alles ist in Ordnung, wir liefern das. Es ist bereits erledigt, Sie brauchen nichts mehr tun. Das Bestellte kommt sicher. Das Gesäte wächst garantiert.

Diese innere Gewissheit erfüllt uns mit Freude und Dankbarkeit.

Übung: Zu Bewusstsein kommen

Diese Übung ist eine Vertiefung der Übung „Über sich hinauswachsen" von Seite 27.

Machen Sie sich noch einmal bewusst, wer Sie sind.

Nehmen Sie das Zentrum Ihres Bewusstseins wahr. Wo ist der Mittelpunkt Ihres Erlebens – jetzt in diesem Augenblick. Erleben Sie aus dem Kopf, aus dem Herz, aus dem Bauch oder aus dem dritten Auge. Wo ist das Zentrum Ihrer Wahrnehmung?

Machen Sie sich diesen Mittelpunkt Ihres Bewusstseins bewusst. Und dann dehnen Sie den Mittelpunkt Ihres Bewusstseins aus. Sie können ganz leicht Ihr Bewusstsein weit werden lassen.

Vielleicht stellen Sie sich Ihr Bewusstsein wie ein Luftballon vor, dort, wo der Mittelpunkt ist, wo sie wahrnehmen. Und jetzt blasen Sie diesen Luftballon auf, sodass er in alle Richtungen sich ausdehnt, und füllen Sie Ihren ganzen Körper mit Bewusstsein. Lassen Sie einfach von Ihrem individuellen Mittelpunkt ausgehend Ihr Bewusstsein weiter werden ... bis Ihr Bewusstsein Ihren ganzen Körper ausfüllt. Und vergewissern Sie sich dabei, dass Sie Ihr Bewusstsein von innen im Körper überall gleichzeitig spüren. Ein ganz wichtiger Schritt! Sonst bleiben Sie in der Linearität Ihres Verstandes, wenn Sie sagen: „O.K., jetzt spüre ich einmal Bewusstsein im linken Fuß, im rechten Fuß, ich spüre Bewusstsein im Bauch." Wenn Sie also nacheinander Ihr Bewusstsein ausweiten, bleiben Sie im Verstand.

Deswegen dieses Bild mit dem Luftballon, den Sie gleichmäßig in alle Richtungen ausdehnen, sodass Sie auf einmal überall gleichzeitig spüren, jetzt erfülle ich – Bewusstsein – meinen ganzen Körper. Natürlich auch den Kopf.

Dann gehen wir einen Schritt weiter. Dehnen Sie Ihr Bewusstsein noch weiter aus – über die Grenzen des Körpers hinaus. Vielleicht stellen Sie sich Ihr Bewusstsein als Energiefeld vor, wenn Sie eine Hilfe brauchen.

Lassen Sie Ihr Bewusstsein weiter werden als Ihr Körper. Damit Sie ein Gefühl dafür bekommen, wie Sie mit Ihrem Bewusstsein umgehen können.

Und wenn Sie Ihr Bewusstsein überall weiter als der Körper werden lassen, dann sind Sie nicht mehr im Körper. Dann ist der

Körper in Ihnen. Sie sind dieses weite Bewusstsein. Und der kleinere Körper ist in Ihnen. Sie prüfen, ob Sie jeden Schritt vollziehen können, denn wenn wir weitergehen und ein Schritt ist nicht vollzogen, reißt der Faden.

Ich mache mir also den Mittelpunkt meines Bewusstseins deutlich, ob ich hier im Herzen bin, im Bauch, im Verstand, im dritten Auge oder wo auch immer. Spüre, wo mein Mittelpunkt ist, von wo aus ich lebe. Und meine Mitte lasse ich gleichmäßig weiter werden, bis ich ganz bewusst meinen Körper ausfülle. Bis ich die Grenzen meines Köpers spüre und mit sanftem Druck überschreite ICH BEWUSST meinen Körper. Ich lasse mein Energiefeld weiter werden als meinen Köper. Das geht ganz einfach. Es hört sich nur für den Verstand ungewohnt an.

Und jetzt bleiben Sie dieses weite Bewusstsein. Machen Sie sich noch einmal Ihre Mitte bewusst. Während Sie Ihr Bewusstsein weit lassen, richten Sie Ihre Aufmerksamkeit nur auf die Mitte. Und von der Mitte ausgehend, gehen Sie im Körper nach oben und öffnen Sie energetisch die oberste Stelle Ihres Kopfes. Wo bei Kindern die Fontanelle ist, ist ein energetisches Tor. Das ist nur von innen zu öffnen.

Stellen Sie sich das so vor: Ihr Bewusstsein ist wie der Geist in der Flasche bei Aladin. Sie machen oben jetzt den Stöpsel auf, und der Geist wächst aus der Flasche. Wachsen Sie jetzt nach oben über sich hinaus. Werden Sie 2,0 Meter groß! Oder 2,50 Meter. Lassen Sie den Geist ganz bewusst aus der Flasche, sodass Ihr Wahrnehmungszentrum über dem Kopf ist. Schauen Sie einmal in die Welt aus einer Perspektive so 20, 30 Zentimeter über Ihrem Kopf. Sie wachsen also über sich hinaus.

Um zu prüfen, ob es auch wirklich so ist: Sie erleben dort die absolute Gedankenstille. Dort ist nichts. Nur ruhende Energie. Da ist nur REINES BEWUSSTSEIN.

Und in dem Augenblick, wo Sie über sich hinausgewachsen sind, die Gedanken hinter sich gelassen haben, den Verstand überschritten haben, sind Sie bei sich selbst angekommen: als reines Bewusstsein in der Gedankenstille.

Halten Sie das Zentrum Ihrer Wahrnehmung dort weit über Ihrem Kopf. Und wenn Sie dem Körper gestatten, vollkommen bewegungslos zu sein, haben Sie das Gefühl, keinen Körper mehr zu haben. Sie sind reines Bewusstsein. Sie sind sich Ihrer SELBST bewusst. Sie sind wieder bei sich selbst angekommen.

Und wenn Sie so über sich hinausgewachsen sind, tauchen Sie automatisch in das Sie umgebende Energiefeld ein.

Schließen Sie sich ganz bewusst an dieses kosmische Energiefeld an. Dieses Energiefeld ist überall. Und sobald Sie Ihren Körper überschreiten, schließen Sie sich damit an – an die eine Kraft. Bleiben Sie von nun an angeschlossen. Laufen Sie nie wieder auf Batterie. Sie sind jetzt in der einen Kraft. Sie sind zurückgekehrt in die Kraft. Damit sind Sie ständig voller Kraft. Und je mehr Kraft Sie brauchen, desto mehr frische Kraft strömt nach. Jetzt lassen Sie einmal diese Energie Ihren ganzen Körper erfüllen. Öffnen Sie sich und erfüllen Sie sich mit der Kraft, bis Ihr ganzer Körper, jede Zelle Ihres Körpers voller Kraft sind.

Und jetzt ist es Ihre Entscheidung, ob Sie über sich hinausgewachsen, ob Sie an die eine Kraft angeschlossen bleiben. Sie könnten es von nun an immer tun. Wenn Sie wollen, bleiben Sie über sich hinausgewachsen, bleiben Sie in der Kraft, leben Sie als Ausdruck dieser einen Kraft.

Wenn Sie so über sich hinausgewachsen sind, sind Sie auch in das Informationsfeld des Allbewusstseins eingetaucht. Öffnen Sie sich also bewusst der Wahrnehmung, der Intuition. Machen Sie sich bewusst, dass Ihre Leitung zum Allbewusstsein nun ständig frei ist, dass Sie Intuition nun ständig unmittelbar empfangen, sobald Sie zu Bewusstsein gekommen sind.

Sie brauchen nur zu lernen, Ihre Wahrnehmung wieder wahrzunehmen, sich bewusst zu machen, dass Sie Intuition empfangen, und Sie können so ständig auf Empfang bleiben.

Also: Bleiben Sie über sich hinausgewachsen – ständig. Bleiben Sie ständig angeschlossen an die eine Kraft. Bleiben Sie in der Kraft. Und bleiben Sie auf Empfang für Intuition. Wir brauchen jetzt noch nicht zu unterscheiden, was kommt. Es geht nur darum – wie beim Fernseher – Standby-Schaltung zu haben. Dass wir empfangsbereit sind. Bleiben Sie also auf Empfang und machen Sie sich bewusst, dass Sie so auch energetisch wahrnehmen können.

Quelle: *Hörkassette „Der neue Manager", Kassette 2, Seite A*

Test: Das Paradox der Wirklichkeit

Ein schöner Test für den Geisteszustand ist ein Koan:
Der Verstand hält einen Koan für hellen Wahnsinn
und unwirkliche Realität.
Das Bewusstsein sieht im Koan
die Ästhetik der paradoxen Wirklichkeit.

Um anzukommen,
Wo du schon immer warst,
Musst du dich auf den Weg machen,
Den es nicht gibt.

Und das einzige,
Das du sicher wissen kannst,
Ist, dass du nichts weißt.

Wo du glaubst zu sein,
Da bist du nicht.

Was du siehst,
Gibt es in Wirklichkeit gar nicht,
Sonst könntest du es ja nicht sehen.
Alles, was wirklich ist,
Ist nicht sichtbar.

Und erst wenn du angekommen bist,
Wirst du erkennen,
Dass du nie fort warst.

Übung: Die Ampel-Intuition

Eine besondere Hilfe ist es, wenn Sie sich imaginativ eine Ampel-Intuition einrichten. Das heißt, Sie stellen sich auf Ihrem geistigen Bildschirm eine Verkehrsampel vor, eine ganz normale Verkehrsampel mit rot – gelb – grün, drei Lichtern.

Probieren wir es praktisch aus. Wir richten die Ampel-Intuition jetzt ein.

Schließen Sie die Augen, richten Sie Ihre Aufmerksamkeit auf Ihren inneren Bildschirm und stellen Sie sich vor, Sie stehen vor einer Ampel – unmittelbar davor. Sie sehen jetzt also ganz deutlich vor sich eine ganz normale Verkehrsampel mit den drei Lichtern rot, gelb, grün. Sie lassen jetzt erst ein Licht nach dem anderen angehen. Also lassen Sie das rote Licht aufleuchten, damit Sie spüren, wie es aussieht, wie viel heller es wird, wenn das Licht leuchtet. Jetzt ist also auf Ihrer inneren Ampel ROT. Dann lassen Sie das Rot verlöschen und GELB leuchtet auf. Sie machen sich bewusst, wie hell dieses Gelb leuchten kann. Und dann verlischt das Gelb und Sie lassen das GRÜNE Licht leuchten und wieder verlöschen.

Und jetzt leuchtet kein Licht, aber Sie sehen die Ampel ganz deutlich vor sich, Sie sehen die drei Felder vor sich, aber keines der drei Felder leuchtet.

Jetzt können Sie eine Frage stellen. Es kann etwas Belangloses sein: „Soll ich heute Abend Bratkartoffeln essen?" oder etwas Wichtigeres; „Soll ich die Erika heiraten (oder den Manfred)?" Und schauen Sie mal, was mit Ihrer Verkehrsampel geschieht, welches Licht aufleuchtet.

Wenn dort ROT aufleuchtet, dann heißt es ja nicht, dass Sie sich unbedingt danach richten müssen. Es ist Ihre Entscheidung, ob Sie auf Ihre Intuition hören. Aber ich verspreche Ihnen, Sie werden nach einiger Zeit feststellen, dass es besser gewesen wäre, darauf zu hören.

Das heißt, indem Sie sich jetzt diese Ampel einrichten, können Sie jederzeit eine Blitzabfrage machen. Und es ist ganz gleich, ob es eine große Entscheidung ist oder eine kleine. Es geht immer sofort.

Sollen wir mit dieser Firma fusionieren? Soll ich das Haus kaufen? Soll ich den Abstand zahlen? Soll ich es auf eine Klage ankommen lassen? Was auch immer. Sie schauen nur hin, was Ihre Ampelintuition sagt. Und Sie bekommen normalerweise sofort eine Antwort.

Im Unterschied zu einer Verkehrsampel können bei der Ampelintuition die einzelnen Lichter auch blinken. Also es kann sein: rot – rot – rot – rot. Grün hat bei mir noch nie geblinkt, aber gelb. Grün leuchtet bei mir oder nicht.

Diese Hilfe hat mich schon in ungewöhnlichsten Situationen vor Fehlentscheidungen bewahrt. Denn die Ampelintuition hat einen großen Vorteil: Sie kann sich auch melden, wenn Sie im Verstand sind, wenn Sie anderweitig beschäftigt sind, wenn Sie überhaupt nicht an eine Intuition denken. Plötzlich taucht die Ampel auf, und ein Licht leuchtet.

Ein Beispiel: Wir hatten eine komplizierte Fusion zweier Firmen. Wir hatten monatelang verhandelt und wochenlang die Verträge ausgefeilt, um jedes Wort gerungen. Und endlich waren zwölf Seiten Vertrag geschrieben, und wir waren beim Notar, alles war unterschriftsreif, alle Parteien waren versammelt. Und ich als Treuhänder hatte für die eine Partei zu unterschreiben. Und Sie wissen ja, wie der Notar vorliest. ... Sie verstehen dann nichts mehr, aber Sie kennen ja jedes Wort auswendig, normalerweise, wenn Sie gründlich waren. Ich kannte jedes Wort auswendig.

Also, es war vorgelesen, es dauert eine Weile. Die Gegenpartei unterzeichnete, man schob mir den Vertrag hin, ich wollte gerade auch unterzeichnen, da kommt die Ampel rot-rot-rot-rot. Und jetzt versetzen Sie sich in die Situation! Ich stutze, der Notar wird aufmerksam, und die andere Partei sagt: „Ist noch irgendwas?" Es war mir sehr peinlich. Ich sage: „Ich weiß nicht, aber ich kann den Vertrag jetzt nicht unterzeichnen." – „Ja, aber warum nicht? Was ...?" Ich sage: „Ich weiß es nicht, ich muss das noch einmal zu Hause durcharbeiten."

Die Anwesenden waren nicht begeistert, ich habe den Vertrag mit nach Hause genommen. Und siehe da, auf der vorletzten Seite ziemlich weit unten fehlte das Wörtchen „nicht". Das verdrehte den ganzen Sinn des Satzes und des Vertrages. Etwas, das vertraglich ausgeschlossen werden sollte, war nicht ausgeschlossen worden, sondern im Gegenteil vereinbart!

Natürlich haben wir einen neuen Termin gemacht, ich habe auf den Fehler hingewiesen und natürlich hieß es: „Ach, ein Versehen meiner Sekretärin, Gott sei Dank, dass Sie das noch bemerkt haben. Das wäre uns gar nicht aufgefallen."

Ich weiß bis heute nicht, ob es Absicht war oder Zufall, spielt auch keine Rolle. Meine Ampelintuition hatte mich gewarnt. Mein Verstand hätte keine Chance gehabt, den Fehler zu erkennen.

Oder eine andere Situation, die mir immer noch im Gedächtnis ist. Ich war gut gelaunt, fahre morgens zum Seminar, und ich fahre ein bisschen schnell – wie immer. Ich war also zügig unterwegs und plötzlich kommt die Ampel gelb-gelb-gelb, und ich gehe vom Gas und bremse leicht an. Die Straße ist frei, und ich weiß nicht, was ist. Ich komme um eine leichte Biegung und plötzlich steht vor mir ein Möbelwagen quer, der rückwärts in eine Ausfahrt will, wahrscheinlich zogen da Leute ein oder aus. Ob ich es mit meiner Geschwindigkeit geschafft hätte, rechtzeitig zu halten, weiß ich nicht. Aber die Intuition hat sich gemeldet.

Und das ist der Vorteil der Ampel-Intuition: Wenn Sie auf der Straße fahren, fragen Sie ja nicht dauernd, hat mir meine Intuition etwas zu sagen? Aber über diese Ampel-Intuition kann die Intuition sich melden, auch wenn Sie im Verstand sind.

Deswegen ist das Einrichten der Ampel-Intuition so wichtig.

Wenn es für Sie ein Problem ist, dass Sie sich vor Ihrem inneren Auge keine Ampel vorstellen können, gibt es einen Trick: Stellen Sie sich einmal vor, Sie könnten sich vorstellen … Tun Sie einfach so, als ginge es. Also, Sie wissen, oben ist Rot, in der Mitte ist Gelb, unten ist Grün. Sie brauchen nichts zu sehen, aber Sie wissen, die Ampel ist da.

Und jetzt lassen Sie das rote Licht aufleuchten.

Sie sehen es nicht, wenn Sie gar nichts sehen. Aber wie merken Sie, dass das rote Licht aufleuchtet? Stellen Sie es sich einfach vor, Sie spüren irgendwie, jetzt ist rot. Und dann geht's. Und sobald man diese Barriere überschritten hat, sieht man es dann auch nach einer Weile. So tun als ob hilft dabei sehr viel.

Quelle: *Hörkassette „Der neue Manager", Kassette 4, Seite 1*

Übung: Intuitiv das Richtige essen

Es gibt heute viele Richtungsstreits über die gesunde Ernährung. Die einen vertreten dies, die anderen jenes, und alle vergessen dabei, dass es die richtige Ernährung für alle Menschen gar nicht geben kann.

Eine wirklich gesunde Ernährung ist abhängig von der Region, in der die Menschen leben (ein Eskimo muss sich anders ernähren als ein Aboriginee), aber auch von der persönlichen Entwicklung jedes Einzelnen.

Die richtige Ernährung für sich selbst zu finden ist ein ausgezeichnetes Betätigungs- und Trainingsfeld für Intuition und MIND-Management.

Zur Gesundheit, zur körperlichen und geistigen Fitness gehört natürlich unverzichtbar auch die Ernährung. Schon Paracelsus hat gesagt: „Deine Nahrung sei deine Medizin."

Wenn Sie sich kluge Bücher kaufen, dann sagt das eine, Sie dürfen auf keinen Fall Brot essen, das andere sagt, nur Brot essen. Die einen fordern, kein Eiweiß, die anderen wiederum sagen, Eiweiß ist unverzichtbar. Und wieder andere sagen ... Und letztlich, wenn Sie alle Ratschläge befolgen, dürfen Sie überhaupt nichts mehr essen.

Daher ist es sinnvoll, wenn Sie für die sich wandelnde Ernährungsweise Ihre Intuition einsetzten. Intuition erreichen Sie, indem Sie über sich hinausgehen, machen wir es gerade noch einmal praktisch: Über sich hinauswachsen. In diesem Bewusstsein haben Sie überhaupt keine Schwierigkeit, auch keine Mühe, es tut gut, den geistigen Riesen einmal zu strecken, aus dem Körper rauszulassen, sich an das kosmische Energiefeld anzuschließen und einzutauchen in das allumfassende Informationsfeld des Allbewusstseins. Sobald Sie aus dem Körper heraus sind, sind Sie in der Intuition. Und Sie sind in der Gedankenstille. Sie können wahrnehmen. Nach diesen Schritten können Sie sich auch intuitiv ernähren. Folgen Sie keinem Buch mehr, fragen Sie einfach Ihren Körper.

Der Ober bringt das Essen. Sie sagen, einen kleinen Moment, ein Bissen unter die Zunge, eben einmal drauf drücken, schwächt mich oder stärkt mich das? Wenn es schwächt, gleich wieder weg, nächster Gang.

Mit der Zeit wissen Sie schon, was für Sie gut ist, und dann testen Sie es einfach. So ziehen Sie in Ihr Leben, was Sie stärkt.

Dann wird Ihre Nahrung Ihr Medikament.

Sie brauchen viele Vitalstoffe, viel Flüssigkeit. Sie brauchen zur Notversorgung mindestens zwei Liter vernünftige Flüssigkeit am Tag, besser zweieinhalb. Sie brauchen drei Liter, aber etwa einen halben Liter nehmen Sie mit der Nahrung auf. Also zwei, zweieinhalb Liter sollten Sie trinken, am besten ein gutes Wasser.

Wasser ist nicht gleich Wasser. Wenn Sie es nicht unterscheiden können, die Verbraucherverbände können Sie über die Qualitäten informieren. Kaufen Sie sich ein gutes Wasser. Wir verwenden natürlich kein Leitungswasser mehr, auch nicht zum Kochen, sondern nur gutes Wasser.

Kaffee ist übrigens gar nicht so schlecht, wie man immer gedacht hat. Bis ca. drei Tassen am Tag kann man ihn fast noch als Medizin bezeichnen. Nur die Österreicher als einziges Volk, soweit ich weiß, machen etwas Vernünftiges, was ich früher auch nie verstanden habe: Sie servieren zum Kaffee ein Glas Wasser. Kaffee, wenn er optimal verdaulich sein soll, braucht die gleiche Menge neutrales Wasser.

Das ist natürlich noch wichtiger, wenn Sie Milch trinken. Milch ist kein Getränk, sondern ein Nahrungsmittel. Und dazu müssen Sie die gleiche Menge Wasser trinken. Aber wer trinkt schon, wenn er gerade einen halben Liter Milch getrunken hat, auch noch einen halben Liter Wasser. Doch genau das wäre vernünftig. Das muss sein, denn Kuhmilch allein ist für den Menschen nicht verdaulich.

Quelle: *Hörkassette „Erfolgreiches Selbstmanagement" Kassette 4, Seite B*

Übung: Intuitive Menschenkenntnis

Nach dem Gesetz „wie innen so außen" zeigt die äußere Form des Menschen auch sein inneres Sein. Das zu verstehen, kann man lernen. Aber gleichzeitig ist der andere ja ein Sender. Er sendet eine bestimmte Energie aus. Und diese Energie können Sie lesen, hören, wahrnehmen.

Worte sind unzulänglich. Wenn Sie jemand anlügt, sagt er gleichzeitig energetisch ganz laut: „Ist gar nicht wahr! Ist gar nicht wahr!" Wenn Sie diese Botschaft energetisch hören können, kann Sie niemand mehr anlügen, bluffen, etwas vormachen. Wahrscheinlich hat Ihre Mutter das früher auch gekonnt und hat Ihnen gesagt: „Ich sehe es dir an der Nasenspitze an. Das stimmt gar nicht." Sie hat die Energie wahrgenommen. Kinder sind ja noch so offen, da ist es meist sehr leicht.

Wir können intuitiv also auch die Energie eines jeden Menschen wahrnehmen, seine derzeitige Stimmung, seine Meinung, seine Absicht. Über seine ausgestrahlte Energie können wir seine geheimsten Gedanken erkennen.

Das ist natürlich im Management bei Verhandlungen sehr hilfreich. Sie können energetisch die Position des anderen erfassen, Sie kennen seine Grenzen, seine Absichten. Sie wissen, wie weit er bereit ist zu gehen. Unter welchen Umständen er noch weitergehen würde, seine geheimsten Absprachen liegen offen vor Ihnen, wenn Sie sich auf seine Frequenz einstellen und seine Energie lesen können.

Ist das indiskret oder unfair? Nein, ich finde nicht. Jeder hat das Recht, von seinen Fähigkeiten Gebrauch zu machen. Sie wollen den anderen ja nicht übervorteilen. Er hat seine Entscheidung getroffen, und Sie erkennen sie nur, er kann sich nur nicht verstecken, Ihnen etwas vormachen.

Letztlich sollten Sie ohnehin immer eine Lösung finden, bei der alle gewinnen. Denn eine Lösung, bei der nicht alle gewinnen, das ist keine Lösung. Und auch da ist es sehr hilfreich, wenn man intuitiv sieht, wo der andere steht und was er will.

Schritte zur Inspiration

Wir können uns bewusst machen, wie man sich Lösungen aus dem Überbewusstsein einfallen lässt. Es sind zusammenfassend drei Schritte:

Der erste Schritt: Ich mache mir die Tatsache bewusst, dass die Antwort auf meine Frage, die Lösung für meine Aufgabe, die richtige Entscheidung bereits existiert. Ich muss sie jetzt nicht schaffen. Sie wartet nur darauf, dass ich bereit bin und mich öffne, sie in mein Bewusstsein treten zu lassen. Also ich vollziehe den ersten Schritt. Ich habe eine Frage oder ein Aufgabe und weiß, dass die Lösung existiert.

Der zweite Schritt: Ich formuliere jetzt ganz genau meine Frage und wiederhole mehrmals meinen Wunsch, was ich jetzt wissen möchte. Ich formuliere so einfach wie möglich, aber unmissverständlich. Ich mache mir noch einmal alle Fakten bewusst, alle Umstände, alles, was ich über die Aufgabe weiß. Meine ganze Aufmerksamkeit gilt der Frage, der Aufgabe, der Situation.

Der dritte Schritt: Ich erfülle mein Bewusstsein mit dem Glauben, dass mich die Antwort sicher erreicht. Und dass ich sie auch wahrnehme. Das ist eigentlich schon alles. Denn dieser Glaube – wir können auch wieder Überzeugung sagen – ist eine bestimmte energetische Schwingung, die im gleichen Augenblick den Einfall, die Inspiration, anzieht.

Übung: Die Inspirations-Spirale

Eine weiteres Hilfsmittel, sich gezielt etwas einfallen zu lassen, ist die siebenfältige Spirale:

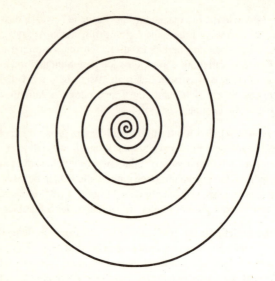

Erster Schritt: Schauen Sie auf diesen Kern der Spirale. Schauen Sie in diese Spirale hinein, in das NICHTS dahinter. Dann wird die Spirale zu einem Trichter und führt Sie in Gedankenstille, in den Augenblick, in die Zeitlosigkeit.

Zweiter Schritt: Und jetzt nehmen Sie sich irgendetwas, das Sie wissen wollen, ins Bewusstsein. Sie halten Ihr Bewusstsein auf das gerichtet, was Sie klären wollen. Während Sie es im Bewusstsein halten, gehen Sie damit durch die Spirale in das Nichts dahinter. Und wenn Sie dort einfach sind – in dieser Zeitlosigkeit – sind Sie offen, sich etwas einfallen zu lassen.

So könnten Sie auch als ICH über dieses Hilfsmittel Gedankenstille erzeugen, in die Zeitlosigkeit gehen und sich ganz bewusst etwas einfallen lassen.

Zusammenfassende Schritte

- [ ] Sie haben Ihr Selbstbild optimiert in den Bereichen
  - Gesundheit
  - Finanzen
  - Familie und Lebensverhältnisse
  - persönlicher und beruflicher Erfolg
  - persönliche Entwicklung: Wahrnehmung der eigenen Originalität und Genialität
  - Zukunftsgestaltung
- [ ] Sie trainieren Inspiration (den gezielten Einfall)
  - über Imagination von Inspiration
  - über das Handy mit Geheimnummer
  - über die Inspirations-Spirale
  - über das richtige Essen
  - über Menschenkenntnis
- [ ] Sie wissen, welcher Intuitionstyp Sie sind, und erweitern Ihre Sensibilität für alle Frequenzen
- [ ] Sie haben für sich ein Ritual für den Empfang von Intuition vereinbart (z.B. ein Glas Wasser morgens beim Aufstehen)
- [ ] Sie haben Ihre Ampel-Intuition eingerichtet und erprobt
- [ ] Sie haben eine Liste Ihrer Freuden und Genüsse erstellt
- [ ] Sie können vormals Unangenehmes mit Freude erleben
- [ ] Sie erheben sich mit Humor und Genuss in die Leichtigkeit des Seins (Nehmen Sie das Leben leicht!)
- [ ] Sie trainieren Ihre Ausstrahlung
  - im Aussehen (Haltung, Gang, Körperpflege, Kleidung)
  - in der Stimme
  - im Sprechen („subkutan")
  - im Charisma
- [ ] Sie trainieren, in anderen Gewünschtes hervorzurufen
- [ ] Sie senden stark und immer mit Freude und Dankbarkeit

Drei Regeln für ein erfolgreiches und glückliches Leben

Im MIND-Management geht es um den ganzen Menschen: Beruflicher Erfolg und privates Glück sind nicht voneinander zu trennen.

Wir machen es uns in unserem Leben durch das Überschreiten des Verstandes nicht mehr schwer, sondern genießen im Bewusstsein die Leichtigkeit des Seins. Und wir wissen: So lange wir diesen Sein-Zustand noch nicht (dauerhaft) erreicht haben, sind wir noch auf dem Weg (den wir genießen sollten). So sind die „drei Regeln für ein erfolgreiches und glückliches Leben" eine gute Zusammenfassung des ganzen Buches.

Ich habe einmal in einem Buch gelesen: „Es gibt drei Regeln für ein glückliches und sorgenfreies Leben. Leider kennt sie niemand."

Doch so etwas lasse ich nicht stehen und habe mir gesagt: O.k., wenn sie niemand kennt, wie würden sie denn lauten, wenn man sie kennen würde? Und dann habe ich mir diese drei Regeln selbst erstellt.

Erste Regel: Spielen Sie die Hauptrolle in Ihrem Leben.

Prüfen Sie, ob Sie es tun, und wenn nicht, fangen Sie an: Spielen Sie die Hauptrolle. Entlassen Sie alles, was Sie daran hindert, die Hauptrolle in Ihrem Leben zu spielen. Es geht nur um Sie! Sie sind Ihre Hauptaufgabe.

Wo spielen Sie in Ihrem Leben nur eine Nebenrolle oder sind Sie nur Statist? Und wenn Sie die Hauptrolle spielen, haben Sie auch das Drehbuch Ihres Lebens selbst geschrieben oder spielen Sie nur eine Rolle nach dem Drehbuch anderer?

MIND-Management ist die Anleitung, wie Sie das Drehbuch Ihres Lebens selbst schreiben lernen. Spielen Sie also die Hauptrolle in dem Stück, das Sie für sich selbst geschrieben haben!

Und seien Sie von sich selbst begeistert. Applaudieren Sie sich selbst für das grandiose Schauspiel und Ihre Leistung als Schauspieler. Gewinnen Sie für jeden Aspekt Ihres Lebens einen Oscar!

Das Leben ist ein Spiel, ein Spiel, bei dem Sie nur gewinnen können. Doch denken Sie dran, wenn man das gewinnen will, muss man sich auch ein Los kaufen. Das heißt, man muss dem Leben auch die Hand reichen: Das tun, was zu tun ist. Folgen Sie so oft wie möglich dem Handlungsimpuls Ihrer Intuition. Ihre Intuition weist Ihnen immer den richtigen Weg.

Aber fangen Sie heute an, nicht morgen. Morgen gibt es nie. Beginnen Sie heute, die Hauptrolle in Ihrem Leben zu spielen. Damit haben Sie die erste Regel für ein erfolgreiches und glückliches Leben erfüllt.

Die zweite Regel lautet: Lebe dein Leben.

Und diese Regel kann man dreierlei betonen:

LEBE dein Leben! Also lassen Sie es lebendig werden. Lassen Sie alles los, was in Ihrem Leben nicht mehr lebendig ist. Und dann können Sie es so betonen:

Lebe DEIN Leben! Prüfen Sie einmal, ob das, was Sie da praktizieren, wirklich Ihr Leben ist, oder ob es die Fortsetzung der Prägung der Kindheit ist. Oder ob Sie das leben, was andere von Ihnen erwarten. Und die dritte Betonung ist:

Leben Dein LEBEN! Kann man diese Form der Existenz wirklich „Leben" nennen? Und wenn NEIN, was müsste geschehen, dass das, was Sie da praktizieren, die Bezeichnung „Leben" verdient! Leben, so wie es von der Schöpfung gemeint ist: mit Leidenschaft, Begeisterung, Freude, Humor und Leichtigkeit.

Sie erkennen z. B., dass das Leben ein Spiel ist, das Ihnen zur Freude gespielt wird: Jedes Mal, wenn ich mich gerade nicht freue, mache ich etwas falsch.

Und es ist ein Spiel, bei dem ich nur gewinnen kann. Also prüfen Sie einmal: Was könnten Sie denn aus dieser schwierigsten Situation, die Sie sich vorgestellt haben, gewinnen? Was könnte sie Ihnen bringen? Wohin könnte eine solche Situation Sie führen?

„Lebe dein Leben!" heißt auch: Erlauben Sie dem Leben, so zu leben, wie es will, und erlauben Sie sich zu leben, wie Sie wollen!

Erlauben Sie anderen Menschen nicht nur, ihr eigenes Leben zu leben, sondern unterstützen Sie andere dabei. Anderen ihr eigenes Leben zu gönnen und sie dabei zu unterstützen ist der beste Weg, sich frei für sein eigenes Leben zu machen. Das größte Geschenk, das Sie anderen Menschen machen können, ist: deren Selbstständigkeit zu fördern. Prüfen sie also: Wo sind Sie selbst noch abhängig und wo sind andere Menschen von Ihnen abhängig.

Und natürlich gehört dazu auch: Gestatten Sie dem Leben, Sie dafür fürstlich zu bezahlen, dass Sie das tun, was Ihnen ohnehin am meisten Spaß macht. Beenden Sie den Glauben, Sie müssten Ihr Geld verdienen. Nur in der deutschen Sprache muss man sein Geld verdienen.

Meine persönliche Art, zu Geld zu kommen, ist – wie ich schon sagte –, ich gestatte dem Leben, mich fürstlich dafür zu bezahlen, dass ich das tue, was ich sowieso tun würde, wenn ich nichts dafür bekäme; für das, was mir am meisten Freude macht.

Niemand hat gesagt, dass man für sein Geld arbeiten muss. Das steht nirgendwo. Und schon gar nicht, dass man sich dafür gar anstrengen müsse. Schaffen Sie jetzt, in diesem

Augenblick, Ihren individuellen Weg, wie Geld zu Ihnen kommt.

Lassen Sie sich nicht von anderen sagen, wie Ihr Leben auszusehen hat, was man tut, was man nicht tut, was normal ist und was verrückt. Leben Sie Ihr Leben als einzigartiges Original (sonst wird Ihr Leben zu einer Kopie oder einer Fälschung)!

Die dritte Regel lautet: Genieße das Leben.

Ich nehme nichts, aber auch gar nichts mehr ernst. Und seitdem ist alles ganz einfach. Wie wäre es, wenn Sie ab heute der Welt gestatten würden, so zu leben, wie sie will, und sich erlauben, so zu leben, wie Sie wollen. Und dann ist das Leben wirklich ganz einfach.

Lernen Sie vor allem, wie man aus einem ganz normalen Alltag etwas ganz Besonderes, Einmaliges macht. Lernen Sie, Ihr Leben alltäglich und in den Kleinigkeiten zu zelebrieren, „in Zeitlupe" zu leben.

Also prüfen Sie: Was ist zu tun, damit mein Leben mehr Qualität hat? Was kann ich tun, um mein Leben mehr zu genießen, um es wirklich zu genießen?

Die hohe Kunst des Genießens bedeutet vor allem, etwas Unangenehmes genießen zu können.

Probieren Sie es aus: Versetzen Sie sich in eine angenehme Situation Ihres Lebens – vielleicht in die Schönste, an die Sie sich erinnern können, und genießen Sie sie: vielleicht Ihre erste Liebe, den letzten Urlaub, den ersten Kuss, die große Liebe, was auch immer. Versetzen Sie sich in einen Augenblick, wo Sie sich so richtig wohl gefühlt haben in Ihrem Leben. Und machen Sie sich dieses Gefühl bewusst: sich in seinem Leben so richtig wohl zu fühlen.

Dann versetzen Sie sich einmal in die unangenehmste Situation, an die Sie sich erinnern – oder denken Sie sich eine aus, die Ihnen passieren könnte – etwas äußerst Unangenehmes.

Jetzt gehen Sie in das Erleben dieser äußerst unangenehmen Situation mit dieser Begeisterung, dieser Freude und der Erfüllung, die Sie gerade erlebt haben in der angenehmen Situation. Und erleben Sie diese unangenehme Situation mit der gleichen Freude und Begeisterung und erkennen Sie: Eine unangenehme Situation ist überhaupt nicht unangenehm.

Alles ist so angenehm oder unangenehm, wie man es nimmt. Diese unangenehme Situation kann für Sie viel wichtiger in Ihrem Leben sein als die angenehmste Situation, die Sie je erlebt haben.

Wenn Sie das erkennen, kommen Sie in das Lebensgefühl: „Alles ist gut, so wie es ist."

Machen Sie sich bewusst: Alle Probleme dieser Welt entstehen aus der Illusion des Ichs. Nur ein ICH hat Probleme. Aber: Sie sind kein ICH. Sie hatten noch nie ein Problem! Sie SELBST waren auch noch nie krank.

In dem Augenblick, wo Sie bereit sind, aus der Illusion des ICHs aufzuwachen, erkennen Sie, Sie sind am Ziel. Es gibt nichts mehr zu erreichen. Wenn Sie sich selbst gefunden haben in diesem Leben, haben Sie das höchste Ziel dieses Lebens erreicht, sind Sie Meister, meistern Sie das Leben mit Leichtigkeit.

Wenn Sie Meister sein wollen, ist die Vorstellung von Glück ganz einfach:

Glück ist, dass man lebt. Alles andere ist ein zusätzliches Geschenk, ist schon Luxus. Glück ist tun zu können, was Freude macht, und herauszufinden, was mich wirklich erfüllt.

Und vielleicht nehmen Sie sich irgendwann die Zeit (z.B. heute oder jetzt), sich vorzustellen: Sie schauen sich die mit mehreren Oscars ausgezeichnete Video-Kassette Ihres Lebens an, „Mein Leben als Meister".

Und der Film beginnt vor diesem Leben: Ich nehme mich wahr, wie ich wirklich bin. Ich erkenne, warum ich mich zu diesem Leben als Meister entschließe, mache mir bewusst, auf welche Art ich Meister werde, warum ich diese Umstände, diese Eltern, diese Zeit wähle, und erlebe noch einmal, wie ich als Meister heranwachse, wie ich geprägt werde und wie ich mit diesen Prägungen umgehe.

Und erkenne: Alles habe ich dafür gewählt, um mich daran zu erinnern: ICH BIN MEISTER. Und ich erlebe: Wann ich mich wieder an mich SELBST erinnere. Und wie ich anfange zu leben als der ich gekommen bin, als Meister. Und mache mir einmal bewusst: Wie sieht mein Leben als Meister aus? Habe ich eine Botschaft? Eine bestimmte Aufgabe? Und wie erfülle ich sie?

Und ich spüre mich jetzt einmal in meinem Körper als Meister. In diesem Augenblick. Und spüre, wie mein Körper darauf reagiert, von einem Meister bewohnt zu werden. Dies ist der Körper eines Meisters.

Damit bringe ich meine ganze persönliche Entwicklung zur Erfüllung. Damit bin ich angekommen. Ich erlebe mich wieder als universelles Bewusstsein in jedem Augenblick. Ich bin immer eins mit dem Geist. Ich bin das Ganze.

Und trotzdem gibt es Unterschiede. Und so prüfe ich einmal, ob ich überhaupt als Meister im Außen in Erscheinung trete. Bin ich vielleicht ein Meisterlehrer, ein Meisterheiler, ein Meistermanager, eine Meisterführungskraft.

Und ich schaue, wie mein Leben als Meister in Zukunft weitergeht und erkenne: Als Meister kann ich es in jedem Augenblick ändern.

Die Anleitung dafür ist MIND-Management und Sie halten sie in Ihren Händen.

Übungshilfen für die Meisterschaft: So wachsen Sie über sich hinaus!

Das beste Buch für Ihre Persönlichkeitsentwicklung ist dasjenige, das Sie in Ihrem Leben auch konsequent und bewusst anwenden. Es ist wahrscheinlich genau das Buch, das Sie gerade in Händen halten. Denn es bietet Ihnen alles, was Sie jetzt brauchen.

Ein Buch kann viele Knoten im Kopf lösen, Horizonte eröffnen, neue Perspektiven zeigen und das Bewusstsein erweitern. Doch so schön es sein kann, neue Länder über Bücher kennen zu lernen, die wirkliche Reise in die Länder (nicht nur mit dem Finger auf der Landkarte) ist durch kein Buch zu ersetzen. Also, sind Sie bereit, die Abenteuerreise zu Ihrem Selbst anzutreten? Sind Sie jetzt bereit, wirklich und nachhaltig über sich hinauszuwachsen?

Wie arbeiten Sie also möglichst effizient mit diesem Buch?

Führen Sie ein Wachstumstagebuch

Wir nehmen gewöhnlich die kleinen Unterschiede im Wachstum gar nicht wahr. Erst wenn Verwandte nach längerer Zeit wieder zu Besuch kommen, heißt es dann überrascht: „Mein Gott, sind die Kinder gewachsen!" Damit Kinder ihr eigenes Wachstum selbst vor Augen haben, hängen in vielen Kinderzimmern kleine Messlatten, mit denen das Wachstum der Kinder dokumentiert wird: „Schon wieder drei Zentimeter größer als beim letzten Mal!"

Ein Tagebuch ist auch eine solche „Wachstumsdokumentation". Denn die kleinen Fortschritte sind es, die am Anfang motivieren. Jede Form des Tagebuchs ist erlaubt. Machen Sie es nicht zu perfektionistisch. Es soll einfach nur nützlich sein und kein Entwurf zu einer Autobiographie.

Vielleicht reicht es am Anfang, wenn Sie einfach nur aufschreiben, welche Seiten Sie an welchem Tag gelesen haben. Ihnen sind dann doch bestimmte Dinge durch den Kopf gegangen. Was war dabei merkwürdig genug, um gemerkt und im Tagebuch notiert zu werden?

Gibt es seltsame „Zufälle", die sich während der Lektüre des Buches ereignen? Schreiben Sie all das auf!

Der intuitive Zugang

Der intuitive Zugang nach dem ersten orientierenden Lesen des Buches ist, dass Sie den „Zufall" bestimmen lassen, welcher Ihr nächster Schritt zur Vertiefung ist. Wer dem Leben vertraut und sich ihm ganz hingeben kann, der braucht eigentlich nur eine klare innere Stimmigkeit, die ihm sagt, wie der nächste Schritt aussieht.

Überlassen Sie es dem „Zufall" (Ihrer inneren Stimmigkeit), welche Übung für Sie jetzt genau die richtige ist. Lassen Sie sich **eine Zahl zwischen 1 und 18** einfallen, und dann führen Sie diese Übung durch! Hier finden Sie die Seitenverweise für die im Buch beschriebenen 18 Übungen:

Seitenverweise auf die Übungen

1. Über sich hinaus wachsen S. 27
2. Holistische Atmung S. 28
3. Mentales Umerleben S. 57
4. Stress-Management – den Tag vor- und nachbereiten S. 59
5. Bewusst zu Sinnen kommen S. 65
6. Der Armtest S. 67
7. Zielhindernisse und Zeitfresser beseitigen S. 101
8. WAHR-Denken S. 102

9. Innere Erfolgsformeln S. 108
10. Heilung geschehen lassen S. 111
11. Fit in Sekunden S. 114
12. Multidimensionale Imagination S. 136
13. Die Sinne schärfen S. 139
14. Zu Bewusstsein kommen S. 179
15. Die Ampel-Intuition S. 183
16. Intuitiv das Richtige essen S. 186
17. Intuitive Menschenkenntnis S. 188
18. Die Inspirations-Spirale S. 190

Der systematische Zugang

Zugegeben, der intuitive Zugang ist eher etwas für Menschen, die schon sehr gut mit ihrer Intuition umgehen können. Das ist ja eigentlich erst das Ziel dieses Buches. Für viele Leser ist diese Idee wohl eher ein Ausklang als ein Zugang.

Wahrscheinlich steht Ihnen der systematische Zugang im Augenblick noch näher: sich das Buch systematisch Kapitel für Kapitel zu erarbeiten. Wohlan! Auch dafür möchten wir Hilfen und Anregungen geben.

1. Der Quantensprung vom Verstand ins Bewusstsein (S. 18–33)

ARBEITSBLATT 1: Meine Zukunft

Machen Sie sich bitte bewusst, dass Ihr Verstand eigentlich nur über die Vergangenheit nachdenken kann, nicht aber über die Zukunft. Über die Zukunft kann er nur spekulieren. Und selbst wenn wir uns verschiedene Zukunftsszenarien spekulativ einfallen lassen, ist dabei weniger der Verstand am Werk als vielmehr die Phantasie. Der Verstand kann diese unterschiedlichen Szenarien vielleicht bewerten, aber zu einer Gewissheit über die Zukunft kann er nie gelangen.

Schreiben Sie jetzt **die zwölf wichtigsten Fragen über Ihre Zukunft** auf, wie:

1. Wo und was werde ich in fünf Jahren arbeiten?
2. Wie wird sich meine Partnerschaft im nächsten Jahr entwickeln?
3. Wie werden sich meine finanziellen Verhältnisse in den nächsten zwei Jahren entfalten?
4. …

Machen Sie sich dann die Grenzen des Verstandes bewusst: Womit ist er überfordert?

Machen Sie sich mit Hilfe dieses Arbeitsblattes einmal bewusst, welche Fragen hinsichtlich Ihrer persönlichen Zukunft Sie wirklich bewegen. Und erkennen Sie, wie wenig der Verstand Ihnen dabei weiterhelfen kann. Haben Sie schon ein inneres Gespür für die Antworten? Können Sie dabei unterscheiden, welche Zukunft eher „wünschenswert" ist und welche wahrscheinlich eintritt?

ARBEITSBLATT 2: Probleme auflösen

Probleme lassen sich nicht auf der Ebene lösen, auf der sie entstanden sind. Hier kann man sich eher in den Problemen verstricken (wie es für den Verstand typisch ist). Die Ebene, die eine endgültige Problemlösung ermöglicht, ist vielmehr das **Bewusstsein**.

Nennen Sie bitte Ihre **fünf wichtigsten Lebensprobleme:**

1.

2.

3.

4.

5.

Wenn Sie Ihre größten Probleme möglichst präzise bestimmt haben, dann können Sie diese einfach loslassen. Vergessen Sie sie, indem Sie sie in einem Ritual verbrennen: „Danke, euch brauche ich jetzt nicht mehr. Und tschüss!"
Gewiss, Probleme sind oft hartnäckiger, als es einem lieb ist. Doch wenn Sie sich ganz offiziell von Ihnen verabschieden, dann geht ihnen bald die „Luft" aus.

ARBEITSBLATT 3: Anker für das Bewusstsein

Welche Anker setzen Sie, die Sie an Ihr **Bewusstsein** erinnern sollen?

Telefon: Als **wer** hebe ich ab?

_____: Als **wer** ...

_____: Als **wer** ...

_____: Als **wer** ...

_____: Als **wer** ...

_____: Als **wer** ...

> Innerhalb des ersten Kapitels sollten Sie die **Übungen 1 und 2** mehrfach wiederholt haben. Nehmen Sie sich dann bitte die „Zusammenfassenden Schritte" (S. 33) als Ihre **Checkliste** für das erste Buchkapitel vor.

2. Die Vergangenheit loslassen zum Senkrechtstart (S. 34–70)

Wer abheben will, muss loslassen können. Erst die Befreiung vom Ballast der Vergangenheit macht uns frei und gibt uns Kraft für den Quantensprung in die Zukunft, zum persönlichen Wachstum.

ARBEITSBLATT 4: Was ich jetzt loslasse und wie ich es ersetze

Wir neigen dazu, unsere Ziele negativ zu bestimmen. Wir wissen, was wir **nicht** mehr wollen, ohne unserem Unterbewusstsein mitzuteilen, was wir im positiven Sinne tatsächlich wollen. Lernen Sie auf diesem Arbeitsblatt, nicht nur das zu formulieren, was Sie nicht mehr wollen, sondern auch das, was „stattdessen ab heute" in Ihrem Leben einen Platz erhalten soll. Beispiel:

Ich lasse jetzt meine Nachgiebigkeit los.

Stattdessen: **Ab heute sage ich klar und deutlich meine Meinung.**

Folgende **Persönlichkeitseigenschaften** lasse ich jetzt los:

1.
   Stattdessen: **Ab heute ...**
2.
   Stattdessen: **Ab heute ...**
3.
   Stattdessen: **Ab heute ...**

Folgende **Gewohnheiten** lasse ich jetzt los:

1.
   Stattdessen: **Ab heute ...**
2.
   Stattdessen: **Ab heute ...**
3.
   Stattdessen: **Ab heute ...**

Folgende **Tätigkeiten** gebe ich jetzt auf:

1.
   Stattdessen: **Ab heute ...**
2.
   Stattdessen: **Ab heute ...**
3.
   Stattdessen: **Ab heute ...**

Folgende **Dinge, Gegenstände, Objekte** gebe ich jetzt auf:

1.
   Stattdessen: **Ab heute ...**
2.
   Stattdessen: **Ab heute ...**
3.
   Stattdessen: **Ab heute ...**

Folgende **Orte (Lebensräume)** gebe ich jetzt auf:

1.
   Stattdessen: **Ab heute ...**
2.
   Stattdessen: **Ab heute ...**
3.
   Stattdessen: **Ab heute ...**

Folgende **Menschen und Beziehungen** gebe ich jetzt auf:

1.

   Stattdessen: **Ab heute ...**

2.

   Stattdessen: **Ab heute ...**

3.

   Stattdessen: **Ab heute ...**

ARBEITSBLATT 5: Nie mehr ärgern

Ärger kann ein großer Alltagslehrer sein! Dann nämlich, wenn wir verlernen uns zu ärgern, und so zu innerer Ausgeglichenheit und Zufriedenheit kommen. Denn Ärger macht alles nur noch ärger!

Machen Sie sich zunächst eine Liste, was Sie am meisten ärgert. Formulieren Sie auch, wie sich der Ärger äußert. Beispiel:

Es ärgert mich, wenn meine Mutter ständig an mir herumnörgelt. Dann könnte ich zum Mörder werden! Ich kann dann nicht mehr vernünftig reden, sondern werde jähzornig.

Was bringt Sie zur Weißglut?

1.

2.

3.

4.

5.

Stellen Sie sich jetzt bitte einmal vor, wie es wäre, wenn Sie sich in Ihrem Leben nie mehr ärgern würden, also in jeder noch so ärgerlichen Situation immer ruhig und gelassen bleiben und sie ganz souverän meistern würden. Bitte stellen Sie sich das jetzt einfach vor. Nehmen Sie sich dazu eine Stunde Zeit, besser sogar zwei. Spüren Sie, wie sich dadurch Ihre Lebensqualität ganz erheblich verbessert.

Und dann gehen Sie (heute oder in den nächsten Tagen) jeden der Punkte durch, der dafür verantwortlich ist, dass Sie sich ärgern oder einen Wutausbruch erleiden, und trainieren an diesem Punkt das „mentale Umerleben" – bis Sie nicht mehr genervt reagieren müssen.

ARBEITSBLATT 6: Nie mehr müssen

Sie entfernen alles aus Ihrem Leben, was Sie noch müssen. Denn das Ärgern aufzugeben ist nur der erste Schritt zu einem Leben in der Leichtigkeit des Seins.

Was müssen Sie noch?

- Ich muss ...
- Ich muss ...
- Ich muss ...
- Ich muss ...
- Ich muss ...
- Ich muss ...
- Ich muss ...

Was zwingt Sie? Was setzt Sie unter Druck?

Auch diese Punkte können Sie mit der Technik des mentalen Umerlebens verändern. Erstellen Sie dazu einen Plan! Beispiel:

Ich muss Geld verdienen. Ich empfinde das Geldverdienen als Druck und Zwang, weil die Arbeit mir keine rechte Freude bereitet.

Ich stelle mir nun eine Arbeit vor, die mir Freude bereitet und für die ich fürstlich bezahlt werde. Nun **muss** ich nicht mehr Geld verdienen, sondern arbeite mit Freude und bekomme dafür mehr Geld als ich brauche. **Plan:** Eine solche Arbeit erschaffen!

ARBEITSBLATT 7: Immer die richtige Entscheidung treffen

Trainieren Sie jetzt einmal konsequent eine Woche lang den Armtest, so dass er Ihnen in Fleisch und Blut übergeht.

Testen Sie mit einem Partner zunächst einmal Ihre Lebensmittel durch:

Welche Lebensmittel tun Ihnen gut, welche nicht (zum Beispiel Milch, Kaffee, Ei, Brot)?

Testen Sie bitte folgende Lebensmittel:

1.
2.
3.
4.
5.
6.
7.
8.
9.

Testen Sie Ihren Lebensrhythmus (früh aufstehen, spät aufstehen, Mittagsschlaf etc.).

Testen Sie Ihre Kleidung (Farbe, Material): Welche stärkt Sie, welche schwächt Sie?

Testen Sie Ihre Lebensgewohnheiten.

Testen Sie Ihre Beziehungen zu Menschen.

Machen Sie für sich selbst einen Testplan!

Bringen Sie auf diese Weise Ihr Leben **in Ordnung**. Sie werden feststellen, dass Sie den Armtest nicht nur immer sicherer beherrschen lernen, sondern auch Ihre Lebensenergie in dieser Woche erheblich zunimmt. Sie werden auch feststellen, dass Sie den Armtest immer weniger brauchen. Sie spüren die Wahrheit Ihres Körpers immer intuitiver, ohne ihn ausdrücklich befragen zu müssen.

> Innerhalb des zweiten Kapitels sollten Sie die **Übungen 3 bis 6** mehrfach wiederholt haben. Nehmen Sie sich dann bitte die „Zusammenfassenden Schritte" (S. 70) als Ihre **Checkliste** für das zweite Buchkapitel vor.

3. Von der Absicht zum zuverlässigen Erfolg (S. 71–119)

Erfolg kann man lernen, wie man eine Fremdsprache lernen kann. Es bedarf dazu nur einiger Regeln.

ARBEITSBLATT 8: Welcher Richtungsmensch sind Sie?

Es gibt viele Arten von Typologien, die helfen, den eigenen Typ zu bestimmen. Jede einzelne Typologie enthüllt einen Teil Ihrer Persönlichkeit. Die des „Richtungsmenschen" hilft nicht nur, sich selbst zu charakterisieren, sondern auch eine Richtung anzugeben, wohin Sie sich entwickeln sollten, um Ihre Persönlichkeit auszugleichen.

Betrachten Sie bitte das Bild auf S. 100 (Text dazu S. 72–74).

- Als welchen Typ erkennen Sie sich?
- Wie ist der gegenpolige Typ charakterisiert?
- Was fasziniert Sie an dessen Eigenschaften?

(Hier finden Sie Ihr Entwicklungspotential)

Prüfen Sie auch bei Menschen aus Ihrer Umgebung (Lebenspartner, Freund, Freundin), welche Richtungsmenschen sie sind.

Können Sie eine Beziehung feststellen zwischen Ihrem Typ und dem Typ des Menschen, der Ihnen am nächsten steht?

ARBEITSBLATT 9: Was ist für mich Erfolg?

1. Schreiben Sie auf, was Erfolg für Sie bedeutet, wenn Sie sagen: Hier habe ich Erfolg gehabt.
2. Jetzt machen Sie sich bitte Gedanken darüber, was für Sie „Lebenserfolg" bedeutet. Was müsste noch eintreten, damit Sie am Ende des Lebens sagen können: Ich habe mein Leben wirklich gelebt und es war ein voller Erfolg?

(Die ernsthafte Beantwortung dieser Frage kann Ihr Leben dramatisch verändern. Nehmen Sie sich daher für die Beantwortung sehr viel Zeit! Passen Sie auf, dass es Ihnen nicht so geht wie Susanne, der nach Ihrem Tode im Himmel nur eine einzige Frage gestellt wurde: „Susanne, warum warst du in deinem Leben nicht **Susanne**?")

ARBEITSBLATT 10: Nach welcher Lebensphilosophie leben Sie?

Jeder Mensch hat eine Lebensphilosophie. Oft lässt sie sich in ganz einfachen Leitsätzen zusammenfassen: „Hauptsache, das Geld stimmt." – „Hauptsache, mir geht es gut. Nach mir die Sintflut."

Fassen Sie bitte Ihre Lebensphilosophie in wenigen Worten zusammen:

ARBEITSBLATT 11: Meinen Lebenstraum verwirklichen

Jeder Mensch hat einen Lebenstraum: seine Bestimmung.

Beschreiben Sie bitte Ihren Lebenstraum! Wann wäre Ihr Leben wirklich „traumhaft"?

Halten Sie sich die Verwirklichung Ihres Traumes im Geiste vor Augen! Nehmen Sie sich zwei Stunden Zeit, um sich diesen Traum in allen Einzelheiten auszumalen.

Ausgehend von diesem Ziel stellen Sie bitte die Punkte zusammen, die Ihnen noch fehlen, um Ihren Lebenstraum auch zielgerichtet zu verwirklichen (zum Beispiel noch eine Ausbildung):

-
-
-
-
-
-
-
-
-
-
-
-
-

ARBEITSBLATT 12: Erfolgsförderliche Glaubenssätze schaffen (S. 108–110)

Jeder trägt in sich Glaubenssätze, die die Verwirklichung des Lebenstraumes blockieren, zum Beispiel: „Träume sind Schäume." – „Träumer sind keine Realisten. Und Realisten haben keine Träume."

Wir wollen mit diesem Arbeitsblatt speziell jene Glaubenssätze in Erfolgsformeln umwandeln, die Sie noch davon abhalten, Ihre Lebensträume zu verwirklichen.

Also: Welche fünf wichtigsten Glaubenssätze trennen Sie von Ihren Träumen?

1.

2.

3.

4.

5.

Und jetzt formulieren Sie jeden blockierenden Glaubenssatz in eine förderliche Erfolgsformel um:

1.

2.

3.

4.

5.

Innerhalb des dritten Kapitels sollten Sie die **Übungen 9 bis 11** mehrfach wiederholt haben. Nehmen Sie sich dann bitte die „Zusammenfassenden Schritte" (S. 119) als Ihre **Checkliste** für das dritte Buchkapitel vor.

4. Aus der Zukunft in die Zukunft führen
(S. 120–144)

Der Schlüssel für die erfolgreiche Anwendung und Umsetzung dieses Buches ist, über das Acht-Tage-Programm (S. 144) „mit Herz und Verstand" ein bedeutsames Ziel zu erreichen: Dieses Ziel sollte nicht zu leicht zu verwirklichen, aber auch nicht utopisch sein. Es sollte so formuliert sein, dass Sie sich gerade noch vorstellen können, dass es zu erreichen wäre. Es zu erreichen sollte schon ein kleines Wunder sein.

Was also wäre „wunderbar", wenn Sie es in acht Tagen erreichen könnten:

Und jetzt setzen Sie diese Idee mit dem Acht-Tage-Programm um!

> Denken Sie bitte auch daran: Innerhalb des vierten Kapitels sollten Sie die **Übungen 12 und 13** mehrfach wiederholt haben.

5. Durch intuitives Wahrnehmen kreativ und fehlerfrei wirken (S. 145–191)

Gratulation! Durch das erste kleine Wunder, das Sie in Ihrem Leben vollbracht haben, wissen Sie, dass Sie Ihr ganzes Leben jetzt auf wunderbare Weise verändern können.

Doch wir sind mit diesem Quantensprung noch nicht am Ende der Fahnenstange angelangt! Unser Ziel ist es jetzt, solche Wunder in unserem Leben alltäglich werden zu lassen. Dazu verhilft uns die Intuition.

ARBEITSBLATT 13: Optimieren Sie Ihr Selbstbild

Sie sollten durch diese Übungen erfahren haben, dass Sie Ihr grenzenloses Potential für die spürbare Verbesserung Ihrer Lebensqualität nutzen können. Diese Erfahrungen verlangen jetzt regelrecht ein neues Selbstbild! In Ihnen steckt einfach viel mehr, als Sie bisher wahrgenommen und für möglich gehalten haben.

Beschreiben Sie Ihr neues Selbst (mit seinem grenzenlosen Potential) in den einzelnen Bereichen mit jeweils fünf Sätzen:

Mein neues Selbstbild für meine Gesundheit:

-
-
-
-
-

Mein neues Selbstbild für meine Finanzen:

-
-
-
-
-

Mein neues Selbstbild für meine Familie und meine Lebensverhältnisse:

-
-
-
-
-

Mein neues Selbstbild für meinen persönlichen und beruflichen Erfolg:

-
-
-
-
-

Mein neues Selbstbild für meine persönliche Entwicklung (Wahrnehmung der eigenen Originalität und Genialität):

-
-
-
-
-

Mein neues Selbstbild für meine Zukunftsgestaltung:

-
-
-
-
-

ARBEITSBLATT 14: Anker für die Inspiration setzen

Lösen Sie Ihre kreativen Einfälle gezielt aus. Vereinbaren Sie mit Ihrer Inspiration einen „Auslösemechanismus":

Ich löse immer dann Inspiration aus, wenn ich …/indem ich …

ARBEITSBLATT 15: Das Ritual für den Empfang von Intuition

Je weiter Sie Ihre intuitiven Fähigkeiten entwickelt haben, desto weniger werden Sie bestimmte Empfangsrituale brauchen. Aber für das Stärken der Intuition (und ihre Unterscheidung von Gefühlen) sind solche Rituale sehr hilfreich.

1. Klären Sie zunächst Ihren „Intuitionstyp": Über welchen „Kanal" empfangen Sie am deutlichsten Ihre Intuition (zum Beispiel innere Stimme/innere Bilder/innere Gewissheit)?

    Ich empfange meine Intuition am deutlichsten über:

2. Jetzt entwickeln Sie diesem Kanal und Intuitionstyp entsprechend ein Empfangsritual.

    Ich bin für meine Intuition empfangsbereit, indem ich:

ARBEITSBLATT 16: Ihre Freuden und Genüsse

Wie wundervoll das Leben funktioniert, zeigt sich vor allem darin, dass wir das Leben nicht „erleiden" müssen und uns das „Paradies" nicht erst im Jenseits erwartet. Ein schöpfungsgerechtes Leben ist ein Leben in Freude und Genuss. Das bedeutet aber nicht, dass wir taub und blind werden für das Schicksal anderer Menschen. Im Gegenteil: Wer sein eigenes Leben nicht mehr „erleidet", der ist frei für ein wahrhaft und tief empfundenes Mitleid anderen Menschen gegenüber.

Erstellen Sie eine Liste Ihrer Freuden und Genüsse:

-
-
-
-
-
-
-
-

ARBEITSBLATT 17: Optimieren Sie Ihre Ausstrahlung

Je stimmiger Sie in sich sind, desto überzeugender für andere können Sie Ihr Selbstbild auch ausstrahlen. So werden Sie mit der Zeit eine richtig charismatische Persönlichkeit. Auf diesem Weg können Sie die Verfeinerung Ihrer Ausstrahlung bewusst in die eigenen Hände nehmen.

1. Verbessern Sie Ihr äußeres Erscheinungsbild!

Gleichen Sie Ihre Körperhaltung, Ihren Gang, Ihre Körperpflege, Ihre Kleidung mit Ihrem neuen Selbstbild ab!

Was möchten Sie an Ihrem äußeren Erscheinungsbild jetzt ändern, damit es Ihrem neuen Selbstbild entspricht?

2. Verbessern Sie Ihre Stimme!

Stimmigkeit zeigt sich in der Stimme. Sie sollten sie daher bewusst schulen. Sie ist schließlich Ihre Visitenkarte. Was werden Sie jetzt tun, um Ihre Stimme zu verbessern?

Nehmen Sie Ihre Stimme auf und hören Sie sich einmal selbst zu. Diese Stimme wird Ihnen zunächst fremd erscheinen, aber so hören die anderen Menschen Sie nun einmal! Trainieren Sie so lange, bis Ihnen auch Ihre aufgenommene Stimme sympathisch ist.

Machen Sie Ihr Aufnahmegerät (zum Beispiel Kassettenrekorder, Diktafon) zu Ihrem Stimmtrainer! Nehmen Sie Ihre Stimme mit verschiedenartigen Texten auf.

Telefonstimme:

Nachrichtensprecher:

Märchen vorlesen:

Affirmationen „subkutan" sprechen (so, dass sie wirklich „unter die Haut" gehen):

Eine Entspannungsübung lesen:

Eine Meditation sprechen:

„Subkutan" sprechen

Sprechen Sie Menschen in Ihrem Leben bewusster an. Gehen Sie mit der Energie Ihrer Ansprache den Menschen „unter die Haut". Lernen Sie so, dass Ihre Ausstrahlungskraft andere Menschen wirklich berührt – mehr noch: sie wirklich beeinflusst und gleichsam in sie hineinfließt.

In welchen Situationen werden Sie dieses „subkutane Sprechen" jetzt anwenden?

3. Lernen Sie, in Menschen etwas „hervorzurufen"

Diese Technik funktioniert nur und wirkt sich nachhaltig aus, wenn Sie sie nicht manipulativ einsetzen. Eine manipulative Absicht ist kontraproduktiv und sabotiert die Technik. Es geht vielmehr darum, das **für alle** Stimmige hervorzurufen.

Welche Reaktion möchten Sie in anderen bewusst hervorrufen?

4. Lernen Sie, bewusst Freude und Dankbarkeit auszustrahlen

Wenn Sie sich bewusst sind, dass das Leben zu jedem Zeitpunkt nur das Beste für sie will, dann haben Sie teil an der Energie der Lebensfreude. Ihr **Bewusstsein** strahlt diese Freude jederzeit aus. Sie erkennen es bei anderen Menschen an deren „innerem Lächeln", das jeden Menschen schön und sympathisch macht. Geben Sie in diese Energie der Freude auch die Energie der Dankbarkeit für Ihr Leben. Je mehr Ihnen das gelingt, desto mehr Charisma strahlen Sie aus.

Wann haben Menschen Ihnen gesagt, dass Ihre Ausstrahlung Ihnen gut tut?

Innerhalb des fünften Kapitels sollten Sie die **Übungen 14 bis 18** mehrfach wiederholt haben. Nehmen Sie sich dann bitte die „Zusammenfassenden Schritte" (S. 191) als Ihre **Checkliste** für das fünfte Buchkapitel vor.

Was macht inzwischen Ihr Tagebuch?

Blättern Sie es noch einmal durch und erkennen Sie, wie sehr Sie wirklich über sich hinausgewachsen sind.

Jetzt sollten Sie zu der inneren Gewissheit gekommen sein: Ich kann mit Herz und Verstand **alles** erreichen, was für mich und meine Mitmenschen stimmig ist.

Gemeinsam sind Sie besser!

Was bei den Spitzensportlern selbstverständlich geworden ist, findet nun auch Einzug in den Führungsetagen der Unternehmen:

Der persönliche Coach als Betreuer, der die verborgenen Potentiale seines Klienten optimal festsetzen kann.

Damit sollten Sie Ihren Coach beauftragen!

Ein Coach ist weit mehr als ein Unternehmensberater (das allerdings auch). Beim Coaching steht aber nicht das Unternehmen, das Sie führen, im Mittelpunkt, sondern Sie mit Ihrer ganzen Persönlichkeit: als Mensch in allen Ihren Lebensbereichen.

Coaching heißt, dass Sie durch Hilfe zur Selbsthilfe die vollständige Kommunikations- und Handlungsfähigkeit über alle Ihre Lebensbereiche wieder zurückgewinnen.

Der Coach ist Ihr persönlicher Krisenmanager, der Ihnen gezielt hilft, eine aktuelle persönliche und berufliche Krise zu meistern. Möglicherweise hilft Ihnen der Coach sogar, Ihr Unternehmen mit Gewinn zu verkaufen oder mit Abfindung zu verlassen, damit Sie endlich Ihre wahren Lebensräume realisieren können. So weit kann Coaching gehen! Das Ziel des Coaching ist immer Ihr persönliches Lebensglück. Das ist das Thema!

Mit anderen Worten: Einem Coach geht es nicht darum, Sie perfekt an Gegebenheiten und Umstände anzupassen, sondern Ihre Potentiale und Talente voll zur Entfaltung zu bringen, damit Sie Ihre Lebensräume wieder frei und selbst bestimmen können.

Der Coach ist deshalb ein umfassender Persönlichkeitsberater, ein Mentor: ein Experte, der sich sowohl im fachlichen, sozialen, psychologischen und pädagogischen Gebiet bestens auskennt. Er ist für eine gewisse Zeit alleine nur für Sie da. Er ist Berater, Trainer, Partner, Herausforderer und Freund in einer Person. Er analysiert und berät – unabhängig, frei und konstruktiv. Als außenstehender Gesprächspartner sagt er Ihnen auch das, was andere nicht wagen, offen auszusprechen.

Ein guter Coach ist vor allem einfühlsam und verständnisvoll, wie ein Therapeut, dem Sie anvertrauen können. Er hat kein anderes Ziel, als Sie zu unterstützen, denn nur dafür wird er bezahlt! Sie werden von ihm nie eine Kritik hören (von Kritiken sind Sie genug umgeben), sondern immer nur erfrischende Impulse, weiterführende Anregungen, neue Sichtweisen, kreative Ideen, ungewohnte Perspektiven; kurz: Er wird Ihnen neue Horizonte und Lebensdimensionen eröffnen. Der Coach setzt Ihnen keine (eigenen) Lösungen vor, sondern hilft Ihnen, selbst Ihre eigenen Lösungen zu finden (z.B. durch intelligente Fragestellungen).

Er führt Sie sensibel zu einem Umdenkungsprozess, erweckt das Bewusstsein für eigenes Verhalten, Wünsche, Träume und Ziele. Durch eine Bestandsaufnahme wird vieles wieder zurecht gerückt und der Realität entsprechend eingeordnet. Die äußerlich vollzogene Karriere wird nun auch innerlich verarbeitet, seelische Defizite werden ausgeglichen. Das Umlernen und Umdenken kann beginnen. Stand am Anfang das Gefühl der Ohnmacht und Ausweglosigkeit, steht am Ende des Coaching wiedergewonnene persönliche Freiheit und Selbstständigkeit, neuer Sinn, richtige Selbstverantwortung. Sie werden einen neuen Freund haben, sich selbst!

Wesentlich ist, dass das Coaching nicht nur einen einzelnen Bereich umfasst. Ihm liegt ein ganzheitliches Lebenskonzept zugrunde. Ergebnis ist eine von mentalen Fesseln befreite

Bewusstseinserweiterung – eine innere Lösung von Spannungen und Disharmonien, der Weg heraus aus der Isolation zur kraftvollen und natürlichen Persönlichkeit.

Coaching ist aber nicht nur etwas für Spitzenmanager. Auch Männer und Frauen in der zweiten Reihe brauchen heutzutage immer mehr fachliche und persönliche Unterstützung für eine ganzheitliche Lebensgestaltung.

Der Coach zeigt Umsteigern oder arbeitslos gewordenen Führungskräften Möglichkeiten, schlummernde Fähigkeiten zu aktivieren und durch andere Denkstrukturen und Verhaltensweisen ganz neue Lebens- und Berufswege einzuschlagen.

Intensives Selbsterfahrungstraining macht dem Manager sein oftmals verborgenes Selbst erst einmal richtig bewusst, Kenntnisse und die eigenen Fähigkeiten lassen wirkliches Vertrauen zu sich wachsen, das nicht abhängig vom Lob anderer, sondern tief in sich selbst verwurzelt ist.

In einer solchen Atmosphäre kann sich auch wieder Kreativität und Menschlichkeit, die häufig im Lauf der „Karriere" verloren gehen, sowie ein neuer, erfolgreicher Führungsstil entwickeln. Der berufliche Erfolg wird auch emotional verarbeitet und kann dann zur inneren Zufriedenheit und einer neuen Bereitschaft führen, Konflikte als eine positive Herausforderung – als ein Mittel zur persönlichen Entfaltung – zu betrachten.

Die Aufgaben für den Coach sind anspruchsvoll: Es werden außerordentliche Ansprüche an die fachliche Qualifikation gestellt, ein breites Spektrum an innerbetrieblichen Kenntnissen muss vorhanden sein, enormes Einfühlungsvermögen, psychologisches Fingerspitzengefühl gepaart mit Durchsetzungsvermögen und eine schnelle Auffassungsgabe sind wesentlich.

> **Jede Beratung ist einmalig,** individuell und auf den einzelnen Menschen abgestimmt auf eine persönliche und ganzheitliche Lösung ausgerichtet.

- Verstehen Sie niemand mehr?
- Fühlen Sie sich oft überlastet und überfordert?
- Haben Sie immer häufiger das Gefühl, nur noch Krisenmanagement zu betreiben?
- Geht Ihnen Zeit und Kraft für zukunftsorientierte Visionen verloren?
- Nimmt auch noch die Spannung zwischen Beruf und Privatleben zu?
- Wünschen Sie sich immer öfter, Ihre große unternehmerische Verantwortung mit einem verständnisvollen Partner und Menschen zu teilen?

Sie brauchen einen persönlichen Coach!

Viele Führungskräfte fühlen sich heute von der Entwicklung und dem Druck der international werdenden Mitbewerber überfordert:

- Komplexität und Geschwindigkeit der wirtschaftlichen Entwicklung nehmen rasant zu. Ein Unternehmen kann sich kaum noch eine Atempause erlauben.
- Die Informationsflut ist erdrückend und führt eher zur Orientierungslosigkeit als zur Klarheit.
- Computervernetzung und Internet stellen völlig neue Anforderungen an Führungskräfte. Alles beim Alten lassen oder noch einmal ganz neu lernen?
- Die Mitarbeiter werden anspruchsvoller und schwieriger. Mobbing, Burnout, Autoaggression und innere Kündigung grassieren und verschwenden wertvolle Unternehmensenergie.

■ Überall wird Spezialisierung verlangt. Und wer behält den Überblick? Wer führt die Spezialisten zu einem arbeitsfähigen Team zusammen? Muss man als Chef immer ein Alleskönner sein?

Erfolg kann sehr einsam machen. Die meisten Top-Leute fühlen sich immer unverstandener. Echtes Feedback nimmt nach oben hin dramatisch ab. Für wirkliche Freundschaften bleibt kaum Zeit und Raum, und dem Ehepartner fehlen meistens die wirtschaftlichen Kenntnisse.

So gerät die Führungskraft mehr und mehr in eine Isolation. Es fehlt ihr zunehmend ein verständnisvoller Partner, der betriebliche Zusammenhänge kennt, psychologisch geschult ist, aktiv zuhören kann und der in der Lage ist, als guter und fürsorglicher Geist betriebliche Reflexionen und Entscheidungen zu erleichtern.

Je isolierter eine Führungskraft ist (subjektiv oder objektiv), desto inhaltsloser wird oft die Kommunikation mit den Mitarbeitern, desto eher verliert die Führungskraft den scharfen Realitätsblick – ein Teufelskreis wird in Gang gesetzt: Lösungen werden nicht mehr gemeinsam erarbeitet, sondern nur noch durchgesetzt. Die Probleme nehmen zu und das unternehmerische Handeln kreist immer mehr nur noch um Krisenbewältigung.

Dieser zunehmende Stress macht auch vor dem Privatleben nicht halt. Die Verquickung privater und beruflicher Interessen und ein übervoller Terminkalender lassen kaum Zeit für eine Lösung persönlicher und familiärer Konflikte.

Statt in der Familie eine unerschöpfliche Kraftquelle zu finden, nehmen auch hier die Ansprüche und Sorgen zu. Nicht selten ist sogar die Ehefrau bzw. die Familiensituation der Grund für Fehlentscheidungen oder aber für eine ungesunde Flucht in die Arbeit. Ein gesunder Ausgleich zu wachsendem Stress, Spannung und Anforderungen durch Entspannung, Freude und Vergnügen findet immer seltener statt.

Haben Sie sich auch schon gefragt, wie Sie aus diesem Teufelskreis ausbrechen und neuartige Lösungen finden können? Wer Ihnen vielleicht ein Freund sein könnte, mit dem Sie den Durchbruch schaffen?

So wachsen Sie über sich hinaus!

Es ist kein Zufall, dass Sie dieses Buch in Händen halten. Es bietet Ihnen eine einzigartige Chance, Ihrem Leben jetzt einen neuen Aufschwung zu geben. Wenn Sie dazu nicht bereit wären, hätte es nichts in Ihren Händen zu suchen: Da hat sich gefunden, was sich gesucht hat.

Das ganze Leben verlangt von uns immer mehr Selbstmanagement: in der Familie, in der Firma, im Verein,… letztlich geht es um Lebensführung. Dabei gibt es ein seltsames Paradox: Je größer die Bereitschaft ist, sich selbst führen zu lassen, desto besser entfalten sich die eigenen Führungsfähigkeiten. Wer sich führen lässt, der kann auch führen! Wer sich gegen Führung blockiert, der ist auch nicht in der Lage, andere zu führen.

Was Sie jetzt tun können:

- Bereiten Sie sich darauf vor, Bilanz zu ziehen, um einen neuen Lebensabschnitt beginnen zu können.
- Nehmen Sie eine ganzheitliche Einschätzung Ihrer persönlichen Lebenslage vor, damit Sie Ihren Coaching-Bedarf besser bestimmen können.

Kostenlose Info und Beratung:
Felix Aeschbacher, Diplom Psychologe
c/o IAW Coaching und Seminare
St. Markusgasse 11
Fl-9490 Vaduz
Tel.: 00423 233 1212
Fax: 00423 233 1214

Stichwortverzeichnis

Abhängigkeit, 48
Angst, 42
Ärger-Energie, 57
Ärgersituation, 58
Atem, 116
– energie, 29f.
– lenkung, 31
Atmung, holistische, 28, 32, 102
Aufmerksamkeit, 155
Ausstrahlung, 27
Bewusstsein(s), 21, 24f., 27, 30f., 36, 39, 48, 52, 59, 65f., 71, 76, 84, 87, 95, 102, 104f., 111f., 115, 122f., 130, 137f., 146, 148f., 152, 154f., 162, 163, 179, 189, 192
– holistisches Denken des, 103
– Erweiterung, 33
– feld, 156
– inhalt, 69
Charisma-Training, 171
Coaching, 198ff.
Denken, 19, 24, 36, 145, 153
Empfänger, 174
Energie, 29f., 60, 124f., 143f., 173, 177, 180, 188
– feld, 27, 31, 33, 67, 106, 112, 171, 186
– kreislauf, 115
Erfahrungen, 20
Erfolg(s)
– erlebnis, 132, 135
– persönlichkeit, wirksame, 71
Erfüllung, 74, 83, 120, 122, 128, 142, 144

Erleben, vorgestelltes, 136
Ernährung, 186
Fehlverhalten, 47
Freiheit, 34, 41
Gedanke, 36
Gedankenstille, absolute, 104
Gegebenheiten, Gefängnis der, 24f.
Genuss, 167
Gesetze, geistige, 86, 97, 121
Gesundheit, 111, 114, 149
Glauben(s), 93f.
– sätze, 107
Halbrichtungstypen, 73
Handeln(s), Ästhetik des, 84f.
Handsitzen, 116
Harmonie, 84f., 111
Herträumen, 121
Himmel(s), Tor des, 102
Humor, 165f.
Ich-Bewusstsein, 106
Identifikation, 123, 144
Imagination(s)
– schöpferische, 12, 163
– Training, 136
– kraft, Verstärkung der, 139
Immunsystem, 114
Inspiration, 162, 189f.
Intelligenz, mangelnde, 18f., 24, 33
Intuition(s), 20, 24, 67, 76, 105, 145ff., 152ff., 158ff., 164, 171, 181, 186
– Imaginieren der, 163
– Training, 12
– typ, 157

Ist-Zustand, 40, 43f.
Kernglaubenssätze, 87
Koan, 182
Kopfmenschen, 103
Körper, 25ff., 33
– bewusstsein, 27
– gefängnis, 25
Krankheit, 84, 111f.
Laotse-Atmung, 116f.
Leben(s), 55, 90
– energie, 28
– konzept, ganzheitliches, 226
– philosophie, 76f.
Liebe, 53f.
Loslassen, 40f., 43f., 143
Magentrommel, 115
Mangel, 122
Mental-Training, 12
Muss, Auflösen des, 49
Nachdenken, 18, 23, 33, 153
Nahrung, 187
Ohren, heiße, 115
Opfer, 55, 95
Paradigmenwechsel, 21, 33
Persönlichkeit, 37
Potential, geistiges, 34f., 37
Problem, 8, 33
Reichtum, geistiger, 110
Richtungsmensch, 72, 74, 100
Sauerstoffdusche, 117f.
Schöpfung(s)
– akt, 36
– kraft, grenzenlose, 130, 134f.
Selbst, 55, 148
– Identifikation, 39, 142, 147
– Management, 8
– bild, 152

– erfahrungstraining, 227
– ständigkeit, 48
Sender, 174
Soll-Zustand, 40, 43f.
Souveränität, Gefühl der, 29
Stress-Management, 60
Tan-Tien, 29
Überatmung, 117f.
Überzeugung, 39, 41, 86ff., 149, 151f.
Umerleben, mentales, 12, 57f.
unwiderrufliche(n) Entscheidung, Macht der, 78ff.
Urkraft, schöpferische, 94
Veränderung, 52
Verstand(es), 14, 20, 22, 24f., 28, 37ff., 93, 105, 112f., 138, 145f., 148, 154, 162, 177
– egozentrierter, 51
– lineares Denken des, 103
– Überschreiten des, 34
Verursachen, bewusstes, 94
Vorauserleben, mentales, 163
Wahrnehmung, 20f., 145, 153, 158, 181
Wegträumen, 121
Welt, 51
Wesen, multidimensionales, 65
Wirklichkeit, 20f.
Wissen, 93
Wohlgefühl, 115
Wohlstandsbewusstsein, 110
Zeitmanagement, 59
Zukunft(s)
– gestalter, 21
– Erinnerung an die, 23, 123
Zunge, Zentrierung der, 114

Über den Autor

Kurt Tepperwein ist Heilpraktiker und Therapeut. Seit 1984 ist er Dozent an der Internationalen Akademie der Wissenschaften und leitet den Arbeitskreis Mental-Training. Die Anwendung seines Mental-Trainings ist bereits für viele Menschen – nicht nur für Topmanager und Spitzensportler – zu einem wichtigen Bestandteil ihres Lebens und ein Weg zum Erfolg geworden.

Prof. Kurt Tepperwein persönlich erleben

Wünschen Sie, tiefer in das Buchthema einzusteigen oder die Möglichkeit zu nutzen, den Autor einmal live zu erleben? Die internationale Akademie der Wissenschaften bietet Ihnen die folgenden Seminare und Ausbildungen an:

Seminare:
- ❒ Optimales Selbstmanagement
- ❒ Perlen der Weisheit
- ❒ Erfolgreich sein
- ❒ Erfolgreiche Praxisführung
- ❒ Gesund und vital

Ausbildungen (Direkt- und Heimstudienlehrgänge)
- ❒ Dipl. LebensberaterIn
- ❒ Dipl. Mental-TrainerIn
- ❒ Dipl. Erfolgs-TrainerIn
- ❒ Dipl. Meditations-TrainerIn
- ❒ Dipl. Intuitions-TrainerIn

Gesamtprogramme
- ❒ Gesamtseminar- und Ausbildungsprogramm der IAW
- ❒ Neuheiten der Bücher-, Audio- und Videoprogramme von Kurt Tepperwein

Sie erhalten Ihre gewünschten Informationen selbstverständlich kostenlos und unverbindlich bei:

Internationale Akademie der Wissenschaften (IAW)
St. Markusgasse 11, FL-9490 Vaduz (Liechtenstein)
Tel.: (00423) 2331212 / Fax: (00423) 2331214
Internet: www.iadw.com

Beratungssekretariat in Deutschland:
Tel. und Fax: (0911) 699247

Dazu ein persönliches Geschenk:
Für Ihre Anfrage bedanken wir uns mit der 20-seitigen Broschüre von Prof. K. Tepperwein „Praktisches Wissen kurz gefasst".

So geben Sie Ihr Bestes

Gehören auch Sie zu den Menschen, die sich gerne bewegen, ohne sich gleich als sportlich aktiv zu bezeichnen? Dann ist der neue Leitfaden von Kurt Tepperwein genau das Richtige für Sie!
Hier erfahren Sie, wie Sie das von vielen Sportlern seit langem angewendete Mentaltraining für sich nutzen, um durch die Verbindung von Körper und Geist die Leistung in allen Lebensbereichen zu verbessern. In sieben Schritten lernen Sie zunächst, Mentaltraining mit Bewegung zu verbinden, um dann diese Prinzipien umfassend anzuwenden.

240 Seiten, gebunden
ISBN 3-636-06123-2

Bestellung per
Tel: (++ 49) 0 81 91-1 25-306
Fax: (++ 49) 0 81 91-1 25-293
E-Mail: bestellung@mvg-verlag.de
www.mvg-verlag.de

mvg Verlag
Move your life!

Weniger ist manchmal mehr!

Loslassen-Können fällt nicht jedem leicht. Dabei sehnt man sich oft so sehr danach, sich freimachen zu können von Ängsten, Vorurteilen, Problemen, Ärger, Stress und einem negativen Selbstbild.

Kurt Tepperwein zeigt den Weg zu mehr Harmonie und Ausgeglichenheit und macht Mut, das Leben neu zu ordnen. Arbeitsblätter und Meditationen machen es möglich, den persönlichen Fortschritt zu kontrollieren und sich auf das zu konzentrieren, wovon künftig das Leben bestimmt sein soll.

144 Seiten, Taschenbuch
ISBN 3-478-08346-X

Bestellung per
Tel: (++ 49) 0 81 91-1 25-306
Fax: (++ 49) 0 81 91-1 25-293
E-Mail: bestellung@mvg-verlag.de
www.mvg-verlag.de

Der ultimative Leitfaden für all jene, die ihren Beruf zur Berufung machen wollen!

Häufig stellt der Beruf nur ein Mittel dar, um Geld zu verdienen – Zufriedenheit, Glück und Erfüllung bleiben auf der Strecke. Lesen Sie, wie Sie Ihre berufliche Weiterentwicklung fördern und zugleich ein erfülltes Leben genießen können – denn wenn man seinen Beruf mit Leidenschaft und Passion annehmen kann, ihn wirklich lebt, folgen Geld und Erfolg auf dem Fuße.

Kurt Tepperwein
Vom Beruf zur Berufung
So erlangen Sie mehr Erfolg und Zufriedenheit im Leben
Erweiterte und aktualisierte Ausgabe
mvg Verlag

212 Seiten, Taschenbuch
ISBN 3-636-07003-7

Bestellung per
Tel: (++ 49) 0 81 91-1 25-306
Fax: (++ 49) 0 81 91-1 25-293
E-Mail: bestellung@mvg-verlag.de
www.mvg-verlag.de

mvg Verlag
Move your life!